Heinz J. Stammel

WESTWÄRTS

BIS ANS ENDE DES REGENBOGENS

★★★

Der Schienenstrang erobert Amerika

Heinz J. Stammel

WESTWÄRTS

BIS ANS ENDE DES REGENBOGENS

★★★

Der Schienenstrang erobert Amerika

ERSCHIENEN BEI HESTIA

Der Schutzumschlag zeigt ein Szenenfoto
aus der Metro-Goldwyn-Mayer-Cinerama-Produktion
DAS WAR DER WILDE WESTEN.
© ringpress/Cinerama

Printed in Germany

ISBN 3-7770-0403-0
Umschlaggestaltung: Graupner & Partner, München
Druck und Bindung: Friedrich Pustet, Regensburg

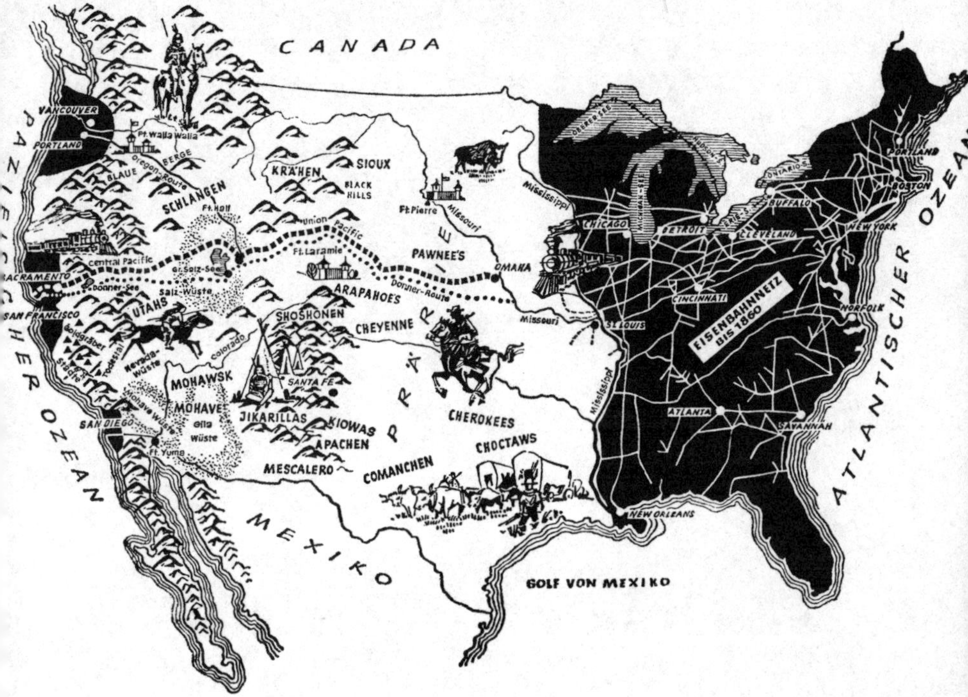

„Wenn ich in den Hügeln das donnernde Schnauben des Feuerrosses höre – scheint mir, als ob die Erde eine Menschenrasse hervorgebracht hätte, die wert ist, sie zu bewohnen."

THOREAU, Walden

VORWORT

Spätere Historiker mögen einmal die amerikanische Geschichte in charakteristische Zeitalter einteilen und vielleicht dabei mit dem Zeitalter der Eroberer beginnen und vorläufig mit dem der Computer enden, während ein neues Eroberungszeitalter Amerikas global begonnen hat: das des Weltraums.

Wenn man das 19. Jahrhundert als das Zeitalter der Eisenbahn nennen wird, so hat man die treffendste Definition gefunden, denn die Geschichte der amerikanischen Eisenbahn ist mehr als nur die eines technischen Fortschritts, mehr als nur die Lösung eines gigantischen Transportproblems. Eisenbahnen haben in den übrigen Ländern der Erde auch ihre Historie, und sie ist technisch nicht weniger interessant als die der amerikanischen.

Was aber die amerikanische Eisenbahngeschichte von allen anderen grundsätzlich unterscheidet, ist die Tatsache, daß in Europa die Eisenbahn vom ersten Augenblick des Zischens eines Dampfventils an der Fortschritt — unter vielen — einer bereits seit Jahrtausenden errichteten Gesellschaft war, während die amerikanische Eisenbahn — soweit es den Westen der USA betrifft — die Gesellschaft hervorrief. Beispiellos in der Geschichte der technischen Revolution der Welt, stieß die Eisenbahn in eine dem Menschen feindlich gesinnte Wildnis vor, in der praktisch prähistorische Naturgesetze herrschten. Sie kam also aus einer Zivilisation und schuf in einem Abenteuer ohne Parallele die Voraussetzungen für eine neue Zivilisation und Kultur.

Diese Tatsache macht ihre Leistung zur Epoche, die Maßstäbe für die ganze amerikanische Nation, ihren Charakter, ihren „way of life“ und seine Ausbreitung über die ganze westliche Welt setzte. Die Untersuchung der inneren Gründe, welche zu dieser Entwicklung führten, sollen nicht Gegenstand dieses Buches sein. Das ist eine trockene, rein politische und ökonomische Angelegenheit, die ihren Ursprung in der elementaren Loslösung des kolonialen Amerikaners, der seine innere und äußere Selbständigkeit vom alten Zivilisationssystem errang, hatte, und die ihren Ausdruck im „Raubrittertum des Dollars" fand. Dieses Industrie-Amerika war im Anfang ein Dschungelstaat innerhalb des Bundes, eine von skrupellosen Raubrittern regierte Anarchie. Hier herrschte das Faustrecht des Stärkeren, und wo immer Stahlschienen in jungfräuliches Land vorstießen, folgten ihnen die Gesetze des Dschungels auf dem Fuße. Es wäre ebenso einfach wie unwahr zu behaupten, daß nur das Böse vorherrschte und das Gute unter den Stahlrädern einzelner Interessen zermahlen, im Feuer der Habgier zu Asche verbrannt wurde.

Ethische Grundsätze, das Recht zur Führung — Moral — das alles war völlig frei von herkömmlichen Traditionen und nur noch eins: pragmatisch. Der Pragmatismus des heutigen Amerikas ist sicherlich in diesem Zeitalter der Eisenbahn wesentlich entwickelt worden. Alles was funktionierte, war gut, und alles was nicht funktionierte, war es nicht.

Die sogenannten unbarmherzigen Industriellen, eingeschlossen die Eisenbahnzaren, waren nicht schlechter und besser als ihre Zeitgenossen, Politiker oder Namenlose. Die Regierungen und ihre Beamten erscheinen der Nachwelt nicht besser und nicht schlechter als die von ihnen Regierten. Man soll nicht vergessen, daß, wann immer die Eisenbahnen Bestechungsgeschenke versprachen oder gaben, es auch immer Bereitwillige waren, die sie annahmen, vom Heimstätter, der gute Erde zu seinem eigenen Rittergut machen wollte, bis zum New Yorker Bankier, der seinem Konto ein paar Nullen hinzuzufügen gedachte, vom Cheyennehäuptling, der Gewehre und Patronen wünschte, den Büffel zu jagen, bis zum Texas-Rancher, dem ein Verladebahnhof in der Prärie unsägliche Anstrengungen und Risiken ersparte.

Es soll nicht übersehen werden, daß es diese erbarmungslosen Eisenbahnzaren waren, deren Moral und Unmoral die Vereinigten Staaten als größte Industrienation der Erde konstruierten, und daß es die nicht weniger erbarmungslosen Heere von Schwellenlegern, Flößern, Holzfällern, Lokführern, Heizern, Lagerärzten, Prostituierten und Abenteurern aller Schattierungen, daß es die Satteltaschenjournalisten, Büffeljäger und Revolvermänner, chinesischen Kulis, Techniker und Hasardeure, kalt rechnenden Feldherren des Feuerrauchs und Ursupatoren waren, die das Werk endlich vollendeten.

Von ihnen, den Erinnerten und Vergessenen, den Geehrten und Namenlosen, handelt dieses Buch. Sie schufteten, rechneten, lachten und weinten, sie lebten, kämpften, feierten Triumphe, erlitten Niederlagen, starben. Sie riskierten Himmel und Hölle, gewannen und verloren Millionen, jeder jagte seiner eigenen Chance nach, eroberte sie oder scheiterte an ihr.

Über ihr Glück und ihre Verzweiflung, über ihre Leistung und ihr Versagen hat sich die Patina eines Jahrhunderts gebreitet. Sie starben, noch ehe sie begreifen konnten, daß sie gelebt hatten.

EINFÜHRUNG

1769 meldete der Engländer James Watt das erste Patent auf eine Dampfmaschine an. Schon im nächsten Jahre sah man den Franzosen Cugnot mit einem röchelnden und schnaubenden Dampfwagenungetüm durch Paris fahren, während 1801 der Engländer Trevithik London mit einer Dampfmotor-Kutsche in Schrecken versetzte. Zwei Jahre später stellte er einen Dampfmotor-Wagen auf Schienen und legte mit einer Last von 480 Zentnern eine Strecke von 10 Meilen in etwas mehr als vier Stunden zurück. Es war der Engländer Stephenson, der die erste Dampflokomotive der Welt erbaute und 1814 vorführte, worauf in Deutschland Joseph Ritter von Baader anregte, „eiserne Kunststraßen im Königreich Bayern" einzuführen. Ein Jahr nach Stephenson baute die Königliche Eisengießerei in Berlin die ersten beiden deutschen Dampflokomotiven, eine für Oberschlesien, eine für das Saarrevier — aber beide waren nicht betriebssicher. 1825 eröffnete eine Stephenson-Lokomotive die erste Eisenbahnstrecke der Welt zwischen Stockton und Darlington. Nach diesem Erlebnis schlug der Deutsche Friedrich Harkort den Bau von Eisenbahnlinien in Westdeutschland vor, und 1833 erschien Friedrich List's epochales Werk „Über ein sächsisches Eisenbahnsystem als Grundlage eines allgemeinen deutschen Eisenbahnsystems", was zur Gründung der ersten deutschen Eisenbahnlinie Nürnberg—Fürth in Bayern führte. Am 19. 2. 1834 unterschrieb König Ludwig I. das erste, auf 30 Jahre befristete, Eisenbahnprivileg, und am 7. 12. 1835 genossen die Bayern den Anblick dieses „wundersamen Phänomens".

Unter Schlagzeilen berichtete das „Stuttgarter Morgenblatt": „Die freudigste und nicht zu erschöpfende Aufmerksamkeit widmete man dem Dampfwagen selbst, an welchem jeder soviel Ungewöhnliches, Rätselhaftes zu bemerken hat, den aber in seiner speziellen Struktur nach äußerem Ansehen selbst ein Kenner nicht zu enträtseln vermag." Wissenschaftler bewiesen, daß es sich um „eine vorübergehende technische Spielerei einer Anzahl von Wirrköpfen" handelte, die keinerlei ökonomischen Nutzen habe. Medizinische Koryphäen bescheinigten, daß den Menschen eine Verseuchung der Luft, Vernichtung wertvollen Volksgutes durch Brände und bei einer „mechanischen Geschwindigkeit von mehr als 28 Kilometern in der Stunde schwerste körperliche, seelische und Gleichgewichtsstörungen" bevorstünden. Forscher weissagten eine Generation von „Mißgestalten und Nervenbündeln", nur wenige technische Enthusiasten feierten das Ereignis als die „Auferstehung deutschen Erfindergeistes" und schwelgten in Vorstellungen vom „Zeitalter der Beherrschung von Naturgesetzen und Materie".

Ein Blick über den Atlantischen Ozean hätte allen, Gegnern und Enthusiasten, wahrscheinlich die Sprache verschlagen:

1812 hatte Oliver Evans das „Eisenbahnzeitalter" öffentlich vorausgesagt, 1815 Colonel John Stevens von der New Jersey Legislatur die erste Eisenbahnlizenz Amerikas erhalten und zehn Jahre später seinen ersten Dampfwagen auf einer Rundstrecke vorgeführt, 1828 hatte Charles Caroll den Bau der 606 Kilometer langen Eisenbahnstrecke der Baltimore & Ohio-Linie eröffnet, und 1830 besaß Amerika schon ein Eisenbahnliniennetz von 623 Kilometern! Es gab einen fahrplanmäßigen Linienverkehr, die ersten überdachten „Salonwagen", Bahnhöfe, Fahrkartenschalter, und „Güterwagen" waren geplant. Das Jahr 1832 hatte unglaubliche Geschwindigkeitsrekorde erlebt: Im März erreichte Baldwins Lokomotive „Old Ironside" die phantastische Geschwindigkeit von 44,8 Kilometern in der Stunde, im Mai die „Brother Jonathan" vor den Augen einer Journalistenkommission 96 Kilometer in der Stunde, und schon im August flog die „Experiment" in einer Wolke aus Feuer und Rauch wie ein überirdisches Gespenst mit 104 Stundenkilometern an jauchzenden Amerikanern vorbei. Mitte Oktober hatte die gleiche Lokomotive, deren beide Vorderachsen in einem „Drehgestell" zusammengefaßt waren (wie man es bis auf den heutigen Tag noch verwendet), auf der Mohawk-Hudson-Strecke unter den Stoppuhren einer Kommission die Strecke von 1 Meile in 45 Sekunden zurückgelegt: 128 Kilometer in der Stunde!

Als sich in Fürth Hunderte von Menschen beim Anblick des fauchenden „Ungeheuers" bekreuzigten, Wissenschaftler Visionen einer technischen Apokalypse hatten und das Nationalbewußtsein Bocksprünge vollführte, gab es zum gleichen Zeitpunkt in den USA bereits 200 Eisenbahnlinien in 11 Staaten, 3652 Kilometer Schienenstrang, Bahnhöfe, Personen- und Frachttarife, Umsteigefahrkarten, Rückfahrscheine und Wochenbenutzungsscheine. Man hatte einen sogenannten „Service" eingeführt, der darin bestand, daß Negerdiener den Fahrgästen während der Fahrt heißen Tee und Sandwiches servierten. Seit 4 Jahren erschien wöchentlich eine „Fachzeitschrift", das „American Railroad Journal", und Eisenbahnen, die Güter der Industrie und des täglichen Gebrauchs beförderten, gehörten zum gewohnten Anblick der Amerikaner. Allein die kleine Bahnlinie der Charleston & Hamburg-Gesellschaft hatte im ersten Halbjahr 1835 15959 Personen befördert. Niemand hatte sein Gleichgewichtsempfinden verloren, und keines der 34 Babys, die in 3 Jahren in Eisenbahnwagen zur Welt gebracht worden waren, wies irgendwelche Verkrüppelungserscheinungen auf.

Das junge Amerika, in dem es keine patinierte Tradition, keine schwerfällige Bürokratie, keinerlei zur Erhabenheit erstarrten Dünkel gab, begann im Rausch des heraufdämmernden Maschinenzeitalters zu taumeln. Die atemlose Eroberung von Zeit und Entfernung hatte mit einer Vehemenz begonnen, die vom Großbankier bis zum Schuhputzer alle Menschen erfaßte.

Eisenbahngesellschaften schossen wie Pilze aus dem Boden. Phantastische Summen wurden für phantastische Projekte ausgegeben. Die Neue Welt begann grenzenlosen Möglichkeiten wie im Fieberwahn nachzueilen. Amerika hallte wider vom Hämmern der Schienenleger-Kolonnen, vom Kreischen stählerner Räder und vom Zischen feurigen Dampfes. Hindernisse wurden auf Karten- und Reißbrett-Tischen in überwindbare Einzelteile zerlegt und von der Verbissenheit des „Mannes unterm Dampf" zu Boden gerungen. Jeder Tag erlebte neue Meilen Schienenstrang, neues Gelingen und neues Scheitern. Wenn ein Mann versagte, so nahmen zwei neue seinen Platz ein, bevor er die Scherben zusammenkehren konnte.

Europa lächelte über sein Häuflein Phantasten, die von der Zukunft fabulierten. Man schlug vor ihnen die Tresortüren lebenswichtiger Kredite zu. Der Amtsschimmel stand an der vollen Krippe seiner Tradition, und Europa puderte sich maliziös die Wangen, lauschte den Spinettakkorden und dem Säbelrasseln seiner Adelshäuser und schaute achselzuckend den hinter der Kimm verschwindenden Mastspitzen amerikanischer Segler nach.
Es entließ seine besten Kinder mit Schweigen oder Hohnlachen. Die Auswandererquote stieg von Tag zu Tag. Amerika, in dem jeder selbst zu entscheiden hatte, was aus ihm wurde, lockte ganze Ortschaften auf die Schiffe und platzte endgültig aus dem Konfirmandenzug europäischer Herkömmlichkeit. 1840 gab es 4800 Kilometer Schienenstrang, 1850 14400 Kilometer! Die Amerikaner waren von der kanadischen Grenze bis zum Golf von Mexiko ein Volk von Fortschrittsbesessenen geworden.
Während die Frauen der Auswanderer in den baumlosen Prärien mit Schubkarren getrocknete Büffelfladen für die Feuerstelle sammelten, sich ihre Träume unter den Nordweststürmen bogen und sie in primitiven Erdhütten Amerikaner zur Welt brachten, die Männer die Spuren der Wildnis unter ihren Stiefeln zertraten, lauschte Europa den beschaulichen Klängen seiner Militär-Platzkonzerte. Während der englische, deutsche oder französische Erfinder noch die Fragebogen des Patentamtes ausfüllte und darüber grübelte, wie er die Gebühren beschaffen sollte, war die Erfindung des amerikanischen Technikers bereits verwirklicht, noch ehe er seine Gedanken ganz zu Ende gedacht hatte. Während Europa alle seine Taschen mit immer neuen und schärferen Zöllen zunähte, trennten die Amerikaner einen Saum nach dem anderen ihres zu eng werdenden Anzuges auf.
Am Ostufer des Missouri—Mississippi staute sich die stürmische Westwärtsentwicklung, eine Menschenbrandung aus Sehnsucht und Habgier, Besessenheit und Verzweiflung. Hier endete der Lavastrom der Tatmenschen, versank das Geröll der Zivilisation in den schlammigen Fluten des Vaters aller Ströme. Hier ballten sich Tausende und Abertausende von Einwanderern aus allen Teilen des Erdballes, kam der vorwärtsstürmende Dollar zum Stehen, endeten alle Schienenstränge,

begann ein neu heraufziehender Sturm die Schaumkronen der wahnwitzigen Rastlosigkeit über den Strom hinweg in das Land nach Westen zu wehen.

Von diesem Fernen Westen wußte man nicht viel mehr als von der Oberfläche des Mondes. Ein geheimnisvolles Land von unendlichen Ausmaßen, eine in Schweigen erstarrte Wildnis, voll von ungreifbaren Gefährnissen und Glückseligkeiten, die hinter den Schlammbänken des Flusses wie ein prähistorisches Raubtier auf alle Eindringlinge lauerte. Eine Aneinanderreihung von russischer Steppe, sibirischer Tundra, aller Sand-, Borax-, Gips- und Geröllwüsten der Erde und verschiedener Reihen von Alpenketten. Himmel und Hölle zugleich, Märchen und Alptraum, das Wunder aller Erlebnisse von Einsamkeit und Weite. Und dahinter, wie auf einem anderen Stern, Kalifornien und Oregon, der Pazifische Ozean; paradiesische Beschreibungen, denen gegenüber sich das Alte Testament wie ein Frühwerk aus der Sturm-und-Drang-Periode der Schöpfungsgeschichte ausnahm.

Konstrukteure und Techniker des „Feuerrosses" standen am Mississippi und Missouri und schauten nach Westen zu dem Ozean aus Gras hinüber, dessen Wellen sich im ewigen Rhythmus der Sturmgezeiten bewegten. Hinter ihren Stirnen entstanden gigantische Brücken und Tunnels, unermüdlich webten sie an einem Netz aus Feuerrauch und Stahl, mit dem sie dem Westen seine Drohung zu entreißen gedachten.

Sie haben es geschafft. In einem Amoklauf ohnegleichen wurden Raum und Zeit in den Feuerungsschlünden der Eisenbahnen zu Asche verbrannt und von ihren Nachfahren im Sendungsbewußtsein Amerikas untergepflügt.

Was fortlebt, wiederholt sich. Das gewaltige Abenteuer ist noch nicht beendet. Die Eroberung geht weiter. Amerika hat den Begriff Gegenwart abgeschafft. Einer seiner Füße steht in der Zukunft, und der zweite dahinter.

I

Am Anfang waren die Besessenen

„Ich bin fest davon überzeugt, daß bald dampfgetriebene Gefährte in Gebrauch kommen werden, die 500 Kilometer am Tage zurücklegen können."

Oliver Evans, 1813

Er hieß Dave Matthews. Er war groß und breit und sah so eisenhart aus, als ob man mit ihm Felsen auseinandersprengen könnte. Er hatte in jenen Tagen — es war im Mai 1832 — seine dritte Dampflokomotive gebaut. Nach den Plänen von John Jervis, der nun mit wehenden Rockschößen durch die Fabrikhalle gelaufen kam und sich über ihn beugte.

Der heiße Wasserdampf des explodierten Kessels begann, sich an den Eisenträgern und an der verbrühten Haut von Matthews' Gesicht zu kondensieren. Ein Stück des geplatzten Kolbens hatte ihm den Arm aufgerissen und das Blut vermischte sich mit der grauen Schicht von Eisenspänen, die den ganzen Mann bedeckte.

„Dave!" rief der Konstrukteur, und er räumte das Eisengestell von Matthews Beinen weg, das unter dem Anprall des schweren Mannes umgestürzt war. „Holt den Wagen! Rasch! Er muß zum Arzt!" Verstörte, rußgeschwärzte Männer rannten davon. „Dave, Junge, ist noch was ganz an dir?"

Der Ingenieur starrte blinzelnd in Jervis' buschige Augenbrauen und schüttelte den Kopf. Er raffte sich stöhnend auf, schwenkte den Arm, warf einen Blick auf das Blut und betastete mit den Fingerspitzen sein Gesicht. Dann verzog sich sein Mund zu einem breiten Grinsen. Er spürte den Geschmack des Kautabaks im Mund und begann zu kauen. „Der Boiler ist übergelaufen, John. Das Wasser überflutete die Zylinder. Der Stahl des Dampfdoms ist zu dünn. Die Nieten sind schlecht. Alles ist geplatzt. Wie die Nähte eines schlecht genähten Hemdes." Matthews spuckte einen Strahl braunen Tabaksaftes zu Boden.

„Der Arm muß verbunden werden, Dave", drängte Jervis.

„Mary wird das machen. Sie hat den Knall gehört und ist gleich hier", sagte der baumlange Matthews und ging zu der Lokomotive, von der nur das Untergestell geblieben war. Der Dampfkessel sah aus wie eine riesige Tulpe aus Stahl. Aus seinem Inneren strömte weißer Dampf.

Matthews streichelte mit dem Zeigefinger über die schartige Kante des zerrissenen Stahls.

„Dave?“ fragte Jervis gedehnt, „hast du das Ventil auch bei 100*) geöffnet?“

Matthews Zähne wurden sichtbar.

„Ich wollte es gerade zumachen, John. Es stand auf 160.“

„Um Gottes willen. Es hätte dir den Kopf abreißen können. 120 ist die äußerste Grenze.“

„Auf deinem Millimeterpapier. Er ist bei 160 geplatzt. Das heißt also, daß wir bequem mit einem Druck von 150 fahren können. Wenn wir etwas dickeren und geschmiedeten Stahl nehmen, dann werden wir bis auf 200 gehen können.“ Er packte mit der unverletzten Hand den Arm des mageren Konstrukteurs. Von der anderen tropfte Blut. Sein Gesicht begann unter großen Brandblasen unförmig anzuschwellen. „Du weißt, was das bedeutet, John! Unsere letzte Maschine lief mit 40 Druck. Und das war eine Sensation.“

„Ich weiß nur, daß du ein Narr bist“, rief Jervis. „Was habe ich davon, wenn mein bester Mann in die Luft fliegt! Du hältst dich demnächst gefälligst an meine Anweisungen, verstanden? Ich habe keine Lust, mein schönes Geld für ein Begräbnis auszugeben.“

Durch das Hallentor kam eine große Frau. In den vom vielen Waschen geröteten Armen hielt sie Verbandszeug. Sie blickte sich, während sie auf ihren Mann zuging, um und bemerkte die Zerstörungen. Vor Dave blieb sie stehen. Sie hob seinen Arm. Sie betrachtete sein Gesicht.

„Guten Tag, Mister Jervis“, sagte sie mit der Ruhe einer Frau, die sich daran gewöhnt hatte, daß ihr Mann seine Seele einem Teufel aus Feuer und Stahl verschrieben hatte. „Ist es noch mehr, Dave?“

„Ein bißchen Haut noch, Mary“, erwiderte Dave Matthews mit verlegenem Lächeln.

„Wo?“

„Hm — hinten.“

„Zeig her. Mister Jervis, ich brauche einen Tisch.“

„Einen Tisch!“ schrie Jervis in die Halle. Er hatte das Manometer ge-

---

*) 100 Pfund Druck auf den Quadratzoll

funden. Das Glas war zersplittert. Der Zeiger stand auf 160. Er starrte kopfschüttelnd darauf nieder, eilte dann zu seinem Reißbrett, das in einem Schuppen stand, und begann fieberhaft zu rechnen.
Inzwischen hatte einer der Negerschlosser den Arzt geholt. Dem rundlichen kleinen Mann mit dem weißen Backenbart bot sich ein Anblick, der ihn wie angewurzelt stehenbleiben ließ.
Dave Matthews lag auf einem ölverschmierten Werktisch. Er hatte die Hose heruntergestreift, und das, was die hagere Frau dort mit grauer Salbe einrieb und verband, war ein Körperteil, den man sonst sorgfältig vor der Mitwelt zu verbergen pflegte. Der Arm war verbunden. Der ganze Kopf steckte in einem Verband, aus dem nur Augen, Nase und Mund herausschauten.
Als die pulvergrauen Augen Matthews' den Arzt erblickten, zuckte er die Schultern und rief:
„Fein, daß Sie kommen, Doc. Aber, Sie sehn ja, mein Mädchen hat schon ..."
Der Arzt war an den Tisch herangetreten, stellte die bauchige Instrumententasche neben Dave und stützte die Hände darauf.
„Fertig", sagte die Frau. „Entschuldigen Sie, Doktor, daß ich ..."
„Ach was, Madam, besser als Sie kann ich das sowieso nicht machen. Hoffentlich haben Sie jetzt genug davon, Matthews, sonst wird man Sie noch mal mit einem Spachtel von der Wand kratzen müssen."
„Er hat einen Druck von 150 ausgehalten, Doc! Er ist erst bei 160 geplatzt! Wissen Sie, was das bedeutet?" Matthews ließ sich stöhnend vom Tisch heruntergleiten und zog die Hose hoch.
„Nein, das weiß ich nicht, Matthews."
„Dann werde ich es Ihnen sagen. Das bedeutet eine Geschwindigkeit von neunzig Kilometern in der Stunde! Neunzig, Doc!"
Die Tür des Schuppens schlug krachend zu. Jervis kam in die Halle gelaufen und schwenkte ein Blatt Papier.
„Hundertzwanzig in der Stunde!" schrie er. „Hier steht es! Hundertzwanzig bei hundertzehn Druck! Mensch, Dave ..." er ließ sich auf dem verschmierten Tisch nieder, „... ich werde verrückt!"
Der Arzt betrachtete ihn und dann Matthews kopfschüttelnd. „Das hält kein Mensch aus, Gentlemen. Das hält auch kein Material aus. Die

Schienen werden sich verbiegen. Die Räder werden von der Reibung glühend und weich. Die, die ..."

„Los, Männer!" rief Dave Matthews' rauhes Organ durch die Halle. Er lachte den Arzt an. „Wir fangen von vorne an. Hast du die Stärke des Stahls ausgerechnet, John?"

„Acht Millimeter", antwortete der Konstrukteur mit glühendem Kopf.

„Also los, Leute! Aufräumen. Geh nach Hause, Mary. Danke, mein Mädchen. Es gibt nichts, was der Mensch nicht aushält, Doc!"

„Sie versuchen Gott, Dave", murmelte der Arzt entsetzt. Die Frau nahm ihn beim Arm und ging mit ihm hinaus. In der Halle hörte man Matthews' Stimme Anordnungen geben. Das Schmiedefeuer wurde angeblasen. Stahl schepperte, und Jervis lachte. Über die Straße rollte eine zweispännige Kutsche. Negerkinder liefen daneben und bettelten. Der Arzt stellte einen Fuß auf das Trittbrett seines Wagens.

„Warum tut er das? Warum spielt er mit seinem Leben?"

Die Frau lächelte. „Warum hat Gott die Welt erschaffen, Doktor? Dave hat eine Aufgabe. Und die will er erfüllen."

„Das sagen ausgerechnet Sie, Madam?"

„Wer soll das sonst sagen, als die Frau eines Mannes?"

„Eines Tages werden Sie an seinem Grab stehen..." Der Arzt stieg auf den Kutschbock und schnalzte mit der Zunge.

„Dann werde ich stolz auf ihn sein", sagte Mary Matthews leise und ging zu ihrem kleinen Haus, das am Rande des Flußuferschilfs in der Sonne lag. Vor zehn Jahren hieß es, daß im Sumpf kein Haus zu bauen sei. Sie und Dave glaubten an das Haus, und deshalb stand es da. Es gab Leute, die ein hartes Leben für eine Strafe hielten. Sie und Dave glaubten an das Leben, und deshalb waren sie glücklich. Dave glaubte an die Eisenbahn und daran, daß die Zukunft auf den Rädern lag. Und deshalb würde alles geschehen, was geschehen mußte. Sie blickte über den Fluß, über dessen schaumgekrönten Wellen Insektenschwärme wogten. Es waren drei gesunde Kinder im Hause. Bald würden es vier sein.

Das Leben war gut.

☆

„Festhalten, Gentlemen, sie ist ein Rennpferd!" ...

... rief Dave Matthews genau drei Monate später, als die neue Lokomotive über die Schienen der Delaware & Hudson-Kanal-Gesellschaft dahinflog. Die Schienen hatten die Getreidefelder verlassen. Dave riß den Ventilhebel ganz nach unten. Vor der „Experiment" lag das offene Land mit seinen roten Hügeln.
Zu Füßen des Ingenieurs fauchte rotglühend die Feuerung. Ein zischendes Stöhnen drang aus dem riesigen Dampfkessel. Der hohe Stahlkamin spuckte eine gewaltige schwarze Rauchwolke aus, der vom Fahrtwind über die Plattform, über den Tenderwagen und die drei Personenwagen geweht wurde. Immer schneller wurden die Arbeitstakte der beiden Zylinder. Immer schneller drehten sich die Räder. Die sechs Männer auf der Plattform hinter dem Dampfkessel krampften die Hände um das Geländer. Der Fahrtwind peitschte Ruß und einen glühenden Funkenregen in ihre Gesichter. Schienen und Schwellen wurden zu einem dahinfliegenden doppelten Stahlfaden. Bäume tauchten aus dem Boden auf und flogen vorüber wie Gespenster. Unirdische Gewalten schienen in dem Stahlungetüm zu rumoren und es in ein Geschoß zu verwandeln, das dem Horizont entgegenflog.
Die Funken verbrannten den Passagieren die Kleidung, schwarzer Ruß legte sich über ihre Haut. Mühelos fegte das Ungetüm durch die Kurven.
„Die Vorderachsen", schrie Jervis einem Reporter der New York Times zu. „Sie bilden ein zweiachsiges Drehgestell ..."
„Lauf, Rappe, lauf", schrie Dave Matthews, und seine nervige Faust preßte den Hebel hinunter. Der Zeiger des Manometers stieg weiter. Mit der anderen Hand warf Dave klobige Pinienholzscheite in die Feuerung. „Die Federn sind etwas zu stramm! Merkst du das, John? Ein Blatt weniger an allen Seiten."
Im zweiten Wagen stand eine junge Lady in Flammen. Die anderen Fahrgäste schlugen mit Gehröcken und Hüten auf das brennende Kleid. Sie schrien und pfiffen, lachten und ließen sich die Arme vom Fahrtwind zurückreißen. Dann kam die Meßstrecke. Sechs Männer auf der Plattform hinter dem Dampfkessel zückten sechs Uhren. Der erste

blau-weiß gestrichene Meßpfahl flog vorüber. Die Sekundenzeiger liefen.
„Lauf, Rappe!“ schrie Dave Matthews in das Stampfen, Röhren und Fauchen der Hitze hinein. Der zweite Meßpfahl tauchte auf, wurde riesengroß, flog vorüber, war verschwunden.
„Fünfundvierzig Sekunden!“ brüllte der Reporter und brach in ein närrisches Gelächter aus. „Eine Meile in fünfundvierzig Sekunden!“
Matthews richtete sich auf. Genau die Hälfte seines schwarzen Bartes war bis auf die Haut versengt. Sein Gesicht war mit Brandblasen bedeckt, in denen stecknadelkopfgroße schwarze Holzpartikelchen steckten. Langsam zog er den Ventilhebel nach oben. In seinem schwarzen Gesicht glänzten die weißen Zähne wie ein aufgebreitetes Kartenblatt.
„Wieviel?“ schrie er. „Sag schon wieviel, John!“
Jervis hatte versucht, etwas auf einem Block auszurechnen. Der Wind riß ihn weg. Er rechnete so. Er rief etwas. Matthews verstand ihn nicht. Jervis beugte sich nieder, und nun verstand Matthews: „Hundertachtundzwanzig Kilometer in der Stunde!“ (1 Meile in 45 Sekunden.)
Die Männer begannen auf dem dahinfliegenden Stahlungetüm zu tanzen und wild durcheinanderzuschreien.
Und so kamen sie am Ziel an. Sie hatten die vierzehn Meilen lange Strecke in dreizehn Minuten zurückgelegt. Das war eine Geschwindigkeit von hundertvier Kilometern in der Stunde.
Während die rußgeschwärzten Passagiere von einer Blaskapelle durch die Stadt geführt wurden, während Dave Matthews, auf den Schultern wild schreiender Männer sitzend, seine versengten Arme schwenkte, und ihm der Schweiß über die Brandblasen lief und sein Gesicht in ein schwarzweißes Mosaik verwandelte, rannten die Reporter zu ihren Redaktionen.
Drei Stunden später wußte die Stadt von dem phantastischen Rekord. Matthews, der auf einem Tisch in der Werkhalle stand und eine Whiskyflasche hochreckte, um seinen tanzenden Männern zuzuprosten, schwenkte die Sonderausgabe.
„Diese verteufelten Burschen stehen uns aber nicht nach, was Geschwindigkeit angeht!“ rief er. „Ein dreifaches Hipp-Hipp-Hurra für die Neuigkeiten-Habichte!“

Der Zeitungsjunge fühlte sich angesprochen und verbeugte sich. Er warf die mageren Arme hoch. „Unserer war der schnellste! Wir sind die ersten!“ Er rannte so schnell über die Straße, daß man auf seinen fliegenden Rockschößen hätte Karten spielen können!

Dröhnendes Gelächter erfüllte die Werkhalle. An der Tür drängten sich Menschen, um den Mann zu sehen, der eine Lokomotive zum Fliegen gebracht hatte. In der zweiten Reihe sah man Mary Matthews stehen. Ihre Augen leuchteten. Und auf der anderen Straßenseite kam der Arzt mit seinem einspännigen Buggy und der alten Stute vorbei. Seine gichtigen Finger kämmten durch den schütteren Bart, und er sagte zu dem Pferd: „Sie versuchen Gott, Nelly. Sie werden sich und die Welt zugrunde richten, und Gott wird sie strafen. Oh, das ist eine schreckliche Zeit. Die Technik, Alte, sie sagen, daß sie wichtig sei. Und ich sage, daß sie mit dem Feuer spielen, weil sie die Naturgesetze auf den Kopf stellen. Armes Amerika — arme Welt . . .“ Murmelnd rollte der Wagen mit dem alten Manne vorüber.

II

Das Eisenbahnfieber packt Amerika

„ . . . die Eisenbahn wird das Land verwüstet und ruiniert hinter sich zurücklassen, eine Wüste, wo nur noch Geier durch die Luft schweben und sich an den Opfern mästen, die das Eisenmonstrum übriggelassen hat. Nein, Sir, wir wollen nichts mehr von Eisenbahnen wissen."

John S. Cushing, US-Kongreß, 1845

Unter den Passagieren, die an der denkwürdigen Fahrt der „Experiment“ teilgenommen hatten, war auch ein untersetzter Mann gewesen. Sein schwarzer Vollbart war halb versengt, glühende Holzkohlenstückchen hatten Löcher in seinen grauen Schwalbenschwanzrock gebrannt. Er stand in der Nähe, als der alte Doktor mit seiner müden Stute sprach und mit gramvollem Gesicht davonfuhr. Er blieb lange auf einer Stelle stehen und beobachtete den Lärm der Menschen, die wild herumliefen, gestikulierten und schrien. Dann sah er Dave Matthews, in seinen alten Militärmantel gehüllt, zum Flußufer und nach Hause gehen. John Jervis verschloß das Tor der Werkstätte und blickte auf, als der Mann auf der Straße ihm zuwinkte.

„Großartig, Mister Jervis. Es war ein Triumph ohnegleichen. Mein Name ist Matthias Baldwin aus Philadelphia. Ich gratuliere Ihnen.“

„Oh, Mister Baldwin, ich habe von Ihrer ‚Old Ironsides‘ gehört.“

„Ah, ehe ich hierherkam, war ich mächtig stolz auf meine Lokomotive. Aber jetzt — well, mein Feuerroß hat knapp vierzig Kilometer gemacht.“ Baldwins grobporiges Gesicht verzog sich zu einer Grimasse. „Beim ersten Versuch haben wir mehr geschoben, als sie gelaufen ist. Hören Sie, Mister Jervis, ich habe gehört, daß die West Point Foundry keine Lokomotiven mehr machen wird.“

„Was?“ stieß Jervis hervor. „Wie kommen Sie zu dieser . . .“

„Die Jessicers sind alte Freunde meiner Familie. Sie haben sich übernommen.“

„Aber sie werden gerade jetzt viele Aufträge erhalten. Dieser Erfolg . . .“

„ . . . bedeutet nicht mehr und nicht weniger, daß ihnen alle die ‚Experiment‘ nachbauen werden. Das wissen die Jessicers genauso gut wie ich. Während aber die anderen über Geld verfügen, haben sie nur Schulden. Glauben Sie, es wird einen Eisenbahnbauer geben, der den Jessicers Geld gibt, damit sie ihm Konkurrenz machen? — Gerade jetzt nicht.

Der halbe Zug war voll von Abgesandten der Lokomotivenbauer. Nur ich bin selber gekommen, weil ich meinen Freunden reinen Wein eingeschenkt habe ... Kommen Sie, gehen wir ein Stück." Die beiden Männer gingen in die Stadt hinein. Baldwin wischte sich über den Schnurrbart und holte mit spitzen Fingern ein Stück Holzkohle daraus hervor. „Ich bin ein Uhrmacher, Mister Jervis. Ich habe die ‚Old Ironsides' nur gemacht, weil ich beweisen wollte, daß ein Uhrmacher auch Eisenbahnen bauen kann. Well, ich habe mich heute entschlossen, diesen Beruf an den Nagel zu hängen und Lokomotiven zu bauen."

„Viel Vergnügen", murmelte Jervis.

„Sie werden sehen, daß ich es schaffe. Also, hören Sie, ich möchte Sie und diesen Matthews anwerben."

„Ich gehöre nicht zur Mannschaft der West Point Foundry, Mister Baldwin. Ich habe die Lokomotiven für die Delaware & Hudson Company entworfen."

„Es ist mir egal, für wen Sie es getan haben. Ich muß Sie anstellen. Sechzig Dollar im Monat, Jervis, das ist ein fürstliches Geld."

Jervis nickte. „Mehr als das Doppelte, was ich jetzt verdiene. Aber es tut mir leid, da ist nichts zu machen."

„Überlegen Sie sich's. Ich gehe jetzt zu Matthews und mache ihm ein Angebot."

„Wie ich Dave kenne, wird er nicht annehmen."

„Wir werden sehen. Jervis, wenn Sie eines Tages in meiner Fabrik stehen, werden wir vielleicht auch über ... sagen wir, hundert Dollar reden können. Bye, Jervis."

Der Ingenieur blickte dem stämmigen Manne nach, der den Zylinder vom Kopf genommen hatte und sich abwendete.

Baldwins Gespräch mit Matthews dauerte keine fünf Minuten. Danach reichte Baldwin Matthews die Hand und ging zur Tür. Er sagte: „Mit Männern wie mit Ihnen, Dave, greife ich die Hölle mit einem Eimer Wasser an. Warten Sie, ehe Sie was sagen." Er richtete den Blick seiner schwarzen Augen auf die Frau, deren Arme in einem Waschbottich steckten. „Wenn man wissen will, Madam, wozu ein Mann und ein Maultier imstande sind, so muß man ihnen ein Feld zum Pflügen geben. Ich habe zweihunderttausend Dollar, aus denen ich entweder

zweihundert Millionen oder Asche machen werde! Jedes Kind in Philadelphia kann Ihnen den Weg zu meiner Werkstatt zeigen, Dave."
In der kleinen Hütte am Fluß blieben die Frau und der Mann zurück. Matthias Baldwin kehrte nach Philadelphia zurück. Der Uhrmacher schloß endgültig sein Geschäft, erbaute eine Fabrik und begann Lokomotiven zu bauen. An einem kühlen Frühlingstage des nächsten Jahres klopfte es an die Tür von Baldwins Arbeitszimmer, und der hemdärmelige Lokomotivbauer nickte zufrieden, als er John Jervis und Dave Matthews eintreten sah.
„Ihr kommt gerade richtig. Die South Carolina Canal & Railroad Company hat ein Dampfroß bei mir bestellt. Sie haben einen Mister E. L. Miller und zwei englische Lokomotiven geschickt, die ich umbauen soll. Ich habe die Dinger noch nicht gesehen. Kommen Sie, wir werden gehen und diesen Mister Miller davon überzeugen, daß wir besser eine neue Lokomotive bauen."
Das war der erste offizielle Auftrag einer Eisenbahngesellschaft an den Uhrmacher Matthias Baldwin. John Jervis und Dave Matthews bauten die „E. L. Miller", und sie war so gut und zuverlässig, daß sie nach dem Bürgerkriege, also fünfundzwanzig Jahre später, immer noch im Linienverkehr verwendet wurde.
Matthias Baldwin wurde zu einem König der Lokomotivbauer. Es gab bald keine Eisenbahnlinie, auf der nicht seine „Baldwins" liefen. In der Zwischenzeit aber hatte der phantastische Geschwindigkeitsrekord der „Experiment" ganz Amerika wachgerüttelt und in einen Freudentaumel versetzt.

☆

Bilder von Lokomotiven erschienen als Muster auf Porzellan- und Glaswaren. Eines der meistverwendeten Muster zeigte eine rauchende Baldwin-Lokomotive mit einem holzbeladenen Tender, der einen Personenwagen zog, darunter die Inschrift: „Gott selbst verleiht ihnen Schnelligkeit".
Kleine Messingmedaillen wurden zu Millionen von den Eisenbahnen geprägt und an die Leute verteilt. Militärkapellen spielten „Eisenbahnmärsche", von denen der erste, der „Carrollton-Marsch", auf allen Straßen der USA gesungen und gepfiffen wurde, wie seinerzeit die

ganze Welt den „Brücke-am-Kwai"-Marsch gepfiffen hat. Die Glasbläser kreierten die sogenannte „steam-engine"-Linie, eine Art, Vasen und Behältnisse nach Lokomotiven und Wagen zu formen. Die Zeitungen und Illustrierten waren täglich voll von Berichten und Reportagen über alles, was Eisenbahnen betraf. Nichts konnte so uninteressant sein, daß es nicht wert gewesen wäre, auf der ersten Seite Schlagzeilen zu machen. Bald konnte es sich kein Präsident der USA mehr erlauben, eine wichtige neue Bahnlinie nicht persönlich einzuweihen, und wer als Politiker im Repräsentantenhaus vorwärtskommen wollte, der brauchte sich nur mehr um die Eisenbahn, als um seine Geschäfte zu kümmern, und er konnte sicher sein, daß es wenig gab, was ihm bei seinem Wege nach oben hinderte.

Natürlich fehlten auch in Amerika nicht die Skeptiker, welche in den Konkursen vieler Eisenbahngesellschaften Anzeichen für einen nationalen Notstand erblickten, „wenn man weiter fortfährt, dieses dampfgetriebene Transportmittel, das zweifellos eine gute Chance hat, verbessert und vervollkommnet zu werden, als eine Offenbarung des Himmels zu betrachten. Der Himmel über diesem Lande wird von harten Dollars gestützt, und diese wiederum von nüchterner kaufmännischer Kalkulation".

Die Folge einer Reihe plötzlicher Konkurse und nüchterner Überlegungen führte zwar nicht zur Ernüchterung, was die rapide Entwicklung betraf, sondern zu sogenannten „Koppel-Gesellschaften". Immer mehr Eisenbahngesellschaften gingen dazu über, sich mit anderen Unternehmungen zusammenzuschließen. Aus den alten Lizenzen geht dieses Sicherheitsstreben nach Rückendeckung klar hervor: Es sind dort Gesellschaften wie die Offerman Rail Way & Mining Company, die Towanda Rail Road & Coal Company, die Georgia Rail Road & Banking Company, und die berühmte Tuscarora and Cold Run Tunnel & Railroad Company eingetragen, einige unter vielen.

Doch die Propheten hemmungslosen Fortschritts überwogen, ganz im Gegensatz zu Europa. Das Bimmeln der Lokomotivglocken läutete das Zeitalter der Aktien ein. Wo immer Geld knapp war oder wurde, beteiligte ein Unternehmer, der gestern vielleicht selber noch jeden

Nickelcent in seinen Sparstrumpf gesteckt hatte, unverzüglich seine ganze nähere und weitere Umgebung an seinen Plänen.

☆

Doc Carver, ein Gemischtwarenhändler in Brownsville, der sich über Nacht durchgerungen hatte, seinen Laden zu schließen und eine Eisenbahn zu bauen, kam nach der Zählung seines Barvermögens zu dem Schluß, daß 2571,44 Dollar gerade dazu ausreichten, eine gebrauchte Lokomotive und 200 Meter Schienenstrang zu kaufen. Eines Morgens verließ Doc Carver sein Heimatstädtchen Brownsville, und einen Monat später kam er mit einer alten Lokomotive, drei Arbeitern, Schwellen und Schienen zurück und baute seine Zweihundertmeterstrecke mitten in die Hauptstraße von Brownsville. Seine Frau, Tanten, Onkel und Großväter mußten die ganze Stadtbevölkerung zur Vorstellung einladen. Selbstgeschriebene Einladungen wurden verteilt, und dann kam auch für Brownsville die große Stunde, daß es eine eigene Eisenbahnlinie besaß. Doc Carver stieg auf eine Kiste und verkündete wortgewaltig, daß es keine bessere Kapitalanlage für alle Bürger, Witwen, alte Männer und wen auch immer geben könne, als sich an der Bahn zu beteiligen. Mit Hüten gingen Carvers Familienmitglieder durch die Menge und kassierten den Inhalt der Sparstrümpfe der ganzen Stadt. Anteilscheine wurden ausgegeben, und manche Leute, die alsdann nach Hause gingen, wußten nicht mehr, wovon sie am nächsten Tage die Milch für ihre Kinder kaufen sollten. Doc Carver verlängerte seinen Schienenstrang um einen Kilometer. Dann zog er aufs Land, erklärte den Dörflern, daß sie von nun an selber darüber zu entscheiden hätten, ob sie an die technische Zivilisation angeschlossen würden oder nicht, malte vor den Augen andächtig Zuhörender wundersame Zukunftsbilder einer menschlichen Gesellschaft, in der niemand mehr zu arbeiten, sondern nur noch die Dividenden seiner Anteilscheine zu kassieren brauche.

Kilometer um Kilometer fügte Doc Carver seiner Bahn hinzu, bis er eines Tages tatsächlich den Anschluß an einen der großen Verkehrswege gefunden hatte. In wenigen Jahren wurden aus den beiderseits der Schienen liegenden, ehedem nahezu vergessenen Ortschaften prosperierende Städte, und ein Mann, der noch vor fünf Jahren tausend Dollar in dem Bewußtsein gegeben hatte, daß es eine mehr oder weniger wohltätige Spende war, erlebte, daß man ihm für seine Anteilscheine nun das Zehnfache, manchmal sogar das Zwanzigfache bot

☆

Gold war noch nicht in Kalifornien gefunden worden, und es gab nur vage Vorstellungen in dem Staatenbund der östlichen USA über das Land jenseits der großen Wälder, da begannen in das hektische Eisenbahnfieber bereits neue, noch kühnere Gedanken hineinzutröpfeln. Es gab Phantasten, die auf den Marktplätzen und in den Tageszeitungen ihre Stimme erhoben, daß der Ferne Westen, dieses geheimnisvolle unbekannte Land der Pelztierjäger, die Jagdgründe unbekannter Indianerstämme, eine Herausforderung für die Eisenbahn sei. Die ersten Überlandbeschreibungen erschienen in den Schaufenstern der Buchläden größerer Städte. J. M. Peck zum Beispiel verknüpfte mit seinem „Guide Book for Emigrants to the Lovely West“ prophetische Anregungen:
„Dem Hinterwäldler im Fernen Westen winken ungeheure Chancen. Nach der ermüdenden Reise und einer kurzen Zeit der Gefahr und erneuten Mühsalen, sich niederzulassen, findet er sich plötzlich, sobald er Augen für seine Umgebung hat, von unermeßlichen Schätzen umgeben. Es gibt nichts mehr, das er entbehren müßte. Sein Vieh, seine Schweine vermehren sich in einem wundervollen Klima und füllen seine Fleischtöpfe. Die Ernte aller Feldfrüchte ist doppelt so umfangreich wie hier, weil der Boden fruchtbarer ist. Das Land ist unerschöpflich, und jeder Quadratmeter, den er umpflügt, ist sein Eigentum, das ihm niemand mehr wegnehmen kann. Die Wälder sind voll von Groß- und Kleinwild, die Flüsse decken seinen Tisch mit Fischen, aber viele Siedler bringen nur deshalb nicht mehr hervor, als sie selber brauchen, weil die Transportmöglichkeiten nach Osten fehlen. Es gibt keinen Markt, wo sie die Frucht ihrer Arbeit anbieten können. Deshalb ist dieser weite Westen das Land der Zukunft für die Eisenbahn. Die Eisenbahnen müssen ihren Blick nach Westen richten. Dort liegt die Zukunft Amerikas.“
Redakteure und zurückkommende Auswanderer, die in der Zivilisation Geräte kauften, bestätigten Pecks Meinung, und der Ruf nach der Eisenbahn wurde immer lauter.

Eines Tages begann Asa Whithney, Mitglied des Kongresses, in der Kongreßbibliothek die teilweise noch tintenfrischen Berichte jener Regierungs-Landexpeditionen zu studieren, die unter Stephen Long und General Fremont versucht hatten, einen Überlandweg zwischen den Vereinigten Staaten im Osten und den Gebieten an der Pazifikküste zu finden.

Als er alles Erreichbare durchgearbeitet hatte, kam auch er zu dem Ergebnis, daß Long und Fremont recht hatten mit der Annahme, daß alles Land zwischen dem Mississippi und Kalifornien nichts anderes sei als eine einzige riesengroße, amerikanische Wüste, die zu nichts anderem nütze sei, als dem Spiel der Stürme preisgegeben zu sein. In der baumlosen Prärie, die einem Ozean aus Gras glich, gab es für den Menschen keinerlei Schutz gegen ein Wetter, in dem selbst Wölfe zugrunde gingen, weil sie zu schwach waren. Die Felsengebirgskette dahinter war von solch furchtbaren Ausmaßen, daß ihre Spitzen weit in die Wolken hineinragten. Regionen ewigen Schnees und Eises waren praktisch unüberwindbar. Zwischen diesen Gebirgsketten, die ein Viertel des gesamten amerikanischen Kontinents bedeckten, hatte man Wüsten aus Sand und harten Boraxkrusten gefunden, die sich von Horizont zu Horizont ausbreiteten, Wüsten aus Mineralsalzen, Wüsten aus Staub und aus stahlharter Lava.

Asa Whithney, ein Kaufmann aus New York, dessen merkantilistischer Scharfsinn in den Haushaltsdebatten gefürchtet war, kam zu der Überzeugung, daß der ganze Ferne Westen im Herzen Amerikas eine Mondlandschaft sei und man sich mit dieser Tatsache abfinden müsse. 1843 machte Asa Whithney eine Geschäftsreise nach China, und die gewaltigen Ausmaße dieses Reiches und des Handels verwirrten ihn. Zurückgekehrt, wanderte er monatelang vor der Karte der Vereinigten Staaten hin und her, und der Gedanke an einen regelrechten amerikanischen Handel mit Asien ließ ihn nicht mehr los. Er studierte die neuesten Berichte der Regierungsexpeditionen, die ausgesendet worden waren, wenigstens eine Armee-Nachschubstraße für Kalifornien und Oregon zu finden, die zwar beide noch nicht zum US-amerikanischen Territorium gehörten, in denen sich aber der Anschluß durch Revolten der amerikanischen Kolonisten bereits ankündigte.

Und dann kam der heiße Julitag des Jahres 1845, an dem Asa Whithney, nachdem er ohne Bewegung der Haushaltsdebatte im Kongreß zugehört hatte, ein Aktenbündel unter den Arm klemmte und zum Rednerpult schritt. Dort blieb er einen Augenblick stehen und rief mit erhobener Stimme in den Saal:

„Ehrenwerte Mitglieder dieses Hauses! Ich weiß, daß man mich nicht nur für einen Phantasten, sondern, wenn ich diese Rede beendet habe, sogar für einen Verrückten halten wird. Das, was ich hier vorzuschlagen habe, ist nicht viel weniger, als würde ich unserer Nation die Weissagung machen, daß auf dem Mond, oder dem Mars, oder auf der Venus Amerikas Zukunft läge!“

Das Gemurmel unter den Abgeordneten verstummte. Alles starrte den schmalbrüstigen Mann im schwarzen Gehrock an, der sorgfältig seinen Nickelkneifer putzte und dabei die Männer des Kongresses beobachtete.

„Ehrenwerte Gentlemen“, sagte er dann mit ruhiger Stimme, und es war so still, daß man einen Vogel im Park zwitschern hörte, „ich denke, Amerika wird nicht darum herumkommen, eine Transkontinental-Eisenbahn zu bauen!“

Die Worte schienen wie Brandfackeln in das Bewußtsein der Kongreßmitglieder zu fallen.

„Ich meine also, um es in dürren Worten auszudrücken“, fuhr Asa Whithney fort, „eine Eisenbahnlinie, die den ganzen amerikanischen Kontinent durchquert. Von New York bis nach Kalifornien.“

Ein weißhaariger Abgeordneter begann glucksend in sich hineinzulachen und hielt den Zeigefinger an die Stirn.

„Asa Whithney!“ rief eine dunkle Stimme in den Saal. „Es wird niemand etwas dagegen haben, wenn Sie mal für ein paar Wochen ausspannen.“

Whithney blätterte sein Manuskript auf und schaute über den Rand des Kneifers.

„Ich bin durchaus nicht erschöpft, wenn Sie das meinen. Mein Verstand ist so klar wie immer. Ich wiederhole, Gentlemen: Wir müssen eine Transkontinental-Eisenbahn bauen!“

„Wunderbar!“ rief der weißhaarige Abgeordnete unter Lachen. „Nichts leichter als das! Eine Eisenbahn nach Kalifornien! Meine Herren, das ist die großartigste Idee, die ich je gehört habe! Das ist einfach wundervoll! Alles, was dazu notwendig ist, haben wir! Wir haben das Geld, und wir haben die Schienen, um sechstausend Kilometer Schienenstrang zu bauen. Wir haben auch die Lokomotiven und die Wagen, die darüberrollen sollen. Ja, Gentlemen, wir haben mehr als genug tüchtige Amerikaner, die das alles in die Hand nehmen werden. Ich frage mich nur, ob wir uns nicht viel Ärger ersparen würden, wenn wir dieser Eisenbahn von vornherein Flügel anschraubten! Vielleicht hat Mister Whithney schon Pläne, Eisenbahnen durch die Luft fliegen zu lassen."

„Nein, das habe ich nicht", erwiderte Whithney ungerührt. „Ich halte mich an die Erde, nicht an den Himmel. Die neuesten Berichte unserer Expedition besagen, daß es einen Weg nach Kalifornien gibt. Es gibt deren sogar fünf, Gentlemen."

„Das ist richtig!" rief jemand, „aber das sind Wege für Maultiere. Schon mit Pferden ist man gescheitert. Und vielleicht haben Sie übersehen, Mister Whithney, daß mehr als die Hälfte der Mitglieder dieser Expeditionen nicht mehr lebte, als Kalifornien erreicht wurde. Sie waren in der Wüste verdurstet, im Schnee erfroren, sie hatten sich an alkalischen Wasserquellen vergiftet, oder waren an giftigen Schwefelgasen erstickt. Indianer haben sie umgebracht und in Stücke gehackt. Sie sind an Cholera und Typhus zugrunde gegangen, an Klapperschlangenbissen, oder giftige Kaktusdornen haben ihnen das Leben gekostet."

Asa Whithney musterte den Sprecher scharf.

„Mister Rowntree, darf ich Sie darauf aufmerksam machen, daß es auf der Welt keinen einzigen Amerikaner gäbe, wenn unsere Väter und Vorväter ähnliche Sorgen gehabt hätten! — Ehrenwerte Herren, ich wiederhole es ein drittes Mal: Amerika, die Vereinigten Staaten, wir, die wir verantwortlich für die Zukunft unseres Landes sind, wir müssen eine Transkontinental-Eisenbahn bauen!"

„Und was soll Ihre Eisenbahn kosten?" rief der Weißhaarige.

„Achtzig Millionen Dollar", erklärte Asa Whithney.

„Wahnsinn!" rief jemand. „Die Regierung ist keine Eisenbahngesellschaft! Die Regierung hat kein Geld für ein Spiel ohne Karten. Eine

Bahn durch ein Gebiet, in dem nie Menschen wohnen können, ist Wahnsinn!"
„Eine Transkontinentalbahn ist kein Spiel, sondern eine Notwendigkeit, meine Herren", sagte Whithney. „Sie ist eine militärische Notwendigkeit. Bald werden Kalifornien und Oregon zu den USA gehören. Als gleichberechtigte Staaten, die den gleichen Anspruch auf militärischen Schutz haben, wie jeder Staat. Was unternehmen wir, wenn Oregon oder Kalifornien von einer ausländischen Macht angegriffen werden? Auf welchem Wege schicken wir Truppen und Kriegsgerät dorthin? Auf welchem Wege versorgen wir Truppen und Zivilbevölkerung? Auf Schiffen, die in drei Monaten um Kap Hoorn segeln? Wenn die ersten amerikanischen Truppen landen, kann der Feind längst gesiegt haben. Die Bahn ist eine politische Notwendigkeit. Was haben Oregon und Kalifornien davon, mit einem Staat verbunden zu sein, von dem sie eine Amerika-Umsegelung trennt? Auf welchem Wege soll unsere Einheit und Zusammengehörigkeit praktiziert werden? Indem wir so etwas wie Botschaften dort errichten? Die Bahn ist eine wirtschaftliche Notwendigkeit. Ein Güteraustausch um Kap Hoorn herum ist finanziell nicht tragbar wegen der Kosten. Der Handel der Weststaaten mit Europa kann nur über eine Bahn erfolgreich abgewickelt werden. Unser Handel mit Asien kann ebenfalls nur über eine Bahn vom Pacific aus forciert werden."
Asa Whithney schwieg, und der Kongreß schwieg.
„Und endlich, meine Herren, ist die Bahn eine amerikanische Notwendigkeit. Die westlichen Territorien bergen Möglichkeiten, die die USA einmal zum mächtigsten Staat der Erde machen könnten. Das, was heute für Menschen im Planwagen ein Abenteuer auf Leben und Tod bedeutet, wird durch eine Bahn zur echten Chance."
„Wollen Sie uns erzählen, daß es nur ein Geldproblem ist?" rief ein Kongreßmann mit schriller Stimme. „Und die endlosen Ebenen ohne Bäume und Wasser? Die Wüsten? Die Felsengebirge? Wollen Sie die Bahn in den Himmel bauen?"
„Und wieder herunter, wenn es sein muß!" sagte Whithney. „Es ist ein reines Finanzproblem. Die Eroberung des Westens können wir unseren Amerikanern überlassen."

„Sie haben wohl noch nie was vom Oregon-Überlandweg gehört, wie? Die ganze Strecke muß mit Gebeinen und zerbrochenen Wagen übersät sein. Was die Natur übrigläßt, machen die Indianer nieder. Wir verheizen nicht nur unser Geld, sondern auch unsere besten Leute. Was wissen wir von den Tragödien, die im Westen geschehen?"

Der Whithney-Plan erhitzte nicht nur die Politiker, sondern ganz USA. In den Zeitungen wurden Pläne der Eisenbahner veröffentlicht. Es wurde auf Projekte hingewiesen, die undurchführbar erschienen und längst Vergangenheit waren. Schweigsame Trapper, die hin und wieder aus dem Westen kamen, tippten an die Stirn, kauften Pulver, Blei und Salz und verschwanden wieder. Zeitungen sandten Korrespondenten zu den einsamen Armeeforts in die Wildnis. Sie kamen mit haarsträubenden Berichten zurück. Die Armee schickte General John Fremont mit einer Expedition los, um einen Weg für eine Bahnlinie zu erkunden. Der General kam zurück und schüttelte den Kopf. Er hatte einen Weg für Maultiere gefunden. „Eisenbahn?" sagte er kopfschüttelnd. „Sie müßte über die Berge des Colorado-Territoriums fliegen können."

Man fragte ihn nach der Oregon-Route, der die Auswanderer folgten. „Die Geschichten, die man an den Lagerfeuern hört", meinte Fremont, „lassen selbst erfahrene Waldläufer bleich werden. Wie gesagt, gebt der Eisenbahn Flügel, dann hat sie eine Chance. Ich möchte nicht wissen, welche Tragödien sich im Westen ereignen."

Das waren die Worte des furchtlosen Generals an einem Sommertage des Jahres 1846.

Bald würde man wissen, was jene erwartete, die sich auf den Weg zum Pacific machten.

Unmenschliche Strapazen, Tod durch Klapperschlangenbisse, Tod unter umstürzenden Wagen, Tod durch Indianerpfeile, Tod durch Erschöpfung, Hunger, Durst. Tod durch Hitze und durch Kälte. Verstümmelung und Siechtum. Absturz von himmelhohen Bergwänden in abgrundtiefe Schluchten. Ersticken in Sandstürmen, erfrieren in Schneestürmen. Skalpieren, Marter, Ende im Wahnsinn.

Bald würden sich die Spalten der Zeitungen mit einer Tragödie füllen, die auch den optimistischsten Verfechter der Transkontinental-Eisenbahn abschreckte.

III

Die „Donner"-Tragödie

„Wir passierten ein Auswandererlager. Das Vieh war in der Nähe der schweren Wagen angepflockt, welche sich gegen den klaren grauen Himmel scharf abzeichneten. Es lag etwas Pittoreskes in der Haltung, in der abenteuerlichen Kleidung der Leute und in der ungewöhnlichen Form ihrer improvisierten Zelte. Große Feuer waren gerade angezündet worden, und die untergehende Sonne säumte nur noch einen kleinen Rand des westlichen Horizonts, der schwachen Lichtschein auf das Lager warf. Der Zug huschte ratternd und funkensprühend vorüber und ließ sie weit hinter sich — zwei Welten, die sich wie Himmelskörper voneinander entfernten."

Reverend F. W. Damon in „The Friend"
vom 13. Mai 1869

Die Kerosinlaterne verbreitete trübes Licht in den beiden zusammengestellten Zelten, in denen sich neun Erwachsene und 29 Kinder dicht zusammendrängten, um sich in der grimmigen Kälte gegenseitig zu wärmen. George Donner lag auf dem Feldbett. Sein linker Arm war dick verbunden, sein faltiges Ledergesicht rot von Fieber.

Als draußen im Schnee Schritte knirschten, fuhr Tamsen Donner auf und murmelte: „Da, sie kommen uns holen. Ich habe es ja gesagt. Sie lassen uns nicht im Stich. Sie holen uns." George Donner schaute die kleine Frau mit den mageren Schultern und den geduldigen braunen Augen an und schüttelte den Kopf.

„Es ist einer, Tamsen. Es ist nur einer."

Es war der junge Charles Stanton. Er hatte den Revolvergürtel über seine Mackinshaw-Jacke geschnallt und den Kragen hochgeschlagen. Auf seinem hageren Gesicht schmolzen Schneeflocken. Er trat in das Zelt. Er sah sich um.

„Guten Abend, Mutter Tamsen", sagte er. „Ich wollte mal nach euch sehen."

„Die Vorderachse brach, Charlie", sagte George Donner, rasch atmend. „Es ist zu Ende für uns. Wo kommst du her? Ich dachte, du hättest die anderen über den Paß geführt?"

„Sie wollen nicht", antwortete Stanton bitter. „Sie wollen ihren Plunder nicht im Stich lassen."

Der alte weißhaarige Jacob Donner, der nicht mehr die Kraft hatte, sich aufzurichten, blickte Stanton strafend an. „Junger Mann, wir haben diesen Plunder, wie Sie zu sagen belieben, zehn Monate lang mit den Zähnen gegen dieses schreckliche Amerika, gegen Indianer, Durst, Hunger, Stürme und die ganze Hölle verteidigt. Dieser Plunder ist alles, was wir besitzen."

„Es geht um unser Leben!" schrie Stanton wild. „Ihr habt mich vor zweiunddreißig Tagen losgeschickt, um Hilfe zu holen. Ich bin zurückgekommen. Mit zwei Führern und Proviant für eine Woche. Ich habe die Strecke über den Paß gesehen. Man kann nur zu Fuß rüber. Jeder Wagen wird steckenbleiben, noch bevor er den Hohlweg erreicht. Es wird bald Schnee fallen. Es geht ums nackte Leben, begreift das doch endlich!"

Die kleine alte Frau streichelte über das Haar eines Kindes und nickte schwer. „Das haben wir begriffen, seit unsere Leute von den Utahs bei lebendigem Leibe in Stücke gehackt worden sind, Junge. Aber wir können nicht einfach alles liegenlassen, was zu uns gehört. Warum gehst du nicht wieder zurück? Du bist allein. Du hast keine Familie. Hol Hilfe."

„Sutter ist in Kalifornien dabei, Rettungskolonnen zusammenzustellen. Das dauert eine Zeit. Aber sie werden kommen. Doch, wenn Schneestürme einsetzen, werden sie selber froh sein, wenn sie sie überleben. Dann sind wir alle verloren. Wir müssen ihnen entgegengehen. Wenigstens bis zur Paßhöhe. Sofort."

„Charlie", sagte George Donner, „ich wäre vielleicht der einzige, sie dazu zu bewegen, aber ..."

„Deswegen bin ich ja gekommen", rief Stanton.

„... aber, wie du siehst, Junge, bin ich am Ende." Er hob den verbundenen Arm. „Nur ein harmloser Splitter. Ich habe versucht, die Achse zu reparieren. Jetzt ist der Brand im Knochen. Ich werde sterben und bin damit zufrieden."

„Aber die Frauen!" schrie Stanton. „Die Kinder! So laßt doch wenigstens die Kinder mit mir gehen!"

„Und was machst du mit ihnen, wenn ein Schneesturm kommt?" fragte Donner mit salzigem Lächeln. „Wir sind alle in Gottes Hand. Er hat uns hierher kommen lassen, und nicht weiter. Er wird uns Retter schikken, wenn er es für gut hält. Was machen die anderen?"

„Die Frauen haben das Kommando übernommen. Sie kennen nur sich und ihre Kinder. Sie stehen da mit Gewehren in den Händen und zwingen die Männer, Blockhäuser zu bauen."

„Kein schlechter Gedanke", murmelte der alte Jacob Donner.

Tamsen Donner legte dem jungen Stanton eine Hand auf die Schulter und blickte zu ihm auf.

„Geh zurück, Junge. Sorge für dich, wie du es für richtig hältst."
„Was habt ihr zu essen?" fragte Stanton leise.
Die alte Frau hob die Augen und blickte ihn fest an. „Wenig", sagte sie. „Wenn keine Rettung kommt, sind wir in vier Wochen alle verhungert." Ihr magerer Arm deutete auf die Häute von zwei Ochsen. „Noch zwei Tage Fleisch, und dann das da. Wenn man die Haut lange genug kocht, kann man sie essen, glaube ich."
Charles Stanton zog den Hut tief in die Stirn und stampfte zum See zurück. Die Berge lagen in dichten milchigen Schleiern. Darüber wetterleuchtete es.

☆

Am See wurden Bäume gefällt. Die hohen Tannen neigten sich krachend, und wenn sie auf den Boden schlugen, wirbelte Schnee auf.
Die beiden Indianer Lewis und Salvadore, die Stanton von jenseits des Passes mitgebracht hatte, standen auf einem Felsen und schauten mit gekreuzten Armen dem Holzschlagen und Hausbau der Familien zu.
Als Stanton Salvadore ernst anblickte, schüttelte dieser den Kopf. „Schnee, bald sehr viel, mich savvy genau."
„Wann?" fragte Stanton rasch.
Lewis hob die Hand und streckte zwei Finger aus: „Zwei, vielleicht drei Tag. Vielleicht nur eins."
„Wie lange dauert so ein Sturm?"
„Woche. Vielleicht zwei Woche. Niemand weiß."
„Amen. Diese verdammten Narren! Der Teufel soll sie holen!" knirschte der junge Mann.
„Warum nicht Oregon-Route nehmen?" fragte Salvadore kopfschüttelnd.
Stanton warf die Arme hoch und stieß eine Verwünschung aus. „Warum? — Weil die Donners, Kesebergs, Wolfinger, Schallenberger Germans sind, die alles besser wissen, mein brauner Bruder. Irgendein Idiot hat ihnen in Fort Bridger erzählt, daß es eine Abkürzung gäbe. Daß Kalifornien das Paradies auf Erden ist."
„Ist Paradies." Der Indianer nickte ernsthaft. „Aber nicht hier kommen. Unmöglich für Wagen. Über Oregon-Weg kommen."

„Ja, ja, ich weiß es ja nun. Kommt. Wir warten den Sturm ab und schlagen uns dann allein durch."

Vor zehn Monaten waren etwa hundertfünfzig Menschen von Independence, Missouri, aufgebrochen, um nach Oregon zu fahren. Sie hatten einen Ozean aus Gras überquert, einen Ozean aus Salz und Borax und Pottasche. Sie hatten sich den Weg durch räuberische Indianerstämme freigeschossen. Sie hatten reißende Flüsse und einen Ozean aus weichem Flugsand durchquert, in dem die schweren Wagen bis zu den Achsen einsanken.

Nun waren es noch siebenundachtzig Menschen. Davon fünfundvierzig Kinder. Alle mehr tot, als lebendig. Es gab Männer, die auf den bloßen Knochen liefen. Für die Übriggebliebenen hatten Schmerzen keine Schrecken mehr. Sie waren zu Tieren geworden, die sich gegenseitig belauerten. Die Männer resignierten. Sie wurden von den Frauen mit Gewehren aufgeschreckt. Die Frauen hatten ihre Kinder zu beschützen. Sie taten es wie Jaguarweibchen, die im Schneesturm die Männchen töteten und zerrissen, damit die Jungen am Leben blieben.

In einer Nacht kam der erste Schneesturm. Am Abend vorher waren die Blockhäuser fertig geworden. Die Menschen hockten in den Hütten im Schein flackernder Feuer und lauschten dem Sturm, der wie ein hungriger Hund über den See heulte.

Er dauerte sechs Tage und sechs Nächte.

Danach schauten von den Blockhäusern nur noch die Dächer aus der Schneedecke.

In diesen Tagen und Nächten hatte niemand etwas gesprochen. Außer Lewis Keseberg. Der hatte eine alte vergilbte Zeitung auf den Knien liegen und las immer wieder unter bitterem Lachen einen Artikel vor, in dem von einer Transkontinental-Eisenbahnlinie die Rede war.

„Eisenbahn! — Hört ihr's schon, wie sie bauen werden?"

„Halt's Maul, du Schwätzer!" schrie Fulton, der Maultiertreiber.

Aber Lewis Keseberg, Schullehrer und Sprachforscher, war nicht mehr der kleine, schüchterne Mann, der vor zehn Monaten in Independence vor raufenden Schiffern unter einen Gehsteig kroch und vor Hilflosigkeit weinte. An seinem Gürtel hingen acht frische Indianerskalps. Wer nicht getötet werden wollte, mußte töten. Keseberg lebte. Und seine Frau und seine Kinder lebten. Dafür hatte er gekämpft. Mit dem Gewehr, mit dem Revolver, mit dem Messer. Und er würde mit Händen und Zähnen weiterkämpfen.

Seine Hand lag am Revolver, und er sprach weiter, während er den breitschultrigen Maultiertreiber anblickte.

„Hört ihr es denn nicht? Das Heulen kommt aus Bronzeventilen. Dampfventilen, verstehst du, Fulton?“ Fulton hatte die Hand am Messer und benagte die Unterlippe. „Und das, was da kracht, das sind Schwellenleger. Hast du noch nie gesehen, nicht wahr? Dazu bist du zu primitiv. Fortschritt interessiert dich nicht. Du bestehst nur aus Magen und Darm. Und ein paar Fäusten. Hahaha — Eisenbahn. Weißt du, was noch unerträglicher ist als Stupidität? Weißt du das, Fulton?“

„Ich weiß nur, daß ich dir bald den Schädel einschlagen werde, Dutchman!“ knurrte Fulton.

Keseberg lachte wieder.

„Dummheit, Fulton. Dieser Asa Whithney ist ein Dummkopf! Der Kongreß besteht aus Dummköpfen! Eine Eisenbahn da, wo Richard Fulton, der primitivste Waldmensch Kentuckys, gerade noch mit Mühe atmet. Idioten sind es, hörst du! Eisenbahn! Hier am See vorbei. Über den Paß! Sie werden den lieben Gott als Ingenieur verpflichten! Und der liebe Gott wird sie aufs Haupt schlagen, wie er uns aufs Haupt schlägt!“

☆

Der Sturm ging zu Ende. Charles Stanton und die beiden Indianer hatten sich Schneeschuhe gemacht. Als sie gehen wollten, richtete Fulton sein Gewehr auf sie.

„Halt! Wir haben sechs Frauen und sechs Männer ausgesucht. Die Kräftigsten. Wir werden zusammen gehen. Die Indianer kennen den Weg. Wir schlagen uns durch und holen Hilfe.“

Nach drei Tagen waren für die zwölf Personen Schneeschuhe hergestellt. Fulton stand mit dem Gewehr neben den Indianern, die sich als einzige darauf verstanden. Dann marschierten sie los. Der Schnee lag haushoch. Die Männer und Frauen sanken bis zu den Hüften ein. Über den Bergen lachte eine Sonne, die die glitzernden Schneeflächen in Brennspiegel verwandelte.

Nach drei Tagen war Charles Stanton schneeblind. Er konnte nichts mehr sehen. Fulton lachte und stieß die beiden Indianer vor sich her. „Los, weiter! Der bleibt liegen. Der ist zu nichts mehr nütze."
„Ihr Hunde", gurgelte Stanton, dem man das Gewehr abgenommen hatte, und er taumelte im Schnee umher. „Ihr Hunde", hörten sie den hilflos Umherirrenden rufen. Dann hallte ein gellender Schrei auf, und Stanton war in einer abgrundtiefen Spalte verschwunden.
„Weiter", kommandierte Fulton die Indianer. Aber nach vier Tagen wußte er, daß sie sich verirrt hatten. Die Indianer fanden den Weg nicht mehr. Am nächsten Tag starb der erste am Hunger. Die anderen standen, vor Hunger gekrümmt, um ihn herum.
„Was ist?" schrie eine Frau, als die Männer zögerten. Man löste dem Toten das Fleisch von den Knochen und aß. Der Rest wurde in der Luft getrocknet, und der Marsch der Verlorenen ging weiter. Die beiden Indianer sonderten sich ab. Sie verschmähten Menschenfleisch und waren bald krumm vor Hunger. Sie aßen Schnee und Rinde. Eines Morgens fielen ihnen die Augen zu. Fulton, der sie seit Tagen beobachtete, stand auf und erschoß sie.
Ihr Fleisch wurde gegessen, der Rest getrocknet. Aber es war bald zu Ende, und der Hunger machte die Frauen zu wilden Tieren.
Als der nächste umfiel, warteten sie nicht mehr, bis er tot war.
Zweiunddreißig Tage dauerte der furchtbare Marsch.
Ende Dezember gewahrte ein mexikanischer Vorarbeiter Sutters (Schweizer Kolonist, der in Kalifornien sein legendäres „Neu-Helvetien" gegründet hatte), der sich über einen geschossenen Wolf beugte, Gestalten, die aus dem Walde kamen.
Zerlumpte, gekrümmte Gestalten, die Gespenstern glichen. Fünf Frauen und zwei Männer.
„Santa Madre de Dios — heilige Mutter Gottes", murmelte der rauhe Bursche und bekreuzigte sich.
„Du kannst noch dein ganzes Leben lang beten, Freund", schrie Fulton, der wie der Leibhaftige aussah. „Los, führe uns zu deinem Padron, rasch! In drei Tagen müssen wir zurück."
„Die Kinder!" schrie eine der Frauen. „Rettet die Kinder!"

☆

„Welche Farbe hat der Abend?" fragte George Donner mit leiser Stimme. Tamsen Donner, die in einer Ecke auf einem Berg Lumpen gelegen hatte, versuchte, sich zu erheben. Der Hunger hatte ihren mageren kleinen Körper eingetrocknet. Nach dem vierten Versuch stand sie auf den Füßen. Sie sah, daß der alte Jacob Donner tot war. Eines der Kinder streichelte mit dem Zeigefinger über die gelben Zähne des Toten. Die Frau kletterte über die kleinen Körper, in denen nur noch die Augen lebten. Sie öffnete die Tür und schaute hinaus.

„Blau und weiß", sagte sie. „Es ist ganz still, George."

„Sind Wolken am Himmel, Tamsen?"

„Nein. Er ist blau wie tiefes Wasser. Gott hat uns vergessen." Sie ging zurück. Sie legte Holzscheite auf das Feuer, und der Geruch frischen Harzes wurde intensiver. Die Flammen beleckten den Kessel aus Gußeisen, in dem sie die Ochsenhäute gekocht hatte, bis nichts mehr da war.

„Willst du trinken, George?" fragte sie. Der Mann auf dem Lager, der seit Wochen im Koma lag und nicht sterben konnte, nickte. Sie schöpfte warmes Wasser in einen Becher und legte ihn an seinen Mund. George Donners mächtige Gestalt war eingeschrumpft. Sein Kopf hatte kein Fleisch mehr. Der brandige Arm verfaulte, Stück um Stück brach er ab. George Donner trank, und der spitze Adamsapfel unter der pergamentartigen Haut hüpfte auf und ab. Das Schlucken strengte ihn an. Eine Weile lag er mit keuchender Lunge da und starrte auf den tanzenden Widerschein der Flammen auf der Holzdecke.

„Lebt — Jacob noch?" fragte er schließlich.

„Er ist tot", murmelte die Frau. „Alle sind tot."

„Und — die Kinder?"

„Noch drei. Sie werden bald eingeschlafen sein."

„Es — waren doch Retter hier, nicht wahr?"

„Sie haben unsere Kinder mitgenommen, George."

„Warum — bist du nicht — mit ihnen gegangen?"

„Solange du lebst, ist mein Platz an deiner Seite, George. Sie haben gesagt, sie kämen wieder. Aber das ist schon so lange her. Sie haben nur wenig Kinder mitgenommen. Weil man sie tragen mußte."

„Hast du — noch Schmerzen?" fragte der Mann. Die Frau schüttelte den Kopf. „Wen haben sie mitgenommen?"

„Frances, Georgia und Eliza. Sie konnten noch gehen. Sie haben ihnen zu essen gegeben. Ich habe ihnen gesagt, daß sie sagen sollen: ‚Wir sind Mister und Mrs. Donners Kinder, und unsere Eltern sind tot.' Man wird ihnen helfen, George."

„Gut, Frau — gut so." Der Kopf des Mannes neigte sich zur Seite. Er war eingeschlafen. Die Frau ließ sich wieder an ihrem Platz nieder. Es war kalt. Draußen auf dem See krachte das Eis. Es klang wie ein weit entfernter Kanonenschuß, der in splitterndes Rollen überging und mit einem tiefen Seufzer endete. Irgendwo in den Schneehängen heulte ein Wolf. Nacheinander kamen die langezogenen Antworten des hungrigen Rudels.

Tamsen Donner schloß die Augen. Eines der Kinder unter den Decken murmelte leise. Das Röcheln des Mannes erfüllte die Stille.

Sechs Meilen entfernt, dicht am Ufer des Sees, ging Lewis Keseberg mit dem Gewehr an die Tür seines Blockhauses. Er spannte den Hahn, zielte auf den großen Schatten und schoß.

Der große Wolf mit dem zottigen grauen Winterfell wurde von der schweren Kugel in den Schnee geworfen. In das Echo der Detonation mischte sich sein schrilles Geheul. Der zerlumpte Sprachforscher ergriff sein Messer und stürzte auf ihn zu. Aber der Wolf raffte sich auf und schleppte sich davon, verschwand im Schatten der Fichten. In ohnmächtigem Grimm stand der schmalbrüstige Keseberg vor der Spur. Dann ging er zurück. Das Haus lag voll von Toten. Die meisten waren Kinder. Mrs. Murphy war vor einer Stunde gestorben, weil sie nicht essen konnte, was Keseberg aß. Der Mann ging zu dem großen Kessel, der über einem Feuer hing. Mit einem Stück Holz rührte er darin herum. Am Abend, als er in einer Ecke saß und die vergilbte Zeitung auf den Knien liegen hatte, kam Tamsen Donner durch die Tür, wie ein krummes Gespenst aus Haut und Knochen.

„Mutter Tamsen", murmelte Keseberg, sprang auf und führte sie zu einer Kiste.

„George ist tot", murmelte die Frau. „Die Kinder sind tot. Alle sind tot. Ich muß jetzt über den Paß zu meinen Kindern. Ich — muß ihnen beistehen." Ihr Blick wanderte über die Toten, den schwarzen Topf und das große Messer, das auf der Kiste lag.

„Ich will leben“, sagte Lewis Keseberg mit rauher Stimme. „Ich muß leben. Sie haben meine Frau und meine Kinder mitgenommen, deshalb muß ich leben. — Sie müssen auch leben, Mutter Tamsen.“
„Ich — ich kann das nicht!“ Die Frau wehrte ab. Sie wollte noch etwas sagen, brachte aber kein Wort mehr hervor, sank zusammen und war tot.
Von nun an verlor Keseberg allen Sinn für Zeit und Raum. Der Frühling taute die Bergfundamente auf. Unter der Schneedecke begann es zu rieseln und glucksern. Keseberg kroch in seiner Hütte umher, brachte kichernd Knochen nach draußen und verscharrte sie. Er reckte die Zeitung mit dem Artikel über die Transkontinental-Eisenbahn gegen die Wolken und lachte kreischend.
Dann, eines Tages, waren bärtige Männer mit Maultieren da. Sie wurden bleich, als sie den verwilderten Mann, den schwarzen Topf und das andere erblickten. Sie starrten den schmutzigen und verwilderten Schullehrer an, der kichernd mit dem Daumennagel über die Schneide seines großen Messers streichelte, und die harten Männer spürten, wie eine Gänsehaut über ihre Rücken lief. Sie packten Keseberg und wollten ihn am nächsten Ast aufhängen. Aber Keseberg, dessen Füße durch den wäßrigen Schnee schleiften, als sie ihn zu dem Baum schleppten, erfaßte nicht mehr, was ihm geschehen sollte. Er rief: „Ah, die Herren vom Kongreß! Hört ihr es? So hört doch! Das ist die Eisenbahn!“ Von einem nahen Berg brach eine Schneelawine los und stürzte dröhnend in den See. „Ein Eilzug von New York nach Sacramento — hahaha — sie bringen mich zum Bahnhof, nicht wahr, Herr Senator? Ich werde ihnen vom Fenster aus die Gräber der Narren zeigen. Warum sind sie nicht mit der Eisenbahn — hahaha — gefahren?“
Der bärtige Mann, der ihm die Schlinge um den Hals legte, preßte die Lippen zusammen. Er schaute die anderen schweigend an und nahm dann die Schlinge wieder weg.
Sie brachten Lewis Keseberg, auf einem Maultier festgeschnallt, über den Paß. Während die mageren Arme und Beine des Schullehrers im Takt der Schritte pendelten, hielt er in seinem Englisch, das hart wie Hammerschläge auf einem Amboß klang, Vorträge über den Eisenbahnbau. Sein kreischendes Lachen hallte von den Felswänden wider.

Lewis Keseberg, der letzte Überlebende von hundertfünfzig Menschen, die vor einem Jahr aufgebrochen waren, um in Oregon den Pazifik zu sehen, wurde vor Gericht gestellt. Ganz Amerika war Zeuge. Amerika schüttelte sich vor Entsetzen und Abscheu. Amerika war schockiert. Der kalifornische Oberrichter Alcalde Sinclair blickte mit Erschütterung auf den schmalbrüstigen Deutschen nieder, der stärker als die Wildnis gewesen war, und verurteilte ihn zu — einem Dollar Strafe! Lewis Keseberg genas und lebte als Ausgestoßener mit Weib und Kindern in der Verbannung bürgerlicher Verachtung. Er starb 1895 als alter Mann von 81 Jahren. Er vergaß das kleine Blockhaus im Schnee. Er vergaß das qualvolle Sterben in der frostklirrenden Einsamkeit zahlloser Tage und Nächte. Er vergaß die Eisenbahn, wie man eine wirre Wahnvorstellung eines Tages vergißt.

Nur einmal noch überkam ihn wieder die alte Halluzination:

Er saß am Fenster und hatte eine Zeitung auf den Knien liegen.

Er blickte auf die Zeitung nieder und seine Augen verschleierten sich: Er sah Tausende von chinesischen Bahnarbeitern Schienen über den „Donner-Paß" legen. Er hörte die schrillen Pfiffe von Lokomotiven, rauhe Kommandos, ratternde Räder, scheppernde Kupplungen.

Er sah eine riesige Holzbrücke wachsen, die aus dem Sonnenaufgang kam und im Sonnenuntergang endete, hundertzwanzig Meter hoch. Und viele Dutzend Männer, die behende an den Holzstämmen hochkletterten wie winzige Käfer. Die Wälder hallten wider von fauchenden Stahlungeheuern, die feurigen Rauch über den Donner-See spien. Hinter ihnen rollten Wagen, größer als Häuser, komfortabel wie die Hallen erstklassiger Hotels. Darin tablettetragende Neger mit eckigen Mützen und goldenen Biesen, kaffeeschlürfende Damen und Herren aus New York und Boston, New Orleans und St. Louis. Man warf im Vorbeifahren flüchtige Blicke auf die windschiefen und vom Moos überzogenen Hütten am See und flog in einer Wolke aus Dampf und Feuer über den Paß.

Lewis Keseberg hatte nicht die Jahre gezählt, die er vom Kalender seiner Einsamkeit abriß.

Lewis Keseberg wußte nur, als sein Bewußtsein die Schlagzeilen der Zeitung erfaßte, daß sie das Datum des 12. Mai 1869 trug.

Man sah ein Bild. Zwei Lokomotiven, deren Schienenräumer sich berührten. Dazwischen Menschen in Gehröcken und Zylindern. Und Fahnen.

„Hochzeit der Schienen!“ schrien die fetten Buchstaben, „Transkontinental-Bahnlinie vom Atlantik zum Pacific eingeweiht!“

Dann kamen drei Spalten kleingedruckter Namen. Stationen. Hunderte von Stationen. Lewis Keseberg hob die Zeitung und betrachtete blinzelnd zwei dieser kleingedruckten Namen: „Donner-Paß“ und „Donner-See“.

An diesem Tag ging er nicht hinaus, um Holz zu schlagen. Er saß da und starrte auf die kleinen Buchstaben, bis die Dämmerung das weiße Papier rot färbte und die Worte zu dunkelroten Tropfen zusammenschmolzen.

IV

Die Transkontinental-Eisenbahn

„Der menschliche Abschaum Polynesiens, Desperados aus Australien, Straßenräuber aus dem wilden Missouri, spanische Halsabschneider aus allen Städten der pazifischen Küste, liederliche Frauen und rücksichtslose Abenteurer aus den Slums Europas bevölkerten San Francisco. Sie konnten hemmungslos allen ihren Begierden nachgehen und ungestört jedes Verbrechen begehen, weil für sie Recht und Gesetz ihren Schrecken verloren hatten. Sie erkannten nichts als den Zwang des Revolvers und des Bowiemessers an. Zu dieser Zeit war San Francisco halb ein Bordell und halb eine Spielhölle."

W. F. Rae, Westward by Rail, 1871

Während ganz Amerika an diesem Tage kopfstand und Millionen närrisch gewordener Menschen die „Hochzeit der Schienen“ feierten, gab es nicht nur den nachdenklichen Mann in Kalifornien, sondern auch die stolze Wehmut einer Frau, die mehr als fünftausend Kilometer entfernt in Massachusetts im Dämmerlicht des warmen Sommerabends saß und ein Bild in den Händen hielt.
Der 10. Mai 1869 war Anna Ferona Judahs 22. Hochzeitstag. Das Bild zeigte einen mittelgroßen, untersetzten Mann mit welligem, dunklem Haar und einem sorgfältig gestutzten Van-Dyke-Bart. Seine Augen sahen an ihr vorbei in die Ferne. Solange sie an seiner Seite lebte, war sein ganzes Bewußtsein an ihr vorbei immer in die Ferne gerichtet.
Ohne Männer wie Theodore Dehone Judah, die auf den Flügeln ihrer Träume die Zukunft eroberten, wäre eine gigantische Idee wahrscheinlich im Goldrausch ertrunken.
Die Schatten um die einsame Frau in Greenfield, Massachusetts, wurden länger. Und mit ihnen wuchsen die Erinnerungen, die von der frischen Atlantikbrise quer über den wilden Kontinent nach Westen geweht wurden. Sie ließen die Meilen und Jahre hinter sich und formten sich zur Kühle eines Frühlingstages in den Bergen der Sierra Nevada.
Auf dem Postkutschen-Billett Ted Judahs stand das Jahr 1860. Der bewaffnete Begleitmann der Kutsche hielt seine Schrotflinte in die Luft und jagte zwei Ladungen Rehposten in den unschuldigen Himmel, als die ersten Häuser von Dutch Flat an den staubigen Gesichtern der Passagiere vorüberrollten.
Dutch Flat war eine jener Goldgräberstädte in den Bergen östlich von Sacramento, in denen ein Mann in einer einzigen Nacht alle zehn Gebote übertreten konnte, wenn er Gold und einen guten Revolver besaß.
Ted Judah kletterte aus der Kutsche. Vor der Station stand ein Haufen

Menschen. Mitten darin auf einem großen Tisch ein würdig aussehender Mann in Schwalbenschwanzrock und Zylinder. Er pries mit gewaltiger Stimme sein Wunderelixier gegen Cholera, Frühjahrsmüdigkeit, Haarausfall und Mißerfolg an. Schwerbeladene Frachtwagen rollten durch den knöchelhohen Staub. Aus den Kneipen und Spielhallen drang unbeschreiblicher Lärm. Ted Judah fragte einen schwankend dahinstolpernden Goldgräber nach Daniel Strong.
Ein übelriechendes Gemisch aus billigem Brandy und Tabak schlug ihm entgegen. Der Mann grinste breit.
„Die letzte Bude am Ende der Straße. Sie haben gerade jemand zu ihm hingefahren. Gehen Sie dem Gebrüll nach. Er hat ein Schild an der Tür."
Wenig später stand Judah vor einem windschiefen Haus, das aus Kistenbrettern zusammengenagelt war. Über der Tür hing ein Schild:

Daniel W. Doc Strong
Drogist, Arzt, Landvermesser,
Richter und Leichenbeschauer — mit eigenem Friedhof

Aus der offenen Tür hallten gellende Schreie. Judah erblickte einen großen Tisch. Darauf lag ein junger Bursche, der sich unter den Armen von vier Männern aufbäumte. Über ihn beugte sich ein breitschultriger Mann und versenkte eine schmale Zange in seiner Brust.
Mit einer Bleikugel kam die Zange wieder heraus.
„Ingenieur Judah aus Sacramento", sagte Ted Judah, „Sie haben mir einen Brief geschrieben."
„Fein, daß Sie da sind! Nehmen Sie das Stück Holz da von der Kommode und schieben Sie es ihm zwischen die Zähne. Zitrone, gib das Eisen her!"
Eine schlanke Chinesin kam mit einer Eisenstange, deren Spitze weiß glühte und von einem Hitzeball umgeben war. Judah schob dem ächzenden Burschen das Stück Holz zwischen die Zähne. Er sah, daß der Mann aus vier Schußwunden blutete. Strong brannte die sprudelnden Wunden aus. Der Mann stieß einen schrillen, langgezogenen Schrei aus, der in einem wehen Seufzer endete. Das Holz wurde zwischen seinen Zähnen zermalmt. Er erschlaffte unter den stemmenden Händen

und war dann still. Ein penetranter Geruch verkohlten Fleisches erfüllte die Hütte.
„So geht das“, sagte Strong, während er graue Salbe aufschmierte und einen Verband anlegte. „Sie kratzen dem Teufel die Hörner aus der Erde. Sie finden Gold und besaufen sich, bis die Welt ein Riesenerfolg ist. Jimmy ging in einen Saloon, kaufte einem Mädchen einen Drink und liebte es. Das Mädchen hatte bereits einen Liebhaber. Und der gehörte zu denen, die beißen, bevor sie bellen. So, fertig.“ Er streifte seine Jacke über. Er griff in die Hosentasche des Bewußtlosen und förderte einen kleinen Beutel zu Tage. Den wog er in der Hand und nickte befriedigt. „Anständiger Junge. Hat wenigstens die Operationskosten bei sich. Schafft ihn in den Schuppen. Legt ihm eine Decke über.“
Die Chinesin wischte das Blut vom Tisch, breitete eine Decke darüber und stellte eine Flasche Wein mit Gläsern darauf.
Strong schenkte die Gläser voll und nahm einen kräftigen Schluck. Mit dem Handrücken wischte er über die Lippen.
„Also, Mister Judah, zur Sache: Ich habe gehört, daß Sie die Welt, sich selbst und Washington verrückt machen und eine Bahn zum Atlantik bauen wollen.“
„Das ist eine unbedingte Notwendigkeit, Mister Strong. Kalifornien ist ohne eine solche Bahn auf die Dauer kein richtiger Staat der USA.“
„Ich weiß. Lassen Sie den Mister weg. Nennen Sie mich Doc. — Ah, das Zeug ist verteufelt gut, nicht wahr? Also hören Sie, ich habe eine passable Route durch den Höhenzug der Sierra Nevada gefunden.“
Ted Judah sprang auf. „Wissen Sie, Doc, was Sie da sagen?“
„Ganz genau weiß ich das.“
„Ich bin jahrelang die verschiedensten Routen abgeritten. Ich habe mich für die über den Mormonenweg entschieden. Es gibt da in Washington ganz bestimmte Vorstellungen. Ich komme gerade daher, aber ...“
Judah zuckte resigniert mit den Schultern. Doc Strong winkte ab.
„Weiß Bescheid, Ted. Weiß mit allem besser Bescheid als Sie denken. Ich war dabei, als Captain McClellan und Lieutenant Pope mit einer Expedition 1853 losgeschickt wurden, um Routen zu finden. Wir waren zwei Jahre unterwegs und haben dann fünf Vorschläge gemacht.“

„Die beiden nördlichen, die mittlere und zwei südliche Routen. Aber sie taugen alle nichts. Sie sind zu teuer."
„Keine unter hundertsechzig Millionen, ich weiß. Nur die eine durch Texas und Arizona würde siebzig Millionen kosten. Alles kalter Kaffee, Ted. Meine Route ist die beste. Passen Sie auf: Von Sacramento am American-Fluß entlang hinauf in die Berge. Über den Donner-Paß und nördlich am Donner-See vorbei nach Reno in Nevada. Dann den Humboldtfluß entlang immer nach Osten bis zur Grenze von Utah."
„Doc, ich kenne die Gegend einigermaßen. Bis Auburn mag es gehen, aber dann . . ."
„Es geht genau bis Cap Horn in den Bergen. Dann ist es zu Ende. Man muß einen Tunnel bauen, der am Donner-Paß rauskommt."
„Donnerwetter, Doc", schrie Judah erregt. „Ein Tunnel! Natürlich. Wann können wir reiten?"
„Sofort."
„Aber der Verwundete."
„Jimmy?" Strong trank sein Glas leer und füllte es erneut. „Wenn er in vier Stunden noch lebt, wird er für sich selber sorgen. Wenn nicht, so hat ihn Zitrone in zwanzig Minuten begraben." Irgendwo in der Stadt krachten Schüsse. Strong sprang auf. „Los, Ted, es wird Zeit, daß wir verschwinden. Sonst werde ich womöglich wieder stundenlang nach Blei graben müssen." In aller Eile schwangen sich die Männer auf ihre Pferde und verschwanden in den Bergen.
Drei Wochen später waren sie zurück. Ted Judahs Bart war einen Zentimeter länger geworden. Er setzte sich an den wackligen Tisch und schrieb mit Bleistift die erste grobe Fassung der Gesellschaftsstatuten der neuen Bahnlinie nieder. Spät in der Nacht war er fertig. „Sie muß einen Namen haben, Doc", sagte er müde.
„‚Central Pacific Railroad' ist mein Vorschlag."
„Gut. CPRR. Klingt gut. Doc, wir müssen eine genaue Beschreibung des Weges drucken und sie nach Washington schicken, an den Gouverneur, an die Zeitungen. Wieviel Geld hast du?"
„Vierundzwanzig Dollar und neunzehn Cents."
Judah hatte noch knapp hundert Dollar. Kurz entschlossen packte Doc Strong seine Sachen zusammen. Er drückte Zitrone einen Dollar

in die Hand. Die beiden Männer zeichneten eine große Leinwand voll Bilder, die die Bahnlinie zeigten, und Aktionäre, die in wenigen Jahren reich wurden, weil sie sich mit Geld beteiligt hatten. In Dutch Flat zogen sie von Kneipe zu Kneipe. Strong spielte Banjo, Judah hielt nach Art eines Moritatenvortrages eine Lobrede auf die Zukunft aus Feuer und Stahl. Nur sechs Goldgräber kauften „Aktien“ im Gesamtwert von neun Dollar fünfzig Cents. Vier von ihnen waren betrunken und zündeten sich mit den „Aktien“ Zigaretten an. Sie wußten nicht, daß sie ein Vermögen in Asche verwandelten. Judah und Strong zogen weiter nach Auburn, einer rumorenden Goldgräberstadt, in der der Whisky ... und auch Blut, in Strömen floß. Niemand hatte Zeit für die beiden Phantasten. Betrunkene hörten ihnen zu und rülpsten gelangweilt. Geschminkte Mädchen tippten an die Stirn. Der Stadtmarshal kam mit einem Paket beschmierter Brote und drückte es Strong grinsend in die Hand. „Da, mit einer schönen Empfehlung vom Stadtrat. Damit bleibt ihr drei Tage am Kauen. Verschwindet. Versucht es in San Francisco, da gibt es ’ne Menge Leute, die gern verrückte Geschichten hören.“

Ende Juni, nachdem sie Dutzende der Goldgräberstädte in den Bergen besucht hatten, gab es insgesamt 47 „Aktionäre“, die zwischen einem und sieben Dollar gezeichnet hatten. Strong zählte die Dollars und die Löcher, die man in die Leinwand geschossen hatte.

In Sacramento war das Interesse schon reger. Händler, Saloonbesitzer, Rollkutscher, Friseure und alles, was Zeit hatte, sich phantastische Stories anzuhören, umlagerten Strong und Judah.

Aber nur wenige „zeichneten“. Als aus einer Kneipe ein schwarzgekleideter Gentleman im hohen Bogen herausflog, warf sich Strong auf einen rothaarigen Burschen, der mit einem Revolver in der Faust durch die Schwingtür kam, und schlug ihn nieder. Sie brachten den Gentleman in ein Schlafhaus. Die Dankbarkeit des Herrn gipfelte in einem guten Rat:

„Ihr macht das falsch. Das kalifornische Staatsgesetz schreibt, bevor eine Eisenbahnlinie überhaupt gegründet werden kann, ein Mindestkapital vor. Tausend Dollar pro Meile Schienenstrang der beabsichtigten Linie müssen gezeichnet sein, und mindestens ein Zehntel dieser

Summe muß bar eingezahlt sein. Ihr müßt euch an die Großen halten, die Geld haben. Geht nach San Francisco."

☆

Sie gingen nach San Francisco. Sie hatten einen großartigen Lacherfolg. Nur zwei Waldläufer zahlten sieben Dollar ein. Entmutigt kehrten Strong und Judah nach Sacramento zurück.
Im St.-George-Hotel nahmen sie einen neuen Anlauf. Ann Judah trug Einladungen rund. Die Hotelhalle füllte sich mit Menschen, die lachten und sich aus Flaschen zuprosteten. Eine Frau „zeichnete" einen Sack Mehl. Ein Maultiertreiber schleppte einen Sack Kartoffeln an. Man brachte Petroleumlampen, Stiefel, Zaumzeug und 74 Dollar. Am Schluß, als Strong und Judah vor dem Haufen Zeug standen, trat ein schwerer Mann auf sie zu. Er hatte die Daumen in die Ärmelausschnitte seiner Weste gehakt. Zwischen seinen Lippen baumelte eine dicke Zigarre. Eine dreifache Goldkette spannte sich über den Bauch.
„Huntington", sagte er, „Huntington & Hopkins Eisenwarengroßhandel. Wenn Sie Lust haben, mich in meinem Büro zu besuchen, können wir uns über Ihre Eisenbahn unterhalten."
Sie sahen den Mann auf seinen gewaltigen Beinen auf die Straße treten und im Gewühl untertauchen.
„Der Mann hat den Haken in der Hand, an dem wir die Central Pacific aufhängen können", sagte Strong mit breitem Lachen. „Ich werde den Plunder verkaufen. Geh' heute abend zu ihm, Ted. Erkläre ihm, daß er den ersten Stein zu seinem Denkmal in der Hand hat."
Am Abend ging Judah zu Collis Huntington. Der stellte eine Flasche vor ihn hin und sagte: „Warten Sie, ich hole ein paar Herren." Mit vier Herren kam er zurück. Sie hörten aufmerksam zu. Zum Schluß fragte Huntington: „Wieviel Geld brauchen Sie, Mister Judah, um die Route ganz genau zu vermessen?"
„35 000 Dollar", antwortete Ted Judah.
Die Männer blickten sich an. Mark Hopkins nickte. Der Juwelier James Bailey nickte. Der Materialwarenhändler Lewis A. Booth spuckte zustimmend auf den Boden. Charles Marsh, Bergwerksbesitzer aus Nevada City, sagte: „In Ordnung."
Huntington knöpfte den Gehrock zu. „Das Geld steht zu Ihrer Ver-

fügung, Mister Judah. Sie haben den gleichen Anteil wie wir. Ein Sechstel. Ihre Arbeit ist Ihr Anteil."

An diesem Abend stürzte Judah in das Hotelzimmer seiner Frau und rief: „Wenn du sehen willst, wie die Arbeit an der Central Pacific beginnt, so schau aus dem Schlafzimmer. Morgen früh fange ich an!"

Ann Judah legte beide Hände auf seine Schultern und blickte ihn fest an. „Ich wußte, daß du erreichst, was du willst." Ted Judah ritt mit einem Stab von Vermessern in die Berge. Dann kam der Winter, und er mußte bis zum Frühling warten. Als der Schnee taute, nahm er seine Arbeit wieder auf. In den letzten Frühlingstagen war er fertig und legte ein dickes Paket Karten, Statistiken und Berechnungen vor.

Am 28. Juni 1861, zweieinhalb Monate nachdem der Bürgerkrieg zwischen den Nord- und Südstaaten mit der Beschießung und Einnahme von Fort Sumter, Süd Carolina, begonnen hatte, wurde die Central-Pacific-Eisenbahngesellschaft gegründet. Mit dem Gouverneur von Kalifornien als Präsidenten. Eines Tages, Anfang Oktober, beschloß das Direktorium, Judah nach Washington zu Präsident Lincoln zu schicken.

„Bis zur Nevada-Grenze kostet die Linie zwölfeinhalb Millionen Dollar, Ted", sagte der Gouverneur. „Sage dem Präsidenten, daß wir bis zum Salzsee in Utah bauen werden. Bis dahin soll uns die andere Linie entgegenkommen. Wir brauchen Regierungsland und Kredite."

„Die haben jetzt andere Sorgen, als eine Eisenbahn zu bauen. Der Süden ist ins Rennen gekommen."

„Ted, sage dem Präsidenten, daß das kalifornische Gold das Zünglein an der Waage sein kann. Kalifornien braucht die Bahn. Wenn er sie nicht baut, werden wir den Südstaaten beitreten, und dann ist der Deckel zugenagelt."

„Ist das nicht Erpressung?" fragte Judah scharf. Der Gouverneur lachte. Dieses Lachen verfolgte den sensiblen Idealisten auf seiner ganzen Reise nach Washington, und die Scham, die er tief in seinem Inneren empfand, als er den Präsidenten erpreßte, war einer der vielen Gründe, warum er schließlich aus seinem Traum ausstieg.

Lincoln hörte Judah aufmerksam zu. Er erkannte die große Gefahr, die in einem Beitritt Kaliforniens zu der Konföderation der Südstaaten bestand. Zwei Monate später unterzeichnete er die Garantien zum Bau

der Transkontinentalbahn. Judah fuhr nach New York, um die notwendigsten Ausrüstungen zu bestellen.
Kurz vor Weihnachten 1862 war er wieder in Kalifornien. Doc Strong empfing ihn mit finsterem Gesicht.
„Du wirst dich wundern, Ted“, knurrte er. „Die ‚Großen Vier‘ haben die Absicht, den Kuchen allein gar zu backen. Ich habe meinen Anteil verkauft. Bailey, Booth und Marsh sind ebenfalls bald so weit. Und du, mein Junge, wirst gut daran tun, dich nicht mit einem Burschen wie Gouverneur Stanford und dem Halsabschneider Crocker anzulegen.“
„Crocker?“ rief Judah erschrocken.
„Genau der, Ted. Der hat in Kalifornien mehr Unheil angerichtet als die Cholera. Aber ich schweige. Später wird man ihm mal ein Denkmal setzen. Und ich lebe heute. Achtzigtausend Dollar sind mir genug. Ich werde sehen, wo ich Zitrone finde.“ Er grinste breit. „Eine Frau, die zu einem paßt wie das beste Hemd, das man hat, ist besser, als sich in eine Ecke zu setzen und den Mond anzuheulen.“

☆

Am 8. Januar war ganz Sacramento auf den Beinen. Entlang der morastigen Front Street staute sich die Menge, nur wenige Meter vom übergetretenen Sacramento getrennt. Die Männer standen bis zu den Knien im Morast. Die Frauen hatten sich auf die Balkone der Holzhäuser verteilt und schwenkten Fahnen. Aus den Bergen waren Tausende Goldsucher gekommen. Indianer, Chinesen, Deutsche, Iren, Engländer, Mexikaner. Auf hochrädrigen Conestoga-Prärieschonern saßen die Siedlerfamilien aus Pennsylvanien, Illinois, Massachusetts und Kentucky. Die Augen dieser heimwehkranken Menschen glänzten am meisten. Ihr Traum, eines Tages die Orte, an denen sie geboren waren, wiederzusehen, begann sich zu erfüllen.
Über den Lärm tönte die Marschmusik einer Blaskapelle. Auf einem Podium standen würdige Herren. Unter ihnen Theodore D. Judah. Der Gouverneur, ehemaliger Holzhändler, hielt eine Rede. Judah hörte nur die letzten Worte:
„Das Werk beginnt von dieser Stelle aus. Bis zur Vollendung. So rasch wie möglich. Nichts wird uns aufhalten, nichts wird seine Vollendung verzögern.“

Ein mit Erde beladener Wagen wurde von geschmückten Pferden an die Tribüne gezogen.
Der Gouverneur nahm eine Schaufel und warf unter dem Jubel der Tausenden die erste Erde auf den Bahndamm.
Theodore Judah ging zu seinem Hotel. Niemand beachtete ihn. Er hörte, wie Hochrufe auf Stanford ausgebracht wurden. Sektpfropfen knallten, Augen glänzten, Kehlen schrien. Ein Hoch auf Charles Crocker. Whiskyflaschen wurden die Hälse abgeschlagen. Ein Goldgräber packte Judah und schrie ihn an: „Los, Mann, hoch Charlie Crocker sollst du rufen!“ Ann Judah stand am Fenster ihres Hotels. Ihre Augen sahen nur Ted, der sich durch die Menge und den Schlamm quälte. Hoch Mark Hopkins! — Hoch Collis Huntington! — Endlich war Judah im Hotel und ließ sich in einen Sessel fallen.
Er starrte seine Frau an.
„Ein Holzhändler, zwei Eisenwarenhändler und ein Kurzwarenhändler, Ann!“ sagte er bitter. „Das sind die Männer, die die Bahn bauen werden! — Sie haben mir Hunderttausend für meinen Anteil geboten.“ Er lächelte ernst. „Ich habe angenommen, Ann.“
„Gut. Wann fahren wir nach Massachusetts zurück? — Es gibt große Aufgaben für dich, Ted. Du bist der beste Bahnbauer Amerikas. Das hast du bewiesen. Die Vanderbilts brauchen dich. Sie planen große Projekte.“
Die Augen des Mannes wurden wieder klar.
„Sobald wir das Geld haben, Ann“, rief er.
Als sie das Geld hatten, bestiegen sie ein Schiff. Kalifornien tauchte unter. Während sie mit einer Kutsche die Panama-Enge durchquerten, bekam Ted Judah das Gelbfieber. Er wurde auf das nächste Schiff getragen. Als man ihn in New York an Land brachte, hatte er das Bewußtsein verloren. Er starb in einem Hotel.
Am gleichen Tage, fast zur gleichen Stunde, als er an Land gebracht wurde, legte die Central Pacific die ersten Schwellen, während der Feuerbrand des Bürgerkrieges über die USA raste, das Blut die Flüsse rot färbte, die Sonne von schwarzen Pulverwolken verdeckt wurde, heimatlose Flüchtlinge die Aufmarschstraßen verstopften, die Hüttenwerke des Nordens fieberhaft Stahl produzierten und im Süden bereits

der Schießpulvermangel durch die Seeblockade so akut geworden war, daß man in einer Großaktion Urin zur Salpeterherstellung sammelte. Am 28. Oktober 1863 schloß Theodore Dehone Judah, ein junger Gipfelstürmer von noch nicht 38 Jahren, die Augen für immer, und er war ... schon vergessen. Sechs Wochen später wurde in Omaha, Nebraska, in einem eiskalten Sturm, der über den Missouri wehte, der erste Spatenstich am Bahndamm der Union-Pacific-Bahnlinie getan. Aber der Bürgerkrieg lähmte den gigantischen Bahnbau von Anfang an.

*

Tausende Tonnen Stahl schwammen auf Schiffen der Nordstaaten um Kap Hoorn. Sie mußten weite Umwege tief in den Atlantik hinein machen, um konföderierten Kaperschiffen zu entgehen. Die Frachtkosten betrugen ein Mehrfaches der Materialkosten, und der Norden brauchte Stahl. Die Hölle der Schlachten verheizte das riesige Potential des industrialisierten Nordens. Sieg und Niederlage war keine Frage der Tapferkeit einzelner Armeen mehr, sondern eine Frage ihrer Materialüberlegenheit.

Während im Feuerhagel der Schlachten eine ganze Generation Amerikaner verkocht wurde, Shermans hungrige Armee einen riesigen Streifen fruchtbarer landwirtschaftlicher Gebiete kahlfraß, während heiße Druckpressen endlose Verlustlisten ausspien, kamen die beiden Bahnlinien nur mühsam vorwärts. Die Central Pacific legte in zwei Jahren nur 28,8 Kilometer Schienenstrang durch die Berge der Sierra Nevada. Sie litt an Material- und Arbeitskräftemangel. Die Arbeiter wurden schlecht bezahlt, weil die Union ihr Geld für die letzten, verzweifelten Kriegsanstrengungen brauchte. Sie wanderten in die Goldfelder ab.

Die Union Pacific baute in dieser Zeit knapp vierundsechzig Kilometer in die Prärie hinein. Fünfzehntausend Indianer stemmten sich gegen den Eisenbahnbau. Es gab keinen organisierten Nachschub. Alles Material mußte den Missouri hinaufgefahren werden, der nur einige Monate im Jahr schiffbar war. Die anderen Monate über mußte jeder Nagel, jedes Stück Brot und jedes Holzscheit mit Planwagen durch die Prärie transportiert werden. Vor den Bahnarbeitern lag ein Ozean aus Gras. Die einzigen Bäume, die es gab, waren niedrige Cottonwoods an den Ufern des Platte-Flusses. Ihr Holz war zu weich für

Schwellen. Es mußte in einem langwierigen Prozeß an Ort und Stelle chemisch gehärtet werden. Aber auch das erwies sich als unbefriedigend. Gutes Schwellenholz wurde über riesige Entfernungen herangeschafft. Es kostete 2,50 Dollar pro Schwelle. Arbeiter waren knapp. Der Ruf der Union Pacific war so niederschmetternd schlecht, daß Arbeiter ihren Lohn verlangten, bevor sie überhaupt eine Schaufel angerührt hatten. Selbst das Trinkwasser mußte in Tanks Hunderte von Meilen herangeschafft werden. Wenn es endlich ankam, war es meistens faul, und Cholera-Epidemien breiteten sich aus.

V

Himmelfahrtskommando

„Das aufregendste und verwegenste Eisenbahnabenteuer des amerikanischen Kontinents!“

„... wenn es ihnen tatsächlich gelungen wäre, die Chickamauga-Brücken zu vernichten, so hätte der Feind Chattanooga noch vor Sonntag nacht besetzen können, gestern wäre er schon in Knoxville gewesen und damit im Besitz des ganzen östlichen Tennessee ... Sie wären auf Lynchburg, Virginia, marschiert und hätten das Virginiatal besetzt. General Stonewall Jackson wäre alsdann im Rücken angegriffen worden ... Es ist überhaupt keine Frage, daß damit unsere Armee in Virginia vernichtend geschlagen, gefangengenommen oder noch während dieser Woche aus Virginia hinausgeworfen worden wäre.“

„Atlantic Confederacy“ (Tageszeitung)
vom 15. April 1862

Man mag den Feuerbrand des amerikanischen Bürgerkrieges auch heute noch durchaus im Licht einer inneramerikanischen Auseinandersetzung sehen, mit der die übrige Welt so gut wie nichts gemeinsam hatte, doch ist nicht zu übersehen, daß hier in den Vereinigten Staaten von Amerika die Kriegsgeschichte der Menschheit jenen Wendepunkt erreichte, der die technisierten Massenvernichtungskriege eines neuen Zeitalters einleitete.
Schon die Kriege der Antike waren nicht nur das Problem einer momentanen Machtüberlegenheit einer Seite gewesen, sondern auch wesentlich ein Problem des Nachschubs und der Verbindung mit dem Mutterland der kämpfenden Heere. Dennoch aber hatte eine Hauptschlacht stets das Ende einer Auseinandersetzung herbeigeführt, der die Niederlage eines Heeres auf dem Fuße folgte.
Der amerikanische Bürgerkrieg war von den abgefallenen Südstaaten ganz in diesem Sinne heroischen Überkommens begonnen worden. Der Ehrenkodex des südlichen Pflanzerfeudalismus glaubte, die Entscheidung in alter Kreuzrittermanier herbeiführen zu können und mußte sehr bald erfahren, daß die technische Revolution nicht nur das Antlitz der Erde zu verändern begann, sondern auch den Krieg zu einem Instrument rationell berechenbarer Technik gemacht hatte.
Der Angriff der Konföderation auf den Bund hatte die Nordstaaten unvorbereitet getroffen. Dem ersten Ansturm des enthusiastischen, grau uniformierten Heeres aus dem Süden hatte die Union bei Bull Run (21. 7. 1861) nicht standhalten können. 2896 Gefallenen auf der Seite der Union standen 1982 Gefallene der Konföderation gegenüber. Der Norden zog seine Heere langsam zurück, während sich die Schwerindustrie allmählich auf den Krieg vorzubereiten begann. Fast alle Hüttenwerke, Fabriken und Eisenbahnwerke lagen im Norden. Dem Norden stand ein komplettes Netz von Eisenbahnlinien zur Verfügung, der Süden besaß dagegen nur einige große Nord—West- und

Nord—Süd-Linien, deren Transportkapazität sich als zu gering erwies, die stürmisch nach Norden marschierenden Heere ausreichend mit Nachschub zu versorgen. Der Vormarsch kam deshalb in's Stocken, während die Nordarmeen sehr rasch Nachschub durch ungleich zahlreichere Bahnverbindungen erhielten.
Zudem konnten im Hinterland der Nordarmeen im Handumdrehen neue, dringende Nachschub-Eisenbahnlinien gebaut werden, weil das notwendige Material sofort verfügbar war. Der Süden dagegen besaß kaum Lokomotivwerke, Reparaturwerkstätten und so gut wie keine Schienenvorräte. Schienen mußten in Europa bestellt werden; bei Krupp in Deutschland und in Sheffield, England. Als der Norden eine nahezu nahtlose Seeblockade um die Atlantikküste des Südens legte, war auch dieser immens lange Nachschubweg verstopft.
Im Frühjahr 1862 lief die Industrie der Nordstaaten auf Hochtouren. Der Vormarsch des Südens war zum Stehen gekommen, und auf den Kartentischen des konföderierten Oberbefehlshabers, General Lee, zeichnete sich das Gespenst des Defensivkrieges ab.
Der Oberbefehlshaber des Nordens an dieser Front, General Philip Sheridan, vollendete seinen gewaltigen Aufmarsch vor dem Shenandoah-Tal Virginias, das der Konföderation als lebenswichtiges Reservoir für die Ernährung seiner Armeen diente. Der Haudegen „Stonewall" Jackson hielt alle Gebirgszugänge zu diesem Tal massiert besetzt, während sein General Beauregard das größte Heer der amerikanischen Geschichte in den Wäldern um Shiloh konzentrierte, um einem Angriff der „Yankees" zu begegnen.
Am 6. April 1862 stieß General Beauregard mitten in den Aufmarsch Sheridans hinein. Die erste Materialschlacht der Weltgeschichte entbrannte auf den Pfirsichplantagen des Hügellandes. Am 7. 4. 1862 war die Schlacht für den Süden verloren. Beauregard zog sich über große Sumpfgebiete auf die Grenze von Georgia zurück, während Stonewall Jackson sich in Virginia auf die zweite große Schlacht vorbereitete. Über 13 000 tote Unionssoldaten und 10 000 Gefallene der Konföderierten hinweg stieß die Nordarmee auf Chattanooga, einen kleinen Ort am Chickamauga Creek, vor. Der einzige Nachschubweg für General Beauregards Armee war die von Norden nach Süden führende

„Western & Atlantic“-Eisenbahnlinie zwischen Chattanooga in Tennessee und Atlanta, der Hauptstadt Georgias. Eine Abzweigung dieser Linie führte nordöstlich nach Virginia hinein und stellte Stonewall Jacksons einzigen Nachschubweg dar.
Die Unterbrechung dieser Schlagader der Südarmeen hätte beide Armeen schon nach wenigen Tagen nahezu wehrlos gemacht, und der Bürgerkrieg wäre höchstwahrscheinlich drei Jahre früher durch eine gewaltige Vernichtungsschlacht beendet gewesen.
Daß es zu dieser Vernichtungsschlacht nicht kam, daß dieses gewaltige Ringen zwischen den feindlichen Brüdern noch drei Jahre lang bis zur völligen Ausblutung der USA fortdauerte, ist wahrscheinlich auf eine winzige Kleinigkeit zurückzuführen:
Auf den Fehler eines Mannes, der im richtigen Augenblick ein wenig zu optimistisch war, sein Glück nur eine Winzigkeit überschätzte und in einem unwiederbringlichen Augenblick von wenigen Sekunden eine Fehlentscheidung traf, die nicht nur ihm und sieben seiner Gefährten, sondern Hunderttausenden das Leben kostete.

☆

In den fadenscheinigen Uniformen der Soldaten nistete noch der Pulverrauch der Schlacht von Shiloh, um die Augen der jungen Männer lagen noch tiefe Schatten des Schreckens und der Erschöpfung, als Captain Jim Andrews beim Morgenappell fragte: „Wer von euch kann eine Lokomotive bedienen?“
Zwei junge Soldaten traten vor.
„Namen?“
„Rekrut William Knight, Sir.“
„Was hast du vor dem Krieg gemacht, Bill?“
„Ich habe Lokomotiven auf der Pittsburgh & Fort Wayne-Bahn gefahren, Sir.“
Andrews blickte den anderen an.
„Corporal Wilson W. Brown, Sir. Ich habe Lokomotiven auf der Mobile & Ohio-Strecke gefahren, Sir.“
„Fein, Brown. Also hört mal zu, ihr beiden. Ich brauche zwei Lokomotivführer für einen Job, der Kopf und Kragen kosten kann.“
„Einen haben Sie schon, Sir“, sagte Knight.

„Zwei“, sagte Brown.
Andrews lächelte den neben ihm stehenden Major an, und der nickte den Soldaten zu. „All right, kommt mal mit.“
Knight und Brown folgten dem jungen Offizier in eine abseits des Feldlagers gelegene Baracke. Dort wurden sie von 17 Soldaten und zwei Zivilisten lärmend in Empfang genommen.
„Also, Jungens, das hier sind zwei Lokomotivführer“, sagte Andrews, und er gab Sergeant John W. Scott einen Wink. Scott zog ein schwarzes Tuch von einer Wandkarte weg und rückte seine Revolvertasche an der Hüfte zurecht. Captain Andrews nahm einen Zeigestock in die Hand und führte die Spitze über die Karte.
„Also, das hier ist die Western & Atlantic-Eisenbahnlinie, die die Rebellen auch die Georgia-Staatslinie nennen. Hier oben ist Shiloh, Beauregards Armee zieht sich nach Süden auf Chattanooga zurück. General Mitchel stößt mit seiner Division auf Huntsville vor. In genau zwei Tagen um Mitternacht wird er die Stadt nehmen, und damit haben wir die Memphis & Charleston-Bahn in Besitz. Dann ist die Western & Atlantic die einzige Nachschublinie für Beauregard im Nordwesten und für Stonewall Jackson in Virginia.“
„Aha“, sagte Bill Hunter Campbell, ein Kentuckier, in dessen Hemdtasche der Steckbrief knisterte, auf dem sein Name und die Unterschrift des Distriktsgerichts von Louisville stand. „Verstehe. Darum also die ganze Geheimnistuerei. Wir sollen mit ein paar hundert Pfund Pulver eine Reise nach Süden machen, was?“
„Nicht ganz. Wir werden einen Zug kapern und die Chickamaugabrücken anzünden. General Mitchel erwartet uns in genau drei Tagen, also am 12. April, um Mitternacht in Huntsville. Wir werden mit dem gekaperten Zug genau in seine ausgebreiteten Arme fahren. Sergeant Pittenger?“
„Sir?“
„Sind die Zivilsachen fertig?“
„Alles fertig, Sir“, erklärte der junge Sergeant mit breitem Lächeln. „Jeder wird uns für Freiwillige halten, denen nichts Besseres eingefallen ist, als der Rebellenarmee beizutreten.“
„In Ordnung. So, Jungens, jetzt hört genau zu. Wir fahren gemeinsam

bis Shelbyville und trennen uns dann in Gruppen von zwei und drei Mann. Jede geht auf eigene Faust durch die feindlichen Linien. Benutzt in Chattanooga die Bahn und fahrt hinunter bis eine Station vor Atlanta. Das ist hier, MacRaes Hill. Dort sammeln sich elf Mann, während die übrigen bereits in Marietta, eine Station vor MacRaes Hill, aussteigen. Morgen abend ist alles in Marietta. Dort sind drei Hotels, wo wir übernachten. Ihr sprecht nur davon, daß ihr euch in Camp MacDonald melden wollt." Der Zeigestock stieß gegen das eingezeichnete Ausbildungslager der Südstaatenarmee. „Es liegt direkt am Schienenstrang. Etwa dreitausend Rekruten werden dort ausgebildet. Auf der anderen Seite der Schienen ist Big Shanty, eine Station, die nur aus einem Lagerschuppen und Lacys Hotel besteht. Dort hat der Zug zwanzig Minuten Aufenthalt, genau zehn Uhr zehn. Das Zugpersonal wird wahrscheinlich essen, bestimmt aber seine Proviantkörbe auffüllen lassen." Andrews blickte die Männer der Reihe nach an und ließ den Stock sinken. „Das wird der Zeitpunkt sein, an dem wir den Zug übernehmen. Wenn das ohne Zwischenfall geschieht, haben wir bereits halb gewonnen. Der Rest ist dann eine Kleinigkeit. Wir schneiden laufend den Telegraphendraht durch und reißen Schienen hinter uns heraus. Hier oben am Oostanaula River zünden wir die erste Brücke an."

„Direkt hinter der Brücke liegt der Ort Reseca", sagte der Kentuckier Campbell. „Es ist eine überdachte Brücke eingezeichnet. Das gibt ein ganz schönes Feuer, das weithin zu sehen ist. Sie brauchen uns nur einen Waggon vor die Nase zu schieben, und wir können den Rest des Weges zu Fuß laufen."

„Wir werden sehen. Es geht nur um die Chickamaugabrücken. Es hängt von der Lage ab, die wir vorfinden. Das wäre alles. Zieht euch jetzt um. Sergeant Scott wird euch Waffen geben, Coltrevolver, die auf Patronen umgearbeitet sind und kürzere Läufe haben. Die Dinger sind im Nahkampf etwas wert. Ihr seid euch darüber klar, was geschieht, wenn wir geschnappt werden?"

Der Kentuckier führte den Zeigefinger an seinem Halse entlang und lächelte bissig.

„Jeder wird als Saboteur und Spion behandelt und gehenkt. Die

Chance, daß es gelingt, ist fünfzig zu fünfzig. Und noch eins. Wer verwundet wird, muß zurückgelassen werden. Ich möchte jetzt und hier klären, was dann geschehen soll. Ich bin dafür, daß ein Verwundeter, der das Unternehmen nicht mehr mitmachen kann, erschossen wird."
„Einverstanden", sagte der Kentuckier, und die anderen stimmten auch zu.
Wenig später sah man aus der Baracke Zivilisten mit breitrandigen Calispell- und Jolanhüten herauskommen, zu Rollen zusammengebundene Decken, aus denen Hemdsärmel und Schals hervorschauten, an schmalen Lederriemen über die Schultern gehängt. Der Major des Regiments verzog seinen Mund zu einem Schmunzeln, als Jim Andrews auf ihn zutrat. Jim hatte einen grauen Seidenzylinder auf dem Kopf, er trug einen langen Prinz-Albert-Rock, der sich über einem großen Walker-Colt bauschte, graugestreifte Röhrenhosen und weiche Büffelkalb-Reitstiefel, deren Schäfte von den Hosenbeinen bedeckt waren. Über dem linken Unterarm hielt er eine Doppel-Satteltasche aus feinem Leder, sein weißes Hemd war aus bester Seide und die Krawatte schmal wie ein Schnürsenkel.
„Da soll einmal einer behaupten, du hättest keine Ranch in Texas ..."
„... mit wenigstens dreihundert Sklaven", erwiderte der vollbärtige Andrews heiter. Er reichte dem Major die Hand. „Also, alter Junge, ich bin in vier Tagen spätestens wieder hier."
„Hoffen wir's", murmelte der Major hinter ihm her. Er betrat die Baracke, musterte die Karte und wußte danach, daß Jim Andrews einen Weg von mehr als 440 Kilometern durch waffenstarrendes Südstaatengebiet zurückzulegen hatte, bevor er wieder die ersten blauen Uniformen des Nordens vor sich sah. „Hoffen wir's", wiederholte er.

☆

Punkt 5.30 Uhr am frühen Morgen des 11. April 1862 verließ der fahrplanmäßige Personenzug Marietta und stampfte fauchend in den kupferroten Morgen hinein, der sich über einer regenschweren Wolkendecke wie ein Dieb in den Tag schlich.
Jim Andrews saß zwischen einem Baptistenpfarrer und einem Baumwollpflanzer. Überall auf den Sitzen in drei Personenwagen verteilt, hatten sich die 21 Männer seines Kommandos niedergelassen.

Bill Campbell, der in einer Sitzecke lehnte und seinen Hut über das Gesicht geschoben hatte, hörte, wie der Pfarrer und der Farmer Andrews in eine erregte Debatte verwickelten und wie Andrews endlich sagte: „Der Krieg ist ein Verbrechen, Hombres. Unsere Sache ist nicht nur gerecht, sondern sie ist auch einwandfrei legal."
„Natürlich ist sie das", rief der Reverend, „hm — wieso legal, Mister Andrews?"
„Das ist doch die einfachste Sache von der Welt, ehrenwerte Señores. In dem Staatsvertrag zum Beitritt in die Union steht die Vereinbarung, daß jeder Staat zu jeder Zeit wieder aus der Union austreten kann, ohne hierfür Gründe anzugeben. Genau das hat der Süden getan. Er hat mit seinem Austritt aus der Union von seinem legalen Recht Gebrauch gemacht. Wenn Lincoln erklärt, daß dies den Bestand der Union gefährde, so hat er recht. Aber das ist kein Grund für ihn, einen Krieg zu führen. Dieser Krieg des Nordens ist illegal, Gentlemen." Campbell hob den Kopf, schob den Hut in den Nacken und starrte zu Andrews hinüber, dem die beiden Herren begeistert zustimmten. Irgend jemand im Wagen brachte ein „Hurra" auf den stolzen „Rinderzüchter aus Texas" aus, und der ganze Wagen dröhnte unter dem Beifall der Fahrgäste. Eine kleine Gruppe von Andrews Kommando schaute sich verwirrt an. Andrews erhob sich und winkte den Fahrgästen zu. „Danke, meine Freunde, danke, ich habe nur gesagt wie's ist. Mir dreht sich das Herz im Leibe herum, wenn ich daran denke, daß die Yankees auch Amerikaner sind wie wir. Aber sie wollen aus diesem herrlichen Land eine einzige große Fabrik machen. Sie glauben an ein Zeitalter von Massenmenschen, die von Maschinen und Papiergeld dirigiert werden. Sie sagen, daß sie für die Zukunft der Welt und neuer Prinzipien kämpfen und meinen damit die Herrschaft der Sklaven und Proleten. Wir aber glauben an das gottgegebene Recht des Weißen, über alle Rassen der Welt zu herrschen!"
„Bravo", schrie der Pflanzer.
„Wir haben nicht vergessen, daß es die Geadelten der Alten Welt waren, die dieses Land entdeckt und in Besitz genommen haben! Was ist Geld? Ein Haufen wertloses Papier! Was aber ist Land und Grundbesitz! Gott hat dem Menschen Land und nicht verdammtes Papiergeld ge-

geben! Die Yankees wollen alles enteignen und an jeden Mesquitestrauch einen Polizisten stellen. Unsere Kinder sollen mit stinkenden schwarzen Niggern in eine Schule gehen! Und warum? Weil die Nigger dann auch Geld haben werden, mit dem sie kaufen können, was die Yankees in ihren Fabriken produzieren!"

„Heiliger St. Patrick von Conemara", murmelte Bill Campbell dem neben ihm sitzenden zweiten Kentuckier des Kommandos zu, „wenn der so weitermacht, wählen sie ihn in den Senat des Südens, noch bevor wir wieder zurück sind."

Eine halbe Stunde später, 46 Kilometer nördlich von Atlanta, kreischten die Bremsen des Zuges und eine rauhe Stimme rief: „Big Shanty! Zwanzig Minuten Aufenthalt. Wer gute Zähne und einen Magen hat, der Blei verdauen kann, sollte in Lacys Hotel frühstücken!"

Der Zug kam neben dem zweistöckigen Holzgebäude zum Stehen. Bis auf die Männer des Kommandos verließen alle Fahrgäste den Zug. Während sich die Männer allmählich in Andrews Wagen sammelten, beobachtete Jim Andrews, wie der Zugführer, ein hochgewachsener junger Mann mit einem kleinen Spitzbart, sich vor dem Hotel in einer Schüssel die Hände wusch und sie an einem Handtuch abtrocknete. Lokomotivführer und Heizer waren im Halbdunkel des Hotelinneren verschwunden. Knight und Brown schlenderten den Zug entlang, unterhielten sich gestikulierend und betrachteten die schwere vierachsige Rogers-Lokomotive, deren Name, „General", auf einem Messingschild am Boiler im trüben Tageslicht funkelte. In der Ferne grollte ein Gewitter, dünne Regenfäden begannen herniederzurieseln. Im Armee-Camp auf der anderen Seite des Schienenstranges ertönten Hornsignale. Die Zelte und Baracken hinter den Staketenzäunen wurden lebendig. Der Regimentskoch hämmerte mit einem Stück Eisenrohr gegen eine tönende Triangel, Kommandos ertönten. Jim Andrews hob einen Daumen am Fenster, und Wilson Brown ging zum Ende des Zuges zurück. Dort kuppelte er den Gepäck- und den Postwagen ab. William Knight erkletterte den Führerstand der Lokomotive.

Andrews sagte: „Schießt auf jeden, der sich widersetzt!" Er zog seinen Revolver, spannte den Hahn und öffnete das Fenster. Aus dem Hotel klang das Geklapper von Geschirr und eine Wolke feinen Kaffeeduftes strömte aus den Fenstern. Die Männer im Zug hielten alle Fenster der drei Wagen besetzt, in den Händen die kurzläufigen Colts „Wells-Fargo“-Modelle. Rekrut Philip Gebhardt Schadrach, der zum Ausbildungslager hinüberschaute, bemerkte, wie dort die grau uniformierten Soldaten aus den Unterkünften strömten und von den Gewehrpyramiden die langläufigen Lee-Enfield-Gewehre in die Hände nahmen.

„Wenn jetzt etwas auffällt, schießen uns dreitausend Gewehre zusammen“, flüsterte er William Bensinger zu, der neben ihm stand und die Lippen zusammenpreßte.

Brown kam vom Ende des Zuges zurückgeschlendert und nickte Andrews zu. Er steckte sich eine Zigarre zwischen die Zähne und zündete sie an.

„Mann, ich möchte wissen, wieso keinem in dem Hotel auffällt, daß wir, statt rüber zum Camp zu gehen, immer noch im Zuge stecken“, meinte Sergeant Will Pittinger zu Sergeant Scott.

„Wahrscheinlich, weil sie glauben, daß wir schon längst drüben sind, um das Frühstück mitzukriegen. So, jetzt ist Brown auf der Lok. Gleich geht's los, Jungens. Jetzt nur nicht nervös werden, ihr Jungens.“

Noch ein paar endlose Sekunden verstrichen, dann endlich stieß die „General“ einen tiefen schnaufenden Seufzer aus. Knight hatte das Ventil bis zum Anschlag aufgerissen, die Räder der Maschine drehten kreischend durch, faßten dann an, und der Zug dampfte davon.

„Geschafft!“ schrie Campbell kreischend, „ohne einen einzigen Schuß geschafft, Männer! Mensch ist das ein feines Maschinchen! Seht nur, wie sie Fahrt macht! Hahaha — jetzt haben sie's endlich begriffen. Daß ich diese dämlichen Gesichter nicht sehen kann!“ Aus dem Hotel sah man das Zugpersonal stürzen und gestikulierend auf die Schwellen hinausrennen. Dann durchfuhr der Zug eine Kurve, und Big Shanty verschwand hinter einem Hügel.

Die „General“ machte rasch Fahrt, und als die freie Strecke vor ihnen lag, begannen die jungen Soldaten zu jubeln und sich gegenseitig um den Hals zu fallen. Wenige Meilen hinter Big Shanty ließ Jim Andrews den Zug halten, Sergeant Scott bestieg den nächsten Telegrafenpfahl und durchtrennte die Leitung. In den Werkzeugkästen unter den Wagen fanden die Männer genügend Brechstangen, um hinter dem

Zug ein halbes Dutzend Schienen zu lösen und neben den Bahndamm zu werfen. Das bedeutete keine schwere und zeitraubende Arbeit, denn die Schienen waren mit einfachen Schwellennägeln befestigt, und sie wogen 45 Pfund pro Meter (statt der späteren, die 112 Pfund pro Meter wogen).
Als Jim Andrews den Männern befahl, den Zug wieder zu besteigen, warf er emphatisch die Arme hoch und rief: „Wir haben nur zwei Züge zu passieren, Jungens, dann können wir dem General die Ohren langziehen und bis zum Chickamauga durchfahren. Wir werden durch Chattanooga jagen wie ein Blitz und heute Punkt Mitternacht in Huntsville sein!"
„Sind Sie sicher, daß uns nur zwei Züge entgegenkommen?" fragte Campbell.
„Im Fahrdienstplan stehen zwei Güterzüge."
„Nun, wir haben die Rebellen gerade erst geschlagen. Vielleicht werden es mehr Züge sein."
„Wenn schon. Abfahren, Knight!"
Der Zug jagte nach Norden, eine lange Rauchfahne hinter sich herziehend. Eine Stunde später tauchte ein kleiner Ort vor der „General" auf. Andrews, der im Führerhaus stand, warf einen Blick auf seine Karte.
„Allatoona."
„Sollen wir nicht die Geschwindigkeit etwas drosseln, Sir?" schlug Knight vor.
„Warum? Man erwartet den Zug erst in fünfundzwanzig Minuten. Niemand wird wissen, was das zu bedeuten hat, wenn wir an der Station vorbeifahren."
Der Stationsvorsteher von Allatoona, ein alter Invalide mit einem Holzbein, hockte vor seinem Kanonenofen und schaute zu, wie sein Kaffeewasser zu kochen begann. Plötzlich sprang er auf, stürzte zur Tür, riß sie auf, und im gleichen Augenblick sah er die „General" an sich vorüberrasen.
Eine Meile hinter Allatoona hielt der Zug erneut, und Sergeant Scott kletterte den Telegrafenpfahl hoch. Mit einem Hammer zerschlug er die Glasisolatoren und sägte mit einer Eisensäge den Draht durch.

Campbell, der auf der Plattform des letzten Wagens stand, als der Zug weiterfuhr, rieb sich die Hände und meinte zu Schadrach: „Vielleicht wäre es besser, wenn wir jedesmal eine Schiene mitnähmen."
„Warum, Sir?"
„Mensch, nenne mich nicht immer Sir. Ich bin alles andere als ein Sir. Well, ich meine, daß es für Verfolger gar kein so großes Problem sein muß, die Schienen einfach wieder festzunageln. Die brauchen dazu wahrscheinlich sogar weniger Zeit als wir mit dem Losmachen."
„Sagen Sie's dem Captain, Sir. Mir gefällt dieser Gedanke. Man könnte die Schienen dann in irgendeinen Fluß werfen, nicht wahr?"
„Denken kannst du auch, mein Sohn."
Campbell ging nach vorne, turnte zum Tender hinüber und kletterte über die Pinienholzkloben in den Führerstand. Andrews hörte ihm zu und schüttelte den Kopf.
„Viel zu umständlich, Bill. Wenn man uns folgen würde, wäre das etwas anderes. Überlege doch einmal. Zwischen Marietta und uns ist nirgendwo eine Lok. Der Draht nach Norden ist unterbrochen. Niemand kann also da oben etwas ahnen."
„Aber sie können nach Atlanta telegrafieren."
„Und? Selbst wenn sie dort eine Maschine zufällig unter Dampf hätten, braucht sie zweieinhalb Stunden bis Big Shanty. Wir haben einen Vorsprung, der einfach nicht mehr aufzuholen ist."
„Eine Brücke voraus, Sir!" rief Wilson Brown.
„Schon? — Das ist der Etowah River."
„Am anderen Ufer liegt eine Stadt, Sir. Die ist größer als das Nest hinter uns, Sir."
„Etowah. Durch, Knight."
Die General raste auf die überdachte Brücke zu, doch Knight hob zögernd den Ventilhebel nach oben, und die Fahrt des Zuges wurde langsamer.
„Was ist denn?" schrie Andrews.
„Sir, sollten wir nicht besser diese Brücke anzünden? Es hat noch nicht viel geregnet. Das Holz ist noch schön trocken. Es ist der erste Niederschlag seit vier Wochen. Die Brücke wird wie Zunder brennen."
„Wir interessieren uns nur für die Chickamaugabrücken, Knight."

„Ich würde auch diese Brücke anzünden", bemerkte Campbell, „sicher ist sicher, Jim."
„Ach was, wozu dieser Aufenthalt! Wen haben wir aufzuhalten, zum Teufel! Los, Knight, hau ihr die Fesseln durch!"
Knight riß den Hebel nach unten, und die „General" machte einen Satz nach vorne. Corporal Wilson und Corporal Brown lachten sich an und begannen Holzkloben in die Feuerung zu werfen, bis die Flammen aus dem Schlot schlugen.
Die Brücke huschte wie ein Schemen an dem Zug vorbei. Plötzlich schrie Brown auf und deutete zu einem dunklen Gebäude, vor dem auf einer Drehscheibe eine altersschwache Güterzuglok unter Dampf stand.
„Sir! — Da, eine Maschine unter Dampf!"
Andrews musterte die Lokomotive einen Augenblick und schüttelte den Kopf. „Das ist ein alter Hut, der höchstens zwanzig Kilometer in der Stunde macht. Wieviel gibt unsere ‚General' her, Knight?"
„Ich traue ihr achtzig zu, Sir."
„Na also! Weiter."
„Sie heißt ‚Yonah'", meinte Campbell, „und genauso sieht sie aus. Heh, sieh mal, das ist doch eine Reparaturwerkstatt."
„Weiß ich, die Etowah-Eisenwerke." Fluß, Brücke, Stadt und die „Yonah" wurden kleiner und verschwanden. Kurz hinter der Stadt kletterte Sergeant Scott wieder einen Mast hoch, diesmal schnitt er etwa hundert Meter Draht heraus, den sie mitnahmen. Das gleiche wiederholte sich kurz hinter Cartersville. Bei Cass Station ließ Andrews den Zug am Wassertank halten und stieg von der Lokomotive herab.
Stationsvorsteher Russell kam mit der Uhr in der Hand auf den Bahnsteig und starrte den Yankee mißtrauisch an.
„Ich denke, daß ich Sie noch nie in meinem Leben gesehen habe", brummte er und warf einen Blick auf Knight und Brown, die Wasser in die Tanks laufen ließen. „Und die da noch viel weniger."
„Kann ich mir denken, Freund. Das ist eine Sonderfahrt. Die Wagen sind voll von Munitionskisten für Beauregard, Mann, genug, um sie in die Mitte der nächsten Woche zu blasen."
„Wenn das so ist! Also seht zu, daß ihr durchkommt. Aber ihr seid

eine halbe Stunde vor der Zeit. Hm, wartet, ich habe gerade den neuen Fahrdienstplan durchbekommen. Da oben muß der Teufel los sein. Sie haben sechs Züge mit Verwundeten runtergeschickt."

„Was?" schrie Andrews erschrocken. „Sechs?"

„Yeah, das ist es eben, und wahrscheinlich kommen aus Chattanooga noch ein paar Transporte mit Artillerie. Sie sind noch beim Verladen. Wartet, ich hole euch den Plan, damit ihr genau wißt, wo ihr auf ein Nebengleis müßt."

„Verdammte Scheiße", stieß Campbell hervor, und die beiden Eisenbahner auf dem Wassertank der „General" schauten sich mit zusammengekniffenen Augen an. „Hätten Sie nur die Brücke da hinten angezündet und die Güterlok gelöscht! Jetzt haben wir den Salat."

„Wieso?" knurrte Andrews, „ehe man es in Etowah weiß und das alte Ding in Bewegung setzt, sind wir am nächsten Gegenzug vorbei, und sie müssen den erst auch mal vorbeilassen. Wir verlieren nichts von unserem Vorsprung."

„Hier ist der Plan!" Russel reichte Andrews die Liste, der warf einen Blick darauf und preßte die Lippen zusammen.

☆

Hinter Cass Station wurde sofort wieder der Telegrafendraht zerschnitten. Eine knappe Stunde später ließ Andrews den Zug vor der Weiche zum Nebengleis halten. Brown sprang herab und rief, daß der Kasten zum Stellhebel verschlossen sei. Andrews lief zur dreihundert Meter entfernten Kingston Station, sagte seinen Spruch auf und erhielt von dem Stationsvorsteher den Schlüssel. Der Zug rollte auf das Nebengleis. Unterwegs hatte man die Fenster der Personenwagen von innen mit Brettern vernagelt, so daß niemand mehr hineinschauen konnte. Eine halbe Stunde warteten die Männer des Kommandos auf den Gegenzug. Auf der Station hatte sich eine Menschenmenge versammelt und rief den Männern auf der „General" zu, daß sie nur ja die Munition heil zu Beauregard bringen sollten. Der Lazarettzug tauchte im Norden auf und kam mit langer Rauchfahne heran. Plötzlich stieß Knight einen lästerlichen Fluch aus, als er den letzten Wagen des vorbeifahrenden Zuges betrachtete. „Da stecken zwei rote Fähnchen am Dach! Oh, Sir, das bedeutet, daß ihm noch zwei Züge folgen."

„Was? Davon steht hier nichts im Plan!" Andrews stürzte hinaus und lief zur Station. Der Vorsteher schüttelte den Kopf und zuckte mit den Schultern.
„Nichts zu machen, Sir. Sie müssen schon warten."
„Und wie lange kann das dauern?"
„Eine halbe Stunde, eine Stunde, wer weiß."
Die Männer in den vernagelten Wagen begannen nun immer öfter durch die Bretterritzen nach Süden zu schauen. Campbell auf der Lok zog sich die Finger lang.
„Hätten wir nur die verdammte Brücke angezündet und die ‚Yonah' außer Gefecht gesetzt."
„Das ist jetzt nicht mehr zu ändern", sagte Andrews. „Ich glaube, es war ein Fehler. Wie kann ich aber auch damit rechnen, daß sie ausgerechnet heute alle ihre Züge auf dieser Strecke einsetzen."
„Immerhin habt ihr ihnen bei Shiloh hohe Verluste beigebracht."
„Unsere waren höher." Nachdem eine Stunde vergangen war, schaute auch Andrews immer wieder nach Süden. Die Männer waren schweigsam geworden, niemand sprach mehr davon, was er in Huntsville mit seinem Ruhm anfangen würde. Alle wünschten sich nur noch eins, überhaupt noch bis zu den Chickamaugabrücken durchzukommen.
Endlich kam der erste Zug, dann eine Viertelstunde danach der zweite. Es war eine Stunde nach Mittag, als die „General" wieder auf dem Hauptgleis dahinrollte und Clement an den Männern vorüberflog. Hinter Clement wurde der Telegraf erneut durchgeschnitten. Kurz vor Adairsville stand auf einem Nebengleis ein Frachtzug, der gerade die letzten Wagen vom Hauptgleis herunterzog. Knight verlangsamte die Fahrt und blieb neben der Lokomotive des Frachtzuges stehen. Hell leuchtete der Name „Texas" von dieser schweren Lok, und Peter Bracken, der Lokomotivführer, streckte den Oberkörper weit aus dem Fenster und schrie: „Was soll das denn heißen? Wie, zum Teufel, kommt ihr in diese Maschine Fullers? Wo ist William Fuller? Wo sind Cain und Murphy?"
Jim Andrews lüftete seinen Zylinder.
„Dieser Zug ist beschlagnahmt, wir haben Munition für Beauregard geladen." Er beugte sich zur Seite und flüsterte Brown zu· „Sieh zu, daß

du ans Ende kommst und steck eine rote Fahne ans Dach. Rasch!" Laut fuhr er fort, während Brown an der anderen Seite heruntersprang und zurücklief: „Fuller kommt mit dem planmäßigen Zug hinterher."
„Seit wann wird denn Munition in vernagelte Personenwagen geladen?" Peter Bracken schien immer mißtrauischer zu werden.
„Wir hatten keine anderen Wagen und haben die Sitzbänke rausgeworfen. Übrigens, Sie brauchen nicht zu warten und können bis Kingston durchfahren. Fuller kommt eine halbe Stunde hinter uns."
„Hm", Bracken warf einen Blick auf seine Uhr, „das stimmt ungefähr. Ich habe mit zwanzig Minuten gerechnet, weil er immer vor der Zeit hier ist. Wartet, bis ich ganz runter von der Strecke bin, ich habe noch was mit euch zu besprechen."
„Das können Sie gerne ein anderes Mal tun, wir haben jetzt keine Zeit." Bracken rief seinem Heizer etwas zu, der rußgeschwärzte Mann sprang auf den Boden und lief auf das Ende von Andrews Zug zu, schon nach wenigen Schritten warf er die Arme hoch und kehrte zurück.
„Wenn Brown keine rote Fahne gefunden hat, sind wir geliefert", murmelte Campbell und zog langsam seinen Revolver aus dem Holster und spannte den Hahn. „Ich werde diesen arroganten Burschen genau zwischen die Augen treffen."
Der Heizer kletterte in den Führerstand und flüsterte Bracken etwas zu. Der nickte und tippte an die Mütze. „In Ordnung! Ich habe einen Augenblick gedacht, daß ihr vielleicht Deserteure wäret."
„Deserteure? Wieso?" staunte Andrews, „seit wann stehlen Deserteure ganze Züge?"
„Das ist in Camp McDonald mehr als einmal vorgekommen. Es gibt nichts Besseres, um möglichst rasch wegzukommen, als einen Zug. Allerdings, so weit haben sie die ‚General' noch nie mitgenommen. Meistens immer nur bis Allatoona. Da ließen sie sie stehen und besorgten sich Pferde. Nichts für ungut, Mister." Bracken zeigte lachend seine Zähne. „Wie soll ein Deserteur auch an so feine Kleidung kommen. Hahaha — macht's gut, ihr Jungens!"
Der Güterzug schnaufte vorüber, das Gleis war frei, die „General" nahm wieder Fahrt auf.
„Bfff!" Campbell schob den Revolver unter den Rock zurück, „ich

hatte diesen Burschen bereits in meinem Buche stehen. Was ist denn, Jim? Es hat noch mal geklappt. Es geht weiter."
„Bill, hat dieser Mann nicht was von Deserteuren gesagt?"
„Sicher, je mehr von ihnen . . ."
„Bill, was wird geschehen, wenn Fuller dasselbe gedacht hat?"
„Weiß ich nicht, ist mir auch vollkommen . . ." Der Kentuckier stockte und benetzte nachdenklich seine Unterlippe. „He, Moment mal. Wenn Deserteure sonst immer nur ein kleines Stück fahren, dann könnte Fuller dem Zug hinterhergelaufen sein, und dann . . ."
„. . . hat er die aufgerissenen Schienen gesehen, und er wußte Bescheid", vollendete Andrews und hieb sich klatschend die Hand vor die Stirn. „Knight, haben Sie nicht auch zwischen Big Shanty und Allatoona die Reparaturmannschaft auf dem Nebengleis gesehen?"
„Wir sind an ihnen vorbeigehuscht wie ein Feuerzauber, Sir. Sie hatten einen Tretwagen bei sich."
„Keine Draisine? Sind Sie sicher, Knight?"
Rekrut William Knight nickte.
„Es war ein Tretwagen, Sir. Eine mühsame Sache, wenn man es eilig hat. Es sitzen immer zwei Mann hinten und stoßen sich mit den Füßen ab. Aber die ganze Strecke hat nach Norden Gefälle, Sir. Das würde es diesem Fuller leichter machen, nach Etowah zu kommen."
„Verdammt noch mal!" Campbell wischte sich mit einem Taschentuch den Schweiß aus dem Nacken. „Und den Gegenzügen kann er ausweichen, indem er einfach das Wägelchen von den Schienen runterhebt. Wenn sie dann die ‚Yonah' bestiegen haben und jetzt diesen Burschen mit seiner schweren Güterlok stoppen, dann können wir was erleben, Jim. Dann werden sie bald dicht hinter uns sein! Warum, zum Teufel, hast du die Brücke nicht angezündet? Warum nicht wenigstens der ‚Yonah' das Feuer gelöscht?"
Andrews schwieg. Er wußte jetzt, daß er den schwersten Fehler seines Lebens gemacht hatte, wenn Fuller tatsächlich so gehandelt haben sollte. Von nun an stand Jim Andrews mit der Uhr in der Hand auf dem Führerstand, und sein Blick war mehr zurück als nach vorne gerichtet. Knight holte das Letzte aus der „General" heraus, und als sie durch Calhoun jagten, schrie Brown: „Sechzehn Kilometer in siebeneinhalb

Minuten, Sir! Ich habe es ausgerechnet, das sind knapp Hundertdreißig, Sir! Wir schaffen es! Das läuft die ‚Texas' nie im Leben.
„Gib ihr mehr, Alf!" schrie Knight Wilson zu. „Gib ihr mehr!"

☆

Kurz hinter Calhoun schreckten die Männer im Zuge plötzlich zusammen. Hinter ihnen ertönte der langgezogene Pfiff einer Lokomotive.
„Die ‚Texas'!" schrie Campbell, der sich aus dem Fenster beugte und vom Fahrtwind beinahe hinausgerissen worden wäre. „Sie ist hinter uns!"
Alle sahen die schwere Lokomotive in die Kurve gehen, aus der sie gerade herausfuhren ins offene Land. Eine lange Linie rotgelber Funken stob unter den Rädern der „Texas", und der ungemein starke Heulton der Dampfpfeife ließ darauf schließen, daß der Kessel der „Texas" bis an die äußerste Grenze voll Dampf gepreßt war.
„Alle Mann in den letzten Wagen!" befahl Andrews. „Brecht Schießscharten in die Rückwand! Schießt nur, wenn sie näher als hundert Meter kommt."
Andrews blieb im Führerhaus. Kurve um Kurve durchjagte die „General" mit Höchstgeschwindigkeit. Die schwere Lokomotive torkelte wie ein Betrunkener, und Andrews bemerkte voll Sorge, wie das Holz im Tender immer weniger wurde. Als der Zug auf Reseca zuraste, war die „Texas" bis auf hunderfünfzig Meter herangekommen. Von ihrem Führerhaus blitzten Mündungslichter auf, und Kugeln schlugen in den letzten Wagen. Andrews hatte keine Zeit, die Brücke über den Oostanaula zu zerstören, es reichte nicht einmal dazu, den Telegraphendraht zu kappen. Als aus der „Texas" auf dem Bahnhof von Reseca ein Dekkel auf den Bahnsteig flog, da wußte Andrews, daß er das Unternehmen verloren hatte. Jetzt würde dort hinten der Telegraph ticken, und in kurzer Zeit die Strecke gesperrt sein.
Andrews ging nach hinten. Er ließ die Männer in den zweiten Wagen umsteigen und koppelte den letzten ab. Doch Peter Bracken im Führerstand der „Texas" drosselte die Maschine so meisterhaft, daß es nicht zu einem Zusammenstoß kam, sondern er den Wagen mit den Puffern antippte. Er schob ihn auf das nächste Nebengleis und jagte dann hinter dem Zug her.

Meile um Meile rasten die beiden Lokomotiven dahin nach Norden. Bei Tilton kuppelte Andrews den zweiten Wagen ab, doch wieder gelang es Peter Bracken, ihn aufzufangen und auf das nächste Nebengleis zu schieben. Die „General“ fauchte durch Dalton und durch den langen Tunnel bei Tunnel Hill, hart von der „Texas“ verfolgt. Hinter dem Tunnel kuppelte Andrews den letzten Wagen auf der ersten Chickamaugabrücke ab, den er vorher in Brand gesetzt hatte. Es war eine überdachte Brücke, und die sich im Tender und Führerhaus drängenden Männer des Kommandos sahen, wie helle Flammen im Brückengang emporschlugen. Doch plötzlich stob ein Funkenregen aus dem vorderen Ausgang, und der brennende Wagen wurde von der „Texas“ von der Brücke weggeschoben.

Der Abend hatte den westlichen Teil des Himmels bereits zinnoberrot gefärbt, als Wilson den letzten Holzkloben in die Feuerung warf, und achselzuckend zu Andrews, der seinen Zylinder längst aus dem Fenster geworfen hatte und dessen Bart halb versengt war, sagte: „Sir, das Wasser geht auch zur Neige.“

Mit dem rasch niederbrennenden Feuer unter dem Kessel sank der Druck, wurde die „General“ immer langsamer, bis sie schließlich mit etwas weniger als dreißig Stundenkilometern auf die bewaldeten Hügel der Taylor-Ridge-Berge zurollte.

„Keine zwanzig Kilometer mehr bis zur Grenze von Tennessee“, sagte der Kentuckier zu Will Bensinger, „aber, mein Sohn, du kannst sicher sein, daß der Mond keine Meile weiter entfernt ist.“

„Wir schlagen uns zu Fuß durch!“ sagte Jim Andrews gepreßt. Sein Auftrag war gescheitert, weil er einen kleinen Fehler gemacht hatte. Er deutete zu den Hügeln hin. „Sobald die Maschine hält, heißt es: jeder auf eigene Faust, verstanden?“

„Aye, Sir“, erwiderten die Männer.

Als die „General“ zum Stehen kam, war die „Texas“ bis auf vierhundert Meter herangekommen. Andrews Männer sprangen ab und liefen auf den Wald zu. Aber dort brach eine Schwadron berittener Georgia-Miliz hervor, die die Flüchtenden umzingelt hatte, noch ehe es jemand von ihnen begriff.

Wenige Augenblicke später stand Jim Andrews seinem Gegner, dem

TENNESSEE
GEORGIA
Chattanooga
Ringgold
Dalton
TAILORS RIDGE
Reseca
Adairsville
Rome
Clement
Kingston
ETOWAH RIVER
Cass Station
Cartersville
Etowah
Allatona
Big Shanty
Camp Mc Donald
Marietta
RIVER
CHATTAHO-CHEE
Atlanta
WESTERN ATLANTIC RAILROAD
ATLANTA–CHATTANOOGA: 220 km
BIG SHANTY–CHATTANOOGA: 173 km

Zugführer William A. Fuller gegenüber. Fullers Gesicht war voller Brandblasen. Er konnte kaum noch stehen. Seine Uniform hing ihm in versengten Fetzen vom Leibe.

„So was kann auch nur so ein verdammter Yankee wie Sie fertigbringen", sagte er schwer atmend, griff in die Jackentasche, holte eine kleine Flasche hervor, entkorkte sie und reichte sie Andrews. Der legte sie an die Lippen, nahm einen Schluck und gab sie zurück. Mit dem Handrücken wischte er den Mund ab.

„Wenn Sie nicht so ein verdammter Rebell wären, hätte ich noch einen genommen."

Die Hetzjagd der Lokomotiven war zu Ende. Jim Andrews Auftrag auch. Keine der Chickamaugabrücken war zerstört worden, und als General Mitchel um Mitternacht auf dem Bahnhof der von ihm eroberten Stadt Huntsville eintraf, reichte ihm ein Offizier wortlos ein Telegramm. Der General warf einen langen Blick darauf, und seine Schultern sanken langsam herab. Müde blickte er den Major, der Jim Andrews verabschiedet hatte, an und sagte: „Also geht es weiter, Major. Ich hätte mein Leben dafür gegeben, wenn dieser Handstreich geglückt wäre."

Am nächsten Tage wurde der General schwer verwundet und erlebte den Sonnenaufgang nicht mehr.

Captain James J. Andrews und seinen Männern wurde vor einem Militärgericht der Konföderierten Armee der Prozeß gemacht.

Seine Hinrichtung fand am 7. Juni 1862 mittags um zwölf Uhr, öffentlich, an der Ecke Juniper Street und Third Street von Atlanta statt. Elf Tage später standen Sergeant Scott, Bill Campbell, der Kentuckier und fünf andere Männer von Andrews Kommando vor dem gleichen Galgen. Die vierzehn Überlebenden wurden in Gefängnisse abgeführt. Am 16. Oktober 1862 brachen acht von ihnen, darunter Alf Wilson, William Knight und Wilson Brown, aus dem Gefängnis aus und schlugen sich zu den Linien der nach Süden vordringenden Armee General Shermans durch.

Am Tage des Heiligen Patrick 1863 öffneten sich für die restlichen sechs die Tore des Castle-Thunder-Gefängnisses in Richmond. Sie wurden gegen gefangene „Rebellen" ausgetauscht.

Als General Shermans Armee unaufhaltsam auf Atlanta zumarschierte, befand sich der Major, Jim Andrews Freund, der ihn an jenem denkwürdigen Tage in „Räuberzivil" das letzte Mal gesehen hatte, im Stabe des alten Haudegens. General Sherman soll, als er von der Hinrichtung Jim Andrews hörte, zu dem Major gesagt haben:
„Ich kann nichts daran ändern, daß wir im Norden solche Männer wie Andrews, wenn sie von der anderen Seite hier erwischt werden, nicht auch hängen. Es wird der Tag kommen, an dem Atlanta büßen wird, einen tapferen Mann auf diese schimpfliche Weise sterben gesehen zu haben."
General Sherman gab, als er Atlanta eingenommen hatte, den Befehl, die Stadt zu „schleifen". Atlanta wurde bis auf die Grundmauern zerstört. Nicht ein Stein blieb auf dem anderen.

☆

Eine andere Geschichte, diesmal aus dem Süden, mag dieses Kapitel beschließen: General Sherman hatte früh die ungeheure Bedeutung der Eisenbahn erkannt. Deshalb hatte er seiner Armee einen kompletten Reparatur- und Ersatzteiltroß angegliedert. Wo immer Sherman auf zerstörte Eisenbahnen des Gegners traf, hatte er in Rekordschnelle die Nachschubwege wieder aufgebaut, manchmal schneller, als die Konföderierten sie zerstören konnten.
Als Shermans Armee nach Süden marschierte, zerstörten die Konföderierten auch die Western & Atlantic-Bahnstrecke und jagten den Tunnel zwischen Ringgold und Dalton, den gleichen, durch den das Himmelfahrtskommando Jim Andrews von der „Texas" gehetzt worden war, in die Luft.
„Oh, Hölle", sagte einer von der Sprengmannschaft, als er nach der Explosion hinter seiner Deckung hervorkam, „wißt ihr nicht, daß Sherman Ersatztunnels bei sich hat?"

VI

Spitzhacken und Skalpmesser

„Achan! Achan! Achan! — Vater! Vater! Vater! So höre: Deine jungen Männer haben die Wälder und das Gras zerstört. Sie haben das Land verbrannt und verwüstet. Vater, Deine Männer haben unser Wild und unsere Büffel getötet. Vater, wenn ich in Dein Land ginge, um Dein Vieh zu töten, Dein Wild abzuschlachten, Besitz von Deinem Eigentum zu ergreifen, was würdest Du sagen? — Vater, du sprichst von Ackerbau, doch davon möchte ich nichts hören. Wir sind mit Büffeln großgeworden und lieben sie, und wir sind erzogen, zu wandern, wohin es uns beliebt. Wir töten Wild nur, um zu essen, und Feinde, wenn sie uns bedrängen. Wir lassen die Natur, wie sie ist, Du und Deine Söhne wollt sie mit eurem Feuerroß unterjochen und versklaven. Ich erwarte, daß Du uns verstehst, wie Du Dich selber verstehst; ich bin der Worte müde!“

Häuptling Bärenzahn vom Stamm der Krähen
während der Eisenbahnvertragsverhandlungen in Fort Laramie
am 12. 11. 1867

Der Krieg neigte sich seinem Ende zu. Richmond ging in Flammen auf. Petersburg versank in einem Strom von Blut. Von Virginia bis hinunter zum mexikanischen Golf reckten Städte ihre verrußten Ruinen klagend gegen den Himmel. Die USA waren ein einziges Massengrab zerfetzter Leiber, bitterer Armut und Trauer geworden.
Der Süden war geschlagen und kapitulierte. Materialschlachten hatten entschieden. Die in diesem Ringen gebundenen gigantischen Kräfte wurden plötzlich frei.
Der eisenbahnbauende Haudegen General Dodge hing, kaum daß seine Verwundungen vernarbt waren, den Soldatenrock an den Nagel und übernahm die Leitung des Bahnbaus der Union Pacific. Er kannte den Westen und haßte die Indianer. Als seine lärmende Stimme das Hauptquartier in Omaha bis in den letzten Winkel erfüllte, wußte man, daß er eine „Hölle auf Rädern" durch die Wildnis bauen würde.
Tausende von Soldaten aus dem Norden und dem Süden strömten zu den beiden großen Linien nach Kalifornien und Nebraska. General Casement kam mit einer Armee wilder Iren, denen kein Kampf zu hart, kein Whisky zu scharf war, zur Union Pacific. Er übernahm das Kommando über die irischen „Terriers" und schmiedete die rauhen Burschen zur härtesten und schnellsten Eisenbahner-Armee der Geschichte.
„1876?" rief der wilde General, als er hörte, daß die Fertigstellung der gigantischen Bahn zehn Jahre dauern solle, „ich wette alle meine feinen irischen Patricks gegen ein Hemd voll Flöhe, daß wir spätestens in vier Jahren fertig sind!"
Casement kannte seine rothaarigen „Feuerteufel" nur zu gut. Er wußte, daß er ihnen jede Strapaze dieser Erde zumuten konnte, wenn er ihnen gab, was sie brauchten: Whisky, Frauen und Spielkarten!
Ein Extrazug wurde zusammengestellt. In seinen Wagen stapelten sich die transportablen Zelte einer Vergnügungsstadt. Kneipen, Bordelle,

Spiel- und Tanzhallen, zusammenklappbare Theken und Pokertische, mit nackten Frauen bemalte Wände, Spiegel, Petroleumlampen-Kronleuchter.

Eine lange Planwagenkolonne folgte der Arbeiterarmee aus Landsknechten. Auf den Kutschböcken saßen grellgeschminkte Marketenderinnen, Mädchen aus den aufgelösten Bordells beider Armeen, Glücksritterinnen, Abenteuerinnen — wie schreiend bunte Vögel, deren Zwitschern die Männerkolonnen begleitete. Schwarzgekleidete Berufsspieler mit großen Krawattenschleifen und großkalibrigen Derringern in den Gehrockärmeln begleiteten den Bahnbau ebenso, wie robuste Satteltaschenpriester, die sehr oft ihre betrunkenen Schäfchen niederschlugen, zum Kirchenzelt schleppten und mit vorgehaltenem Revolver zwangen, fromme Choräle zu singen. Es gab verkrachte Ärzte, wegen Trunkenheit aus der Armee ausgestoßen, die an irischen Bahnarbeitern unter sturmflatternden Zeltplanen im Licht trüber Kerosinlaternen Operationen vornahmen, von denen die Weltkoryphäen in Wien, Berlin und London nicht einmal zu träumen wagten.

☆

In dieser nach Westen rollenden „Hölle auf Rädern" war das Leben eines Menschen billiger als der billigste Hostetter-Brandy. Es gab Männer und Frauen, die den Höllentanz um Feuer und Dampf mitmachten, nur um etwas später vor die Hunde zu gehen, und es gab solche, die eine ehrliche neue Chance suchten. Bill Thompson, ein junger Bursche mit langem blondem Haar, war einer von ihnen. Und die schwarze Linda, Tänzerin, Wirtin des „Blutigen Eimers", das Mädchen, das er begehrte.

Eines Abends brachte Bill ihr ein grünes Kleid mit. Ein anderes als jene, die sie sonst trug, welche mehr preisgaben als sie verhüllten. Linda zog es an, wischte sich den Puder aus dem Gesicht und schaute in den Spiegel, den ihr der breitschultrige Junge vorhielt.

„So sieht die Frau aus, die ich bald heiraten werde", hatte Bill gesagt, und von diesem Tage an wußte das Mädchen, daß es die Chance, auf die es gewartet hatte, gab. Linda trug von nun an keine geschlitzten Kleider, keine Netzstrümpfe mehr.

In einer warmen Sommernacht des Jahres 1867 geschah das, was man die „verrückteste“ und „komischste“ Geschichte im Bahnbau der Union Pazific nennen würde.

Bill Thompson stand neben Linda hinter der Theke und half ihr, die lärmenden Iren mit Feuerwasser zu versorgen. Plötzlich schrillte eine Dampfpfeife. Ein rußgeschwärzter Heizer stürzte in das Kneipenzelt und schrie: „Der Telegraph zur Pflaumenflußstation ist unterbrochen. Die Jungens sind schon fertig, Bill.“

„Warum solche Eile?“ fragte Thompson, der sich den Revolver umband.

„In drei Stunden kommt der Frachtzug durch. Der Draht muß repariert werden, damit sie die Weichen stellen. Sonst rast der Zug in den Fluß. Die Brücke ist gestern abgesackt, aber das wissen sie in Omaha noch nicht.“

„Ich bin bald wieder zurück, Linda“, rief Bill Thompson. Wenig später stand er mit fünf anderen Männern der Reparaturmannschaft auf der handgetriebenen Draisine. Die Nacht war hell. Ein warmer Wind wiegte sich im hohen Büffelgras.

Eine Stunde rollte der kleine Plattformwagen dahin. Bill beobachtete den Telegraphendraht.

„Da vorne“, rief einer der Männer. „Die verdammten Cheyennes haben ihn durchgeschnitten!“

Im gleichen Augenblick brach zu beiden Seiten des Bahndammes ein ohrenbetäubendes Geheul los. Die Draisine prallte gegen ein Hindernis, und die sechs Männer flogen im hohen Bogen über die Barriere aus losen Schienenschwellen auf den Bahndamm. Ehe sie sich aufraffen konnten, waren die Cheyennes über ihnen. Nur Bill Thompson entkam und rannte zurück. Ein Krieger schoß ihm eine Kugel in die Schulter, hetzte auf dem Pferd hinter ihm her, packte das blonde Haar Bills, riß ihn zu sich hoch. Einige rasche Schnitte, und Bill Thompson stürzte blutüberströmt ins Gras. Mit gellendem Geschrei, den langen Skalp schwenkend, galoppierte der Krieger zurück. Während Bill, von wahnsinnigen Schmerzen gepeinigt, sich aufrichtete, das Blut aus den Augen wischte und zurückstolperte, rissen die Indianer mit dem Werkzeug, das sie fanden, die Schienen auf. Sie banden Lassos an die Enden und bogen sie mit zwanzig Pferden nach oben. Bill wußte nicht, wie lange er an den Schwellenenden vorbei durch das Gras gestolpert, getaumelt, wie oft er gestürzt war und sich wieder aufgerafft hatte. Plötzlich sah er ein gelbes Licht rasch näherkommen. Die Indianer schwangen sich auf die Pferde und ritten dem Zug entgegen, an Bill vorbei, der sich ins Gras geworfen hatte. Schüsse krachten. Der Zug raste vorüber. Bill sah im Schein der Feuerung den Lokführer und den Heizer mit krachenden Gewehren am Fenster des Führerstandes stehen. Schwerbeladene Wagen donnerten an ihm vorbei. Dann gab es einen furchtbaren Krach. Die Lok bohrte sich in den Boden. Der Dampfkessel platzte. Die Wagen schoben sich ineinander. Holz splitterte und das Gras fing Feuer. Im Licht dieses Feuers sah Bill, wie die Cheyennes die Männer des Zuges hochzerrten, skalpierten und in die Flammen der brennenden Wagen warfen. Den Lokführer nahmen sie mit. Sie trieben Pflöcke in den Boden, banden dem Verletzten Hände und Füße daran und entzündeten auf seinem Leib ein Feuer aus trockenen Büffelfladen. Sie hatten ein Fäßchen Whisky gefunden. Während der gepeinigte Mann brüllte, ließen sie sich rund um ihn nieder und betranken sich. Bill Thompson hockte im Gras und wartete, bis einer nach dem anderen umfiel. Dann kroch er auf sie zu. Der Lokführer war tot. Bill schlich sich an den Cheyenne, der seinen blonden Skalp an den Gürtel gebunden hatte. Vorsichtig löste er ihn. Dann suchte er eine Blechbüchse und ließ sie am Lokomotivwrack voll Wasser laufen. Er legte den Skalp hinein. Vielleicht konnte der Lagerarzt ihn wieder annähen. Bestimmt konnte er das. Er mußte ihn ihm annähen. Was würde Linda zu einem Manne ohne Skalp sagen?

Bill Thompson wankte über die Schienenschwellen, die Büchse mit seinem Skalp in den vorgestreckten Händen. Das blonde Haar leuchtete im fahlen Mondlicht wie Fäden aus Gold. Das Blut in den Augenwinkeln wurde hart. Jedesmal, wenn er die Lider bewegte, bröckelten kleine Stückchen der Kruste ab. Er stürzte, rang nach Atem und wurde immer schwächer. Der Kopf war ein Inferno aus Schmerzen. Aber er vergoß keinen Tropfen Wasser, in dem seine Kopfhaut schwamm. Die letzten Meilen kroch er auf den Knien. Dann lag er zwischen dem feuchten Stahl der Schienen und ertappte sich dabei, wie er langsam den Revolver an die Schläfe hob. Ihm fiel ein, daß er Linda versprochen hatte, bald zurück zu sein.

Bill Thompson hatte noch nie sein Wort gebrochen. Er raffte sich wieder auf. Er drehte sich ein paarmal im Kreise. Er entdeckte, daß er wieder zurücklief. Er stieß eine Verwünschung aus und drehte sich um. Der Revolver an seiner Seite wurde mit jedem Schritt ein Pfund schwerer. Er warf ihn weg. Der Himmel war ein Gebirge, das sich auf seinen blutigen Schädel legte, die Büchse mit Wasser wurde zu einem überschwappenden Ozean in seinen Händen.

Bill Thompson preßte die Zähne zusammen, daß der Schmelz absplitterte. Er rief Gott und den Teufel an. Schließlich verrichteten seine Füße die Arbeit der Schritte mechanisch. Und nur noch ein Gedanke erfüllte seinen Kopf, der sich wie ein Ballon aus Feuer langsam von Horizont zu Horizont ausdehnte: Bill Thompson durfte nicht ohne seine Kopfhaut vor Linda erscheinen. Bill Thompson lachte heiser. Niemand nahm ihm etwas weg, das ihm gehörte ..., niemand in diesem Amerika. Was würden die Leute in Irland zu einem Manne ohne Haar sagen?

Als sich das Licht des Morgens wie ein Dieb langsam über den Horizont stahl, stand Bill Thompson plötzlich vor einer Gruppe von Männern, die ihn entgeistert anstarrten.

„Na also", sagte Bill Thompson und brach zusammen.

Man brachte Bill Thompson nach Plum Creek Station und von dort in einem Güterwagen nach Omaha. Dort lag er auf einer Matratze am Boden, ohne Bewußtsein, wie tot, und neben ihm in der Blechbüchse voll Wasser — der Skalp.

Die Sage erzählt, daß in Omaha Dr. R. C. Moore, der ihn behandelte, gleich den Skalp an die Kopfhaut festgenäht habe, doch in Wahrheit hat der Arzt es gar nicht erst versucht, denn es handelte sich nicht um den üblichen Skalp eines Mannes, der knapp handtellergroß zu sein pflegte, sondern um die ganze Kopfhaut des Iren, 23x18 cm groß. Im Bericht des Arztes steht zu lesen, daß er innerhalb von drei Monaten, Stück für Stück, Haut von Bill Thompsons Schenkel auf die Schädeldecke transplantierte, und daß der Ire nach dieser Zeit mit „einer spiegelglatten, tadellos angewachsenen Glatze" entlassen wurde.

Bill Thompson ging zur Union Pacific zurück. Eine Zeitlang trug er seinen eigenen Skalp bei sich wie eine Trophäe. Als er sein Mädchen heiratete und unter General Casement Rache an den Cheyennes genommen hatte, erhielt Dr. Moore in Omaha eines Tages ein kleines Paket. Als er es auspackte, fielen ihm der wohlbekannte Skalp seines ungeduldigen Patienten aus dem Vorjahr in die Hände und vierzehn schwarzhaarige Skalps. Auf einem Zettel stand in ungelenken Buchstaben geschrieben:

„Sie wollten doch immer meinen Skalp als Andenken behalten. Hier ist er. Entschuldigen Sie, daß ich ihn jetzt erst schicke, aber ich mußte ihn behalten, um den verdammten Frevlern meine Kopfhaut genau anzumessen. Wie Sie sehen, sind die Cheyenne-Skalps bis auf den Millimeter genauso groß wie meiner. Wenn Sie wollen, geben Sie alles einem Museum, damit unsere Nachkommen sehen können, daß wir uns nicht einfach straflos unsere Haare abnehmen ließen."

Bill Thompsons Skalp und die Skalps der Cheyennes sind heute in der Stadtbücherei von Omaha ausgestellt.

☆

Trotz des harten Winters, Schneestürme und ungeheurer Frühjahrsfluten hatten General Casements Schienenleger die 104 Kilometer Schienenstrang zwischen O'Fallons und Julesburg bis zum 25. Juni 1867 fertiggestellt. Anfang August war das Ende der Schienen schon viele Meilen westwärts bis an den Lodge Pole Creek gewandert und hatte Julesburg hinter sich gelassen.

Henry M. Stanley, Korrespondent der „Cincinnati Gazette", schrieb über das, was er gesehen hatte:

„Ich war von der ungeheuren Schnelligkeit und Gründlichkeit der Schienenlegerkolonnen fasziniert. Manchmal habe ich mehr als 80 bis an die Grenze ihrer Tragfähigkeit mit Material beladene Wagen hintereinander gesehen, die in einer unfaßbar kurzen Zeit von den Männern entladen wurden, während sie gleichzeitig den Bahndamm aufschaufelten, ihn feststampften, Schwellen legten und die Schienen befestigten. Dieser rhythmische Prozeß ist symbolisch für die Eisenbahn im Westen. Es gibt nichts, das sie aufhalten kann. Alles ist vollendet organisiert. Selbst Indianerangriffe sind einkalkuliert. Überall stehen in großen Entfernungen Wachen und Posten, und eine Kette von Signa-

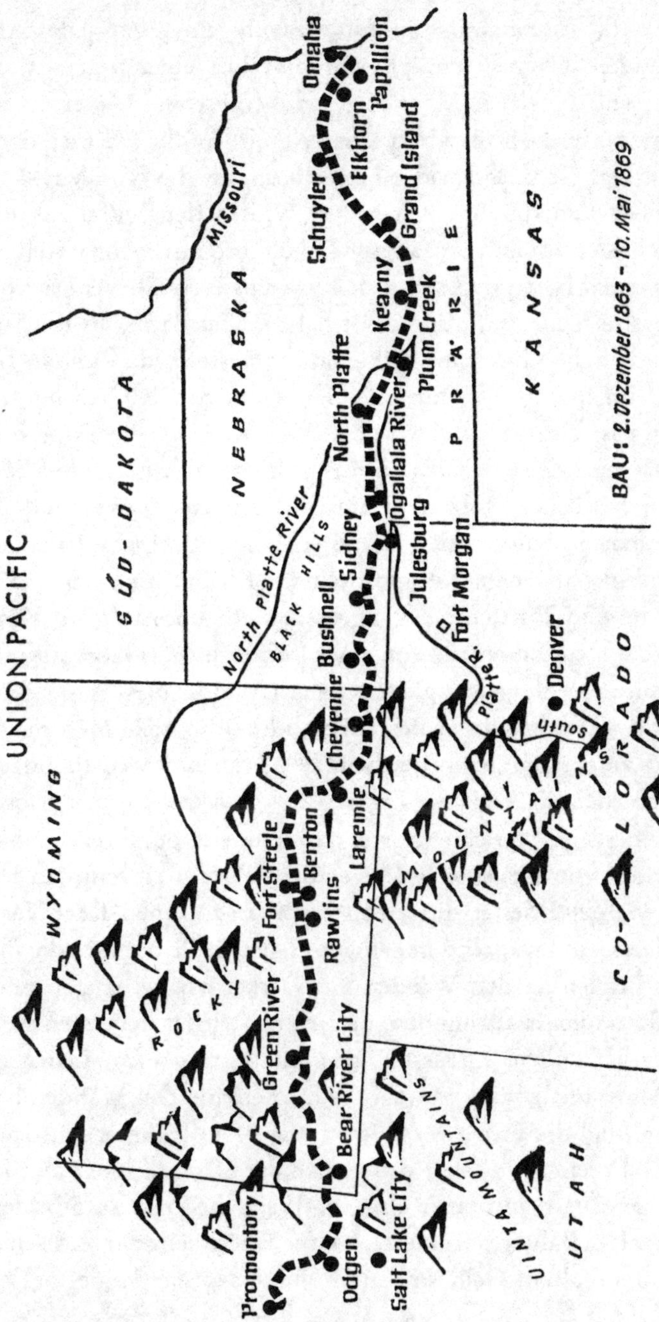
UNION PACIFIC
WYOMING
SÜD-DAKOTA
NEBRASKA
PRAIRIE
KANSAS
COLORADO
UTAH
ROCKY MOUNTAINS
UINTA MOUNTAINS
BLACK HILLS
Missouri
North Platte River
South Platte R.
Promontory
Odgen
Salt Lake City
Bear River City
Green River
Rawlins
Fort Steele
Benton
Laramie
Cheyenne
Bushnell
Sidney
Julesburg
Fort Morgan
Denver
Ogallala River
North Platte
Plum Creek
Kearny
Grand Island
Schuyler
Elkhorn
Omaha
Papillion
BAU: 2. Dezember 1863 - 10. Mai 1869

len warnt die Eisenbahnmannschaft so früh genug, daß jeder Angreifer keine andere Chance hat, als sich plötzlich einer waffenstarrenden Phalanx entschlossener Männer gegenüberzusehen. General Casement und seine berittene Schwadron erinnern mich an die Hunnen der frühen europäischen Geschichte, oder besser noch, an die Kosaken Rußlands. Es sind Gesellen, die für einen Schluck Whisky den Teufel aus der Hölle holen würden. Ich habe anfangs gelächelt und mir meinen Teil gedacht, als ich einmal hörte, daß selbst die blutrünstigen Cheyennes vor Casements Reitern eine panische Angst haben, aber dann, als ich sie einmal erlebte, da habe ich mir unwillkürlich vorgestellt, daß ich ein Indianer sei, und ich spürte, wie mir eine Gänsehaut den Rücken herunterlief. Julesburg ist eine Stadt geworden. Wo noch vor einer Woche nur ein paar Dutzend Zelte standen, breitet sich jetzt mit magischer Schnelligkeit eine Stadt aus Holz- und Steinhäusern aus. Gewalt und Verbrechen gedeihen zwischen den zahllosen Vergnügungsetablissements wie Brennesseln auf einem Komposthaufen. Ich bin an einem schwarzen Abend in eine Tanzhalle gegangen, die sich hochtrabend ‚König der Hügel' nannte, und wurde von einer Lichterflut aus Kristallkronleuchtern geblendet, die jedem gleichartigen Lokal in New York oder Chicago Ehre gemacht hätten. Ich habe noch nie so viele Menschen auf so engem Raume zusammen gesehen. Die Frauen waren halbnackt und führten Reden, daß mir die Zigarre zwischen den Lippen erlosch, und die Männer sind von einer Sorte, daß man sich bei ihrem Anblick unwillkürlich wünscht, eine frisch geladene Pistole zu sein. Ich habe gesehen, wie ein Priester auf einen Tisch stieg, seinen Revolver in die Decke leerte und während der eingetretenen Stille begann, die Bildnisse nackter Frauen an den Wänden mit Decken zu verhängen und dann einen Gottesdienst abzuhalten, den ich nie wieder vergessen werde. Es war der betrunkenste Priester, den ich je in meinem Leben gesehen habe. Als er fertig war, wurden die Decken von den Wänden herabgenommen, und die Paare vergnügten sich — falls dieser Ausdruck einmal erlaubt sein soll — vor den Augen der Öffentlichkeit auf Treppen und Innengängen mit einer Ungeniertheit, die mich an Schilderungen aus dem alten Babylon erinnerte, welche Eltern selbst erwachsenen Kindern vorenthalten. Geld scheint in Julesburg gar keine, beziehungsweise die größte Rolle zu spielen. Wenn von irgend etwas die Rede war, so nur von Geld und Profit, von Laster und Sünde. Tagsüber sieht man die ‚Damen' in schwarzen ‚Crook'-Kleidern über die sandigen Straßen dahinschweben, und ihr Anblick wäre nicht einmal schlecht, wenn nicht die Derringer und Revolver wären, die sie alle um die Hüften gebunden haben. Ich habe bei einem Spaziergang von nur zehn Minuten gesehen, wie man viermal Gebrauch von diesen nützlichen und gefährlichen Instrumenten machte. Der Totengräber der Stadt ist gleichzeitig Arzt, Leichenbeschauer und Begräbnisfirma. Als ich meinen Spaziergang beendet hatte, lagen die drei Toten bereits unter der Erde, fertig in bereitstehende Särge verpackt, einen feinen Kistendeckel darüber, in den ihre Namen eingebrannt waren, mit einer knappen Leichenrede eines Priesters. Nachts schmelzen die Ausmaße der Stadt auf die erleuchteten Rotlichtbezirke zusammen. Draußen brennen Wachfeuer vor den Grenzen des Ortes, Bewaffnete patrouillieren umher wie in Kriegszeiten, während drinnen Soldaten, Cowboys, Frachtfahrer, Eisenbahner und Frauen tanzen, singen, spielen und lieben. Ich glaube, daß es Dutzende von Männern gibt, die einen Mord für nur fünf Dollar Lohn begehen würden. Es gibt viele solcher Mörder, die im Tageslicht in gestärkten Hemdbrüsten umherstolzieren und der Gerechtigkeit auf Erden ein Liedchen pfeifen. Es vergeht nicht ein Tag, an dem nicht ein Mord geschieht. Raub ist an der Tagesordnung, und so vulkanisch ungeordnet das alles auch auf den ersten Anschein aussehen mag, ich weiß, daß dahinter eine straffe Organisation steht, die sich des Verbrechens in jeder Form bedient, wie eine höhere Töchterschule in Pennsylvanien des Lehrplans. Die einzige Möglichkeit, dieser Lage Herr zu werden, scheint entweder der militärische Ausnahmezustand zu sein, oder der starke Arm eines Vigilanzkomitees. Alle Maßnahmen, die nicht das Übel gleich mit der Wurzel ausrotten, sind von vorneherein zum Scheitern verurteilt. Ich verstehe nicht, wie die Union Pacific den Grund und Boden an diese Brutstätten des Lasters verpachten kann und damit auch noch an Mord und Totschlag mitverdient. Solange Mörder unter sich, das ist meine Meinung, sich höchst intern die Hälse durchschneiden, sollte das niemanden stören, doch es geht um die zahllosen Familien von Neusiedlern, Auswanderern, Bahnarbeitern und Geschäftsleuten, die einem Rudel Wölfe hilflos ausgeliefert sind. Diese Menschen haben schon genug unter den immer stärker werdenden Angriffen der Cheyennes zu leiden, welchen es nicht genügt, Weiße zu töten, sondern die Gefangene vor den Augen ihrer Angehörigen außer Schußweite gräßlich foltern. Die Leichen befinden sich jedesmal in einem Zustande, der eine Identifizierung meistens unmöglich macht. Ich weiß nicht, ob das Gerücht der Wahrheit entspricht, doch es besagt, daß der Pragmatiker General Casement die Cheyennes nur dann vernichtend schlagen will, wenn sie es wagen sollten, seine eigenen Mannschaften anzugreifen. Das heißt also, solange die Indianer ihn selber in Ruhe lassen, sieht er zu, wie hilflose Weiße in Stücke gehackt, bei lebendem Leibe verbrannt, oder von Pferden gevierteilt werden. Ich will nicht hoffen, daß dieses Gerücht Wahrheit ist, denn man kann wohl mit dieser Einstellung sicherlich eine Transkontinentalbahn bauen, aber dann würde eine Zeit kommen, in der man die Namen der Verantwortlichen von den Gedenktafeln der Nation ausmeißeln würde, weil man sich ihrer schämt."

Der Artikel des Ohio-Journalisten erregte in Amerika großes Aufsehen. Immer mehr Korrespondenten führender amerikanischer und europäischer Zeitungen strömten nach Omaha und bombardierten das Hauptquartier der Union Pacific mit bohrenden Fragen.

Bis endlich General Dodge eine Pressekonferenz einberief und alle Fragen zu beantworten suchte. Danach erschien im „New York Herald" folgende Interpretation von Thomas D. Hutkinson:

„Im großen und ganzen hat Grenville Dodge uns kein ‚X' für ein ‚U' vorgemacht und die Angaben Stanleys bestätigt. Doch er schränkte ein, daß der Kampf gegen Korruption, Verbrechen und Erpressung ebenso eine volle Aufgabe sei wie der des Kampfes gegen die Indianer, den die US-Armee schon seit Jahren führe, ohne zu einem anderen Ergebnis zu kommen, als Untat mit Untat, Rache mit Rache zu vergelten. Die Aufgabe der Union Pacific aber sei nicht die christlich-abendländische eines Kampfes gegen Verbrechen und Unmoral und noch viel weniger eine militärische der Ausrottung des roten Mannes, sondern einfach und schlicht der Bau einer Eisenbahn. Wörtlich sagte Dodge: ‚Was würden unsere Aktionäre eigentlich sagen, wenn wir, statt eine Eisenbahn zu bauen, Kreuzzüge veranstalten würden? Wir beschützen in erster Linie unsere Bahn, und damit die Männer und Familien, die sie bauen. Wenn die Journalisten Amerikas gerne einen heiligen Krieg sehen möchten, so sollen sie sich Gewehre und Munition kaufen und ihn selber führen.' Ich weiß nicht, das ist zwar mehr als robust, aber gar nicht so verkehrt, wenn man Dodge heißt und einen Auftrag auszuführen hat. Wir werden sehen, was geschieht, wenn die Union Pacific selbst einmal Betroffene sein wird." Die Buchstaben dieses Artikels waren noch druckfrisch, als diese Situation eintrat.

☆

Kurz vor der Abenddämmerung waren die Cheyennes plötzlich über das Ende des Schienenstranges hergefallen. Unter den ersten Schüssen brachen vier der zehn Schwellenleger, die zu je fünf eine Schiene von dem Plattformwagen zogen und alle 30 Sekunden eine Schiene legten, zusammen. Dann ließen die Iren die Werkzeuge fallen und ergriffen die Gewehre. Sie erwiderten das Feuer mit einer Heftigkeit, daß mehr als zwei Dutzend der roten Krieger aus den Sätteln stürzten und sich die anderen zuzückzogen.

Einer der Vorarbeiter warf sein Gewehr zur Seite, riß ein großes Bowiemesser aus dem Stiefel und rannte auf die Verwundeten zu. Ihm folgten mit wildem Gebrüll die anderen Schwellenarbeiter.

Nach einer Minute waren die im Gras liegenden Cheyennes skalpiert, und die Iren schwenkten die blutigen Kopfhäute. Kaum sechs Minuten nach dem Angriff begann die Erde zu donnern. Ein kleiner Mann mit einem schwarzen Bart, ganz in Büffelleder gekleidet, jagte mit einem halben Hundert gewehrschwenkender Reiter auf die Cheyennes zu, die in einem weiten Bogen auf die kleine Rinderherde umschwenkten, die den lebenden Fleischvorrat der Schienenlegermannschaft darstellte.

Wie ein Spuk war der kleine Mann auf seinem schwarzen Hengst an dem Wohnwagen, in dem die Journalisten mit Waffen in den Händen an den Fenstern standen, vorbei.

Ein deutscher Journalist wendete sich seinem schwedischen Kollegen zu und meinte:

„Jetzt ist mir klar, warum es ausgerechnet zwei Generale sind, die den Bau der Bahn leiten."

Der Schwede steckte den Revolver ein und zündete sich eine Zigarre an. Er drehte sich zu Legh Freeman um, der seine rauchende Sharpsbüchse an die Wand gestellt hatte.
„Mister Freeman, Sie als Inhaber der ‚Presse auf Rädern' müßten doch eigentlich wissen, was hier gespielt wird. General Casement hat ein Telegramm bekommen. Ich hörte, daß es von General Dodge gewesen ist."
Legh Freeman, Verleger, Redakteur, Drucker und Verkäufer seiner Zeitung ‚Frontier Index', die er auf drei Wagen immer dem Bahnbau nachfuhr, putzte seinen Kneifer.
„Ich glaube, die Tage von Julesburg sind gezählt. Eine Handvoll Spieler und Spekulanten hat die Absicht, die Stadt zu übernehmen. Sie haben Revolvermänner aus Texas angeworben und glauben nun, daß sie stark genug sind. Sie verweigern der Union Pacific die Zahlung der Konzessions-Lizenzen für die Saloons und Bordelle."
„Was hat das mit den vier Arbeitern zu tun, die heute morgen erschossen worden sind?" fragte ein französischer Journalist, dessen Arm verbunden wurde.
„Viel", antwortete Legh Freeman. „Es war eine Demonstration. Die vier haben sich an Spieltische gesetzt. Es wurde falsch gespielt. Als sie die Falschspieler entwaffneten und zu Casement bringen wollten, wurden sie erschossen."
„Was wird Jack Casement tun?" fragte der Schwede.
Freeman zuckte die Schultern. „Das hängt ganz von dem Inhalt des Telegramms ab, das General Dodge ihm geschickt hat."
„Wo ist Dodge denn jetzt?" fragte der Engländer.
„Mit General Rawlins nach Westen unterwegs, um Plätze für neue Armeeforts zu suchen."
Der Deutsche lachte. „Das ist Ihr Verdienst, Mister Freeman. Sie haben mit Ihrem Artikel den Kongreß wachgerüttelt. Drei Forts und knapp achthundert Soldaten gegen 45 000 Indianer! Ich verstehe die Armee nicht. Warum sind die Posten hier so schwach besetzt?"
„Weil sich niemand zu dem Verbrechen bekennen will, das hier gegen die Indianer geschieht", rief Freeman. „Jawohl, es ist ein Verbrechen, wie bestehende Verträge gebrochen werden! Aber ohne dieses Verbre-

chen wird es keine Bahn und keine Zukunft für das Land zwischen Missouri und Kalifornien geben. Deshalb muß das geschehen, was geschieht. Aber man sollte sich nicht hinter faulen Verträgen verbergen, sondern zur Ausrottung der Indianer stehen!"

„Das sind offene Worte, Mister Freeman", sagte der Schwede und wiegte bedächtig den Kopf. „Die Welt würde die amerikanische Regierung als barbarisch bezeichnen, wenn sie ..."

„Unsinn!" rief Freeman. „Die europäischen Staaten unterjochen Afrika, den Orient und Asien mit der Gründung ihrer Kolonien und machen kein Hehl daraus. Alles das, was die Indianer haben, brauchen wir. Also nehmen wir es uns. Mit Gewalt und Krieg. Es gibt keinen gerechten Krieg. Krieg ist immer Unrecht. Ich bekenne mich zu diesem Unrecht, weil es notwendig und unvermeidbar ist, aber ich will, daß es beim Namen genannt wird. Spätere Generationen können urteilen."

„Ein ehrlicher Standpunkt", gab der Deutsche zu. „Zurück zu Julesburg, Mister Freemann. Was wird General Casement tun, wenn Dodge ihm telegraphiert hat, die Konzessionspachten mit Gewalt einzukassieren?"

Freeman lächelte salzig. „Das, was er für notwendig hält, meine Herren." Der Franzose blickte durch das Fenster. Man hörte verschwommen ununterbrochene Revolver- und Gewehrsalven zum Wohnwagenzug herüberschallen. Dann wurde es still. „Er jagt sie zu Paaren. Ein prachtvoller Kämpfer, dieser kleine Ire. Ich habe nirgends in der Welt solch wilde Burschen gesehen, wie diese irischen Schwellenleger und die schwedischen und bayrischen Holzfäller." Er lächelte. „Und schmutzigere Frauen als in Julesburg", setzte er hinzu. „Stimmt es tatsächlich, Mister Freeman, daß mehr als die Hälfte von ihnen geschlechtskrank ist, wie Sie in ihrem letzten Artikel schrieben?"

Ein rothaariger Bursche, in dessen rissiger Kleidung noch Pulver- und Blutgeruch nistete, kam mit einem Tablett Gläser in den Salonwagen. „Wollen die Herren was zum Kippen haben?" fragte er grinsend. „Der Stoff hier füllt einem das Hemd bis in die letzte Falte."

„Eine Sprache haben diese Burschen", murmelte der Franzose kopfschüttelnd. „Ist dieser Gentleman zu unserer Bedienung abgestellt?"

Ein Kontrolleur der Bahnleger nickte.

„Stell alles auf den Tisch, Paddy. Du hast ein Loch in der Schulter. Laß dich verbinden."
„All right, Boß. Die Kugel hatte nicht mehr viel Kraft." Der Bursche lachte breit. „Ich habe den Finger reingesteckt und konnte sie fühlen."
Mit leichtem Schaudern betrachteten die Journalisten die beiden blutigen Kopfhäute, die sich der Mann an den Gürtel gebunden hatte. Er ging hinaus und schrie, wenn der verdammte Arzt nicht bald käme, dann würde er ihn holen.
Freeman wendete sich wieder dem Franzosen zu. „Mehr als die Hälfte ist geschlechtskrank. Sie stecken die Soldaten, Frachtfahrer und Eisenbahnarbeiter an. Ich habe einen kerngesunden Mann mitten auf der Straße zusammenbrechen sehen. Er war tot, noch bevor er den Boden berührte. Als Dr. Moore ihn aufmachte, stellte er fest, daß die Herzschlagader groß wie ein Kinderkopf war. Die Syphilis hatte die Aderwand langsam zerfressen. Solange sie sich unter dem Druck des Blutes nur ausdehnte, war der Mann quicklebendig und gesund. Bis sie dann platzte."
„Innere Verblutung!" Der Engländer nickte gleichmütig. „Und was geschieht, um die Seuche einzudämmen?"
„Nichts!" rief der Schwede. „Die beiden Gesellschaften in Kalifornien und hier bekommen 32 000 Dollar zinslose Kredite pro fertige Meile Schienenstrang und 40 Quadratmeilen geschenktes Land pro Meile. Das sind Millionengewinne. Nichts anderes interessiert sie."
Freeman nickte und setzte den Kneifer auf. Er war ein hoch aufgeschossener hagerer Mann mit einem krummen Rücken. Über dem flekkigen Gehrock trug er den obligaten Coltrevolver. Die Taschen waren von Munition ausgebeult.
„Ich werde nicht eher ruhen, bis ich mit meiner Zeitung die ‚Amerikanische Medizinische Gesellschaft' aufgerüttelt habe, damit endlich die Sanitätsgesetze der Armee durchgeführt werden."
Der Skandinavier zückte Notizbuch und Bleistift. „Und wie lauten die, Mister Freeman?"
„Ganz einfach: Erstens, jede erkrankte Zivilperson wird unverzüglich aus einer Siedlung entfernt. Wenn nötig mit Gewalt. Zweitens, jeder Mann muß eine weibliche Person, die ihn ansteckte, sofort melden.

Drittens, wer eine solche Meldung unterläßt, wird hart bestraft. Viertens, alle kranken Männer werden unverzüglich in einem Krankenhaus isoliert."

„Sehr schön, Mister Freeman, und wie stellen Sie sich", der Schwede warf einen Blick aus dem Fenster, „die Durchführung dieser Anordnungen vor?"

„So, wie ich mir die Ausrottung von Mord und Totschlag, Diebstahl und Raub in einer Stadt wie Julesburg und in allen, die noch gegründet werden, vorstelle!" sagte Freeman hart. „Mit Pulver, Blei und Strick!" Er stand auf und setzte seinen verbeulten grauen Zylinder auf.

An der Tür zur Wagenplattform blieb er stehen und schaute die bestürzten Journalisten der Reihe nach an. „Meine Herren, wenn eine menschliche Gesellschaft das Gesetz des Stärkeren ausschalten will, um humanere Gesetze zu schaffen, dann muß sie erst einmal unter Beweis stellen, daß sie dazu stark genug ist!"

Als sich Freeman auf seinen Einspänner setzte, kam Casement mit seinen Männern zurück.

Der ehemalige Haudegengeneral hatte ein vom Pulverrauch geschwärztes Gesicht. Freeman sah etwa ein Dutzend Männer über den Pferden liegen. Ihre Arme und Beine baumelten leblos im Takt der Huftritte.

„Ist bei den Zeitungsleuten alles in Ordnung?"

Freeman nickte. „Der Franzose hat einen Kratzer am Arm mitbekommen. Welche Nachricht haben Sie für meine Zeitung, General?"

Die harten Züge des kleinen Mannes wurden noch schärfer. Er sagte: „Sie kennen General Shermans Telegramm an den Präsidenten, Legh: Je mehr Indianer wir in diesem Jahr töten, desto weniger werden wir im nächsten zu töten haben. Wir werden eine Weile Ruhe haben." Er griff in die Tasche des Büffellederhemdes und reichte dem Zeitungsmann ein Telegramm:

„Die Julesburg-Konzessionen sollen nicht mehr bezahlt werden. Neunzehn Morde in einer Woche. Schaffen Sie Ordnung, Casement. Grenville M. Dodge."

„Was bedeutet das, General?" fragte Freeman vorsichtig.

„Kriegsrecht, Freeman", antwortete der kleine Haudegen mit rauher Stimme. „Ich werde diesen männlichen und weiblichen Aasgeiern die

Furcht Gottes einjagen. Es wäre besser für Sie, wenn Sie nicht zurückführen, sondern hierblieben. Die Wände Ihres Hauszeltes sind dünn."
Freeman schüttelte den Kopf.
„Ein Journalist, General Casement, der über die Hölle schreibt, muß gespürt haben, wie heiß sie ist, sonst ist er ein Schwindler."
„Schön. Mund halten und Kopf einziehen, wenn's kracht. Paddy O'Brien!" Ein breitschultriger Hüne, der einen Pfeil in der Schulter stecken hatte, drängte sein Pferd an die Seite Casements. „Boß?"
„Die Schweden und Bayern vom Tie Creek sollen fünfhundert Mann herschicken. Schwer bewaffnet. Gewehre, Revolver, Messer. Pro Mann zweihundert Schuß. Und fünfzig Seile mit Schlingen."
Der Ire bleckte die Zähne. „Gehts nach Julesburg, Boß?"
„Ja, gegen Mitternacht. Laß dir den Pfeil rausziehen und reite dann sofort los. — O'Hara!"
Freeman hörte, wie Casement Befehl gab, daß sich fünfhundert Schwellenleger bewaffnen sollten. Gewehre, Revolver, Messer. Und Seile mit Schlingen.
Die Journalisten im Salonwagen hörten die Befehle, standen steif da und starrten sich an. Und dann hörten sie Casements Stimme rufen: „Fünfzig Mann mit Schaufeln und Pickeln fertigmachen. Stellt das Gerät und die Waffen bereit. Sättel auf die Zäune. Und dann sollen sich die Männer aufs Ohr legen. Kein Alkohol, verstanden, O'Hara?"
„Klar, Boß. Aufs Ohr legen und pennen. Wird gemacht."
„Mein Gott, was bedeutet das?" murmelte der Franzose.
„Casement marschiert auf Julesburg", sagte der Deutsche. „Und so, wie es aussieht, wird es morgen mittag einen neuen Friedhof geben."

VII

Das Strafgericht von Julesburg

„Die Bande von Strauchdieben, welche kürzlich aus einigen der letzten Eisenbahnstädte vertrieben wurde, ist dabei, sich in unserer Mitte zusammenzurotten. Sie täte besser daran, sich so schnell wie möglich wieder aus dem Staube zu machen, bevor dieser Ort ein zu heißer Boden für sie wird, um darauf zu tanzen."

Legh Freeman im „Frontier Index",
3. 10. 1868

Kurz vor Mitternacht ritt Legh Freeman an den ersten Häusern von Julesburg vorbei. Die Stadt rumorte wie ein Erdbeben. Aus den Fenstern drang heller Lichtschein von tausenden Kerosinlampen-Kronleuchtern. Halbnackte Mädchen tanzten kreischend auf Tischen und Theken. Rauhe Kehlen grölten wilde Lieder. Über die Straße torkelten Betrunkene, die sinnlos ihre Revolver abfeuerten. Vor den Bordells standen pokergesichtige Rausschmeißer, unter deren Rockschößen große Revolver den Stoff aufbeulten. In der kleinen Kirche am Hügel bimmelte das Totenglöckchen. Freeman sah den Leichenkarren mit dem Episkopal-Priester zum Friedhof rollen. Dahinter ging eine gebeugte Frau, deren Arme vier kleine Kinder mit sich zogen. Leghs Bruder Fred stand vor dem Zelt des „Frontier Index".

Er bemerkte den Blick Leghs und sagte:

„Siedler. Sie kamen vor zwei Stunden her, um ein paar Vorräte zu kaufen. Einer der Burschen vom ‚König der Hügel' rempelte den Mann an. Der Siedler schlug ihn nieder. Als der Mann aus dem Warenhaus kam, feuerten fünf Burschen auf ihn. Dr. Moore zählte siebenundzwanzig Kugeln in seinem Körper."

Legh Freeman betrat das Hauszelt. Dort standen große Kisten. Druckpresse, Setzkästen und die anderen Sachen waren verpackt.

„Was soll das bedeuten, Fred?" fragte Legh scharf.

„Sie haben uns genau zwölf Stunden gegeben, zu verschwinden. Von der Freitagsausgabe habe ich kein Stück verkauft. Sie haben alle Exemplare 'rausgeholt und hinter'm Haus verbrannt. War ein schönes Feuer, Legh. Wenn wir morgen mittag noch hier sind, wird der ‚Frontier Index' zur Zielscheibe erklärt. So sieht das aus. Ich denke, wir sind fertig mit Julesburg. Die Wagen sind bereits angespannt. Ich habe nur auf dich gewartet, um aufzuladen."

„Wir packen wieder aus, Fred."

„Bist du verrückt geworden?" rief Fred Freeman.

„Um Mitternacht kommt Casement mit seinen Schwellenlegern und Holzfällern und nimmt Julesburg auf die Hörner!"
Die Freemanbrüder packten die Kisten wieder aus und legten sich dann auf die Feldbetten und warteten. Um Mitternacht brach ein Getöse los, wie die zwei Wochen alte Stadt es noch nicht erlebt hatte. Man feierte den 4. Juli. Unabhängigkeitstag. Amerika feierte die Unabhängigkeit von England und Europa. Julesburg feierte die Unabhängigkeit von der Union Pacific. Schüsse krachten. Kugeln durchschlugen die dünnen Bretterwände der Häuser und das Zelt der Freemans. Die Journalisten lagen flach auf dem Boden.

☆

Mitten in diesem Lärm war das Schnaufen und Rattern eines einfahrenden Zuges zu hören. Niemand kümmerte sich darum. Dicht vor dem Casement-Depot hielt der Zug. Fünfhundert schwerbewaffnete Männer hatten ganz genaue Befehle.
Mit dreißig Mann marschierte Jack Casement durch die Straße zum „König der Hügel".
Als die Schwingtür aufprallte und der kleine General mit gezogenem Revolver in der dichten Wolke aus Tabakrauch, Schweiß und billigem Parfüm stand, ließ der Pianospieler die Hände sinken. Hinter Casement kamen die Iren mit schußbereiten Gewehren herein.
Eine Gruppe falkenäugiger Gentlemen in neuen Anzügen wurde bleich. Aber als es bei den dreißig Männern blieb, hellten sich ihre Mienen wieder auf. Es wurde still in dem riesigen Saloon, der Kneipe, Spielhölle, Tanzsaal und Bordell in einem war.
„Hier sind heute morgen vier meiner Männer erschossen worden", hörte man die energische Stimme Casements sagen. „Die Mörder haben zehn Sekunden Zeit, sich zu stellen, um aufgehängt zu werden!"
„General", sagte ein hagerer Mann mit schwarzen Bartkoteletten. „Es wäre gut, wenn Sie sich auf das beschränken würden, für das Sie zuständig sind. Dann werden wir uns nur mit dem beschäftigen, was uns gehört, nämlich mit Julesburg."
„Ist das die Antwort, Miller?" fragte Casement.
„In diesem Haus sind hundertzwanzig schwerbewaffnete Männer, die unser Recht zu wahren wissen. Draußen in der Stadt sind es noch ein-

mal soviel, General. Also gehen Sie, oder trinken Sie mit Ihren Männern einen auf Kosten des Hauses."

„Miller, Sie wissen, daß dies Boden der Union Pacific ist, und daß hier das Gesetz der Union Pacific herrscht!"

„Ich denke, hier hat der das Recht, der stark ist", antwortete der Mann lächelnd.

„Also gut", sagte Casement. Er hob den Revolver und schoß Miller eine Kugel in den Kopf.

Der Mann brach auf der Stelle zusammen.

„Die Frauen haben drei Sekunden Zeit, in Deckung zu gehen", rief Casement in das Geschrei. Und dann kam das Kommando „Feuer!". Aus dreißig Repetiergewehren begannen Schüsse zu krachen. Nach einer Minute war der Pulverrauch so dicht, daß man die Hand nicht mehr vor Augen sah.

Als Casements Revolverschuß krachte, stürmten überall Kolonnen der Holzfäller und Schwellenleger in die Saloons und Bordelle. Wer nicht sofort die Hände hob oder zur Waffe griff, wurde auf der Stelle erschossen.

In knapp zehn Minuten war es zu Ende.

Man trug sechsundsiebzig Tote und vierunddreißig Schwerverwundete auf die Straße.

Aus einer langen Liste las Jack Casement die Namen der Männer vor, die aus der Reihe Gefesselter von zehn baumlangen Iren herausgeholt wurden, um an einem rasch zusammengezimmerten Galgen sofort gehängt zu werden.

Der Episkopal-Priester stürzte auf den strengen Mann zu und flehte händeringend: „Hören Sie auf, General! Sie können doch nicht Hunderte von Menschen umbringen!"

„Menschen, Reverend? Nein! Aber wissen Sie, wie man einer Rattenplage Herr wird? Man fängt ein Dutzend von ihnen, übergießt sie mit Petroleum und zündet sie an. Dann läßt man sie laufen."

„General, ich . . ."

„Tun Sie Ihre Pflicht!" donnerte der General. „Wer noch ein Gebet sprechen will, soll das tun. Man wird nicht von Jack Casement sagen, daß er nicht weiß, was sich gehört."

Einige der Spieler und Revolvermänner, der Straßenräuber, Taschendiebe und Rausschmeißer beteten. Andere lachten angesichts der Schlinge. Wieder andere brachen zusammen und begannen zu weinen und um ihr Leben zu flehen.
Sie wurden zuerst aufgehängt. Dann kamen die anderen. In der Zwischenzeit trieben andere Kolonnen unter Sam Reed etwa tausend Prostituierte zusammen. Sie wurden in fünf Waggons gepfercht, so, wie sie waren, die meisten halbnackt, und die Waggons wurden verschlossen. Als es schon zu Ende war, schleppten zwei Schweden einen schreienden dicken Mann mit sich.
„Was ist mit ihm?“ fragte Casement.
„Er hat Methylalkohol für Whisky verkauft. Sieben unserer Kameraden sind blind geworden, zwei sind gestorben, Boß“, sagte einer der blonden Hünen in seinem harten Englisch.
„Gnade, General!“ heulte der Mann, „Gnade!“
„Wenn du mir beweisen kannst, daß es eine Gnade ist, mit Methylalkohol vergiftet und umgebracht zu werden, dann kannst du gehen! — Macht Platz für ihn.“
„Sie sind noch nicht tot“, sagte Dr. Moore, der mit bleichem Gesicht an den zwölf Gehenkten vorüberging.
„Dann bring es zu Ende, O'Hara“, befahl Casement. Der irische Vorarbeiter zog seinen Revolver, richtete ihn auf einen der noch zuckenden Strangulierten und schoß die Trommel leer. Dann nahm man die Toten ab, und der Gastwirt wurde gehenkt.
Casement empfing die Meldungen seiner Truppführer. Die Erschossenen waren begraben. Die Gräber für die Gehenkten waren frisch ausgehoben. Die Schwerverwundeten lagen in einem Güterwagen, die Leichtverwundeten mußten sie versorgen. Die geschlechtskrankverdächtigen Prostituierten befanden sich in den transportbereiten Wagen. Bleischwere Stille lag über Julesburg.
Casement stieg auf eine Kiste und rief:
„Ich hoffe, daß das eine Lehre für alle sein wird, die glauben, so stark zu sein, daß sie selbst bestimmen, was Recht ist! Alles fertig O'Hara?“
Der Ire war ein hartgesottener Mann. Er konnte nicht sprechen. Er schluckte und nickte.

„Abmarsch!" rief Jack Casement. Die Männer bestiegen den Zug, ein schriller Pfiff ertönte, Casement rief dem gestikulierend an dem Zug entlang rennenden Priester zu: „Nun gehen Sie in Ihre Kirche und beten Sie einmal für das Seelenheil von Schuldigen, Reverend!" Eine Wolke feurigen Rauches wurde in den dunklen Nachthimmel gestoßen, und dann endete der Schrecken in langsam dahinsterbendem Rattern. Als eine Stunde später die ausländischen Journalisten mit einem Planwagen ankamen, dröhnten wieder die Orchestrions, Mädchen tanzten, knochige Finger hämmerten auf Pianotasten. Es ging nur etwas gedämpfter zu. Es wurde nicht mehr geschossen. Aber es wurde gespielt wie zuvor: jedes Spiel, das es unter der Sonne gab.

Es gab ein paar Dutzend Männer und Frauen, die in höchster Eile ihre Taschen packten und mit kleinen Wagen in die Nacht verschwanden. Als der Wagen mit den Zeitungsleuten die ersten Häuser passierte, schnupperte der Schwede. „Es riecht wie im Rohr einer frisch abgefeuerten Kanone."

☆

Drei Monate später war Julesburg eine tote Stadt. Solange die Sonne schien, war alle 30 Sekunden unter dem monotonen „Setz niiiieder!" eine Schiene gelegt worden. Der Schienenstrang wuchs den Lodge Pole Creek entlang nach Westen. Neue Schienenstädte wie Julesburg entstanden über Nacht. Sidney und Bushnell. Und sie starben, sobald sich das Ende des Schienenstranges mehr als dreißig Meilen von ihnen entfernte. Jack Casements Strafgericht wiederholte sich nicht mehr, obgleich es in jeder dieser „Hölle auf Rädern" das gleiche war:

Die Inhaber der rollenden Kneipen und Spielhöllen waren großen Ausrüstungssyndikaten in Chicago und St. Louis verpflichtet, die ihnen billigen Schnaps und alles Notwendige auf Kredit schickten. Dafür waren die Tilgungsraten so hoch und die Vertragsbedingungen so hart, daß die Saloonbesitzer ihrerseits und nach unten ein gleiches System aufzogen. Sie unterteilten ihre Etablissements in Konzessionsbezirke. Die Pächter dieser Tischbezirke zahlten hohe Pachten und Umsatzbeteiligungen. Sie wiederum verpachteten jeden Tisch und sogar jeden Stuhl an Berufsspieler gegen hohe Gebühren. Die Animiermädchen mußten 50 Prozent ihrer Tanz- und Drinkeinnahmen an den „Sektionschef" abgeben. Die Mädchen wiederum wurden von Taschendieben für regelmäßige Tips bezahlt. Die Berufsspieler hatten Verträge mit bestimmten Bordellen und „freien" Vergnügungsdamen, die vor der Stadt ihren „Rotlichtbezirk" aus Zelten unterhielten. Sie schickten ihnen Kunden und erhielten Prozente. Die Bordelle waren straff organisiert. Sie wurden von Unternehmen in Chicago und St. Louis auf das Feudalste ausgerüstet. Und auch hier funktionierte das Beteiligungssystem bis hinunter zum schmutzigsten Laufburschen. Zwar besaß jede neue Schienenstadt ein gutes Dutzend Union Pacific Marshals, die den Polizeidienst versahen, doch angesichts einer derart ineinander verwobenen Phalanx von gemeinsamen Interessen waren sie nahezu machtlos.

☆

Und während die Schienenstränge im gigantischsten Wettstreit zweier Mammut-Finanzkonzerne aus Osten und Westen sich entgegenwuchsen, verwandelten Indianeraufstände das Gebiet zwischen Missouri und Kalifornien in eine Hölle.

Ununterbrochen wurden die Landmessertrupps der Vorausabteilungen der Bahn niedergemacht, Telegraphenlinien unterbrochen, Schienenlegerkolonnen überfallen. Die Überlandkutschenlinie stellte bald den Fahrtdienst ganz ein. Die Stationen wurden von den Indianern angezündet, die Besatzungen niedergemacht. Die Armee schickte ein Regiment nach dem anderen in den Westen, um die aufständischen Stämme durch ununterbrochene Kämpfe zu binden und vom Bahnbau abzulenken.

Ganze Siedlungen entvölkerten sich über Nacht, und die Bewohner strömten zur Bahn, die von einem Infanterieregiment und vier Kompanien Kavallerie geschützt wurde. In diesen Hexentanz um Schienen und Dollars fuhren verheerende Naturkatastrophen hinein. Tornados, Sandstürme, Wolkenbrüche, elektrische Stürme. Dann kam der Winter mit klirrender Kälte, die alles Leben erstarren ließ. Auf jeder Meile blieben Gräber zurück. Mit dem Frühjahr schwollen die Flüsse an und überfluteten den Schienenstrang. Cheyenne und Laramie wurden aus dem Boden gestampft. Die Bahn hatte die Schwarzen Berge durchquert und bohrte sich durch die Medicine-Bow-Berge und die Klippen der Sierra Madre in Wyoming. Die rumorende Hölle spuckte die mörderischen Städte Sherman, Bale City, Tie Siding, Rock River und Medicine Bow aus. In Carbon wurden reiche Kohlenvorkommen gefunden. Riesige Gruben entstanden. Die Lokomotiven der Union Pacific wurden an Ort und Stelle unter abenteuerlichen Anstrengungen zu Kohlenbrennern umgebaut. Hanna reckte seine Dächer aus dem schwarzen Boden. Brownsville wurde in vier Stunden aus dem Boden gestampft. Fort Steele verwandelte sich über Nacht von einem gottverlassenen Armeeposten in ein rumorendes Sündenbabel von zehntausend Einwohnern.

53 Lokomotiven und 1100 Güterwagen rollten Tag und Nacht über die Schienen. Sechshundert Lokführer und Heizer bedienten die Züge. 350 Mechaniker reparierten, 300 Schreiner zogen in neue Werkstätten ein. Fünftausend Arbeiter legten die Schienen, tausend Holzfäller rissen ganze Wälder zu Boden. Zweitausend Bergmänner schaufelten Kohlen aus der Erde. 1200 Soldaten saßen zwanzig Stunden am Tag im Sattel. 3000 leichte Mädchen folgten dem Schienenkopf, Hunderte von Abenteurern waren in ständiger Bewegung. Die ersten Union-Pacific-Heime für unerwünschte Säuglinge entstanden.

Legh Freeman, der Pionier-Journalist, zog druckend, schießend, warnend und lobend mit seinen Planwagen hinter dem Feuerrauch her. Jedesmal, wenn er glaubte, daß eine neue Schienenstadt die schlimmste von allen sei, wurde sie von der nächsten noch übertroffen. Im Juli 1868 wuchs Benton aus dem Boden. In zwei Tagen hatte es 15 000 Einwohner. Zu spät bemerkte man, daß man abseits aller Wasserversorgung gebaut hatte. Sofort waren Geschäftemacher zur Stelle, die Profit daraus schlugen. Mit Tankwagen holten sie Wasser vom Nord-Platte-Fluß und verkauften es in Benton für 10 Cents pro Eimer. Mit grimmigen Humor bemalten sie die Tanks mit der Aufschrift „Stolperfuß-Whisky“. Wenige Tage später geschah es, daß eine fromme Mormonenfamilie auf dem Wege nach Utah durch die Stadt kam. Als eine der würdigen Matronen sah, wie die Frauen überschwappende Eimer nach Hause trugen, rief sie kreischend aus: „Diese Sünder! Seht nur, sie kaufen den Whisky eimerweise!“ Anfang Oktober war Bentons Zeit abgelaufen. Wand für Wand, Kiste für Kiste, wurde die Stadt nach Westen gefahren. Zurück blieben ein großer Friedhof, zertanzte Stökkelschuhe, Zehntausende von leeren Flaschen, Berge von Müll. Sie liegen noch heute am Highway 30 unter hüfthohem Unkraut. Der Nordwest heult über den „Stiefelhügel" wie vor 95 Jahren. Wer ein Ohr dafür hat, mag in dunklen, winddurchheulten Nächten vom Hügel her jenes „Zu schwach zum Leben! Zu schwach zum Leben!" hören, mit dem sie der Bahnbau verscharrt hat.

☆

Am 29. September 1868 berichtete Freeman im „Frontier Index":
„Für Green River City hat wieder einmal die Todesstunde geschlagen. Aufbruch nach Bear River City, der großen Eisenbahn-Wintermetropole. Der Winter und der Echo-Tunnel werden dieser Stadt wohl ein paar Wochen längeres Leben bescheren."
Am 13. Oktober lud Legh Freeman seinen „Frontier Index" von drei großen Planwagen ab und baute sein Zelt auf. In dem breiten Tal am Sulphur Creek hatte es schon ein halbes Jahr vorher eine kleine Ansiedlung gegeben. Charles Deloney, Holzhändler, hatte sich mit den Familien seiner drei Holzschläger niedergelassen. Es gab eine Poststation, ein kleines Handelshaus und einige Blockhäuser.
Als Legh Freeman sein Zelt aufschlug, ergab sich für ihn zum ersten Male in der Geschichte der Schienenstädte ein völlig ungewohntes Bild: Eine Gruppe seßhafter und ehrenwerter Bürger rieb ihre Ellenbogen mit Banditen, Spielern und Prostituierten, und sie alle warteten darauf, sich während der langen Wintermonate mit dem Geld der Union Pacific die Taschen zu füllen. Beiderseits des Schienenstrangs lebten bereits zweitausend Menschen in Zelten und Bretterbuden. Um neue Abonnenten für seine Zeitung zu werben, veröffentlichte Legh Freeman folgendes Angebot:
„Ich erkläre mich bereit, jede junge Dame, die mir sechs neue Abonnenten bringt, entweder selber auf der Stelle zu heiraten, oder ihr mit allen mir zur Verfügung stehenden Mitteln den Mann ihres Geschmacks zu besorgen. Entsprechende Blankovollmachten in dieser Hinsicht liegen bereits en masse vor. Die Auswahl ist groß."
Zwei Tage später war aus Legh Freeman ein Heiratsvermittler geworden.
Von seinem am Rande der Stadt gelegenen Zelt aus konnte Freeman

das wachsende Treiben in Bear River City beobachten: die bunt bemalten Sirenen in ihren hautengen Kleidern, Dandys mit steifen Kragen und lärmende dunkle Existenzen, die bald Banden bildeten und die ganze Stadt terrorisierten. Nach vier Tagen gab es die ersten Toten. Nach zehn Tagen war es für die Bürger lebensgefährlich, sich auf den Straßen zu zeigen. Frauen und Mädchen wurden belästigt. Von Zeit zu Zeit verschwanden die Banden, und wenig später hörte man von Postkutschenüberfällen und Straßenräubereien. Dann waren die Burschen bald wieder da und warfen trinkend und schießend mit Geld um sich. Freeman ergriff die Partei der besorgten Bürger. In seinen Artikeln brandmarkte er die haarsträubenden Zustände. Drei Wochen nach seiner Ankunft trug sein Leitartikel folgende Überschrift: „Die letzte Warnung! — Es wird Zeit, daß die anständigen Elemente von Bear River City das Recht in die eigene Hand nehmen und allen Rowdys und Mördern, die das Leben in dieser Stadt zur Hölle machen, beigebracht wird, wie sie sich zu benehmen haben."

Am Tage darauf stürmten sieben Männer in Freemans Zelt. Der Journalist nahm eine abgesägte Parkerschrotflinte vom Tisch, legte an und schoß beide Läufe ab. Alle sieben Burschen mußten weggetragen werden. Man schnitt ihnen insgesamt 288 Schrotkugeln aus der Haut.

Nun spitzten sich die Verhältnisse rapide zu. Am 11. November schlug Little Jack O'Neil einen Bürger im Weaver & Bailey-Saloon unter den Augen einer rumorenden Menge nieder, brach dem Niedergeschlagenen Rippen und Arme und beraubte ihn. Am gleichen Tage schoß Jimmy Reed einen Bürger auf der offenen Straße nieder und leerte seine Taschen. Eine Stunde später betrat Jim Powers das Haus eines anderen Bürgers, hielt dem Manne einen Revolver gegen den Leib und beraubte ihn.

Am nächsten Morgen hingen die drei Banditen an einem Telegraphenmast. An Little Jack O'Neils Hemd klebte eine Warnung: „So geht es in Zukunft jedem Banditen." Gegen Mittag des 12. November fuhr Legh Freeman mit seinem schwarzen Handkarren durch die Stadt und nagelte überall gelbe Plakate an.

„Es ist im ganzen Territorium bekannt, daß der ‚Frontier Index' immer gegen Gewalt in jeder Form war und stets dem formalen Recht den Vorzug gab. Aber wenn es einigen Dutzend Banditen gefällt, unsere friedliche Stadt in eine Hölle zu verwandeln, in der man selbst im eigenen Hause nicht mehr seines Lebens sicher ist, so gibt es hier brave Männer genug, die sich nicht scheuen, die schmutzige, aber notwendige Arbeit des Aufknüpfens zu tun, wie dies Dienstag nacht geschehen ist. Dies ist die letzte Warnung für die Führer aller Verbrecherbanden der Stadt: Wer von ihnen bis Freitag Mitternacht, den 13. November, nicht die Stadt endgültig verlassen hat, wird ohne viel Federlesens sofort aufgehängt!"

Am nächsten Tag war Bear River City ruhig. Keiner der Banditen war zu sehen. Sie hatten sich in ihre Zeltlager in den Hügeln zurückgezogen. Fünf Tage vergingen ohne Zwischenfall. Aber die Bürger der Stadt spürten förmlich das Unheil heranziehen, das sich an den Lagerfeuern vor der Stadt zusammenbraute. Am 20. November war es so weit. Gegen Mittag rannte Freemans Nachbar, Alex Topence, zum Zelthaus des „Frontier Index".

„Sie kommen, Legh! Du mußt verschwinden! Es sind über hundert. Sie haben Seile. Sie wollen dich aufhängen." Schüsse krachten. Topence warf einen Blick auf die Straße. „Sie haben den Marshal niedergeschossen und brechen das Gefängnis auf. Los, Legh, verschwinde!"

Legh Freeman warf sich auf sein ungesatteltes Pferd und jagte davon. Der Mob zertrümmerte mit Vorschlaghämmern die gesamte Einrichtung der Druckerei und zündete das Zelt an. Die Bürger liefen mit ihren Familien zu Stephen Nuckoll's Lagerhaus, verbarrikadierten Türen und Fenster und umklammerten ihre Waffen.

Sie mußten zusehen, wie ihre Häuser in Brand gesetzt wurden und alles, was sie besaßen, vor ihren Augen vernichtet wurde. Dann umzingelten die Banden das Haus und begannen, es zu beschießen. Gegen Abend, als die Kleinkinder nach Milch schrien, öffnete einer der Bürger die Tür, ein weißes Tuch in der Hand haltend, und wollte verhandeln. Von zahllosen Kugeln getroffen, brach er auf der Schwelle zusammen. Die dünnen Wände wurden von Kugeln durchbohrt. Frauen, Männer und Kinder erhielten Wunden. Sie mußten einen ganzen Tag und eine Nacht flach auf dem Boden liegen. Dann plötzlich hörte das Schießen auf, und die Belagerer zogen sich zurück.

Gegen Mittag des nächsten Tages kletterte einer der Bürger auf das Dach. Von dort oben sah er eine lange Reihe Kavallerie im langsamen Marsch das Bärental heraufziehen. Als die Patrouillen die Hügel absuchten, waren die Banden verschwunden. Der Armeearzt war den ganzen Tag damit beschäftigt, Kugeln zu entfernen und Verbände anzulegen. Der Kommandeur der Truppe aus Fort Bridger stand mit Alex Topence vor den rauchenden Trümmern des „Frontier Index".

„Von Omaha bis hierher habe ich den Weg dieses mutigen Mannes verfolgt", sagte der Offizier schwer. „Ich habe jede Ausgabe der Zeitung gesammelt. Wissen Sie, Mister Topence, man mag einmal über diese himmelschreienden Zustände und über uns Amerikaner und den Wilden Westen denken wie man will, aber wenn man das Leben von Legh Freeman kennt und seine Zeitungen an tausend Meilen Schienenstrang gelesen hat, dann kann man stolz darauf sein, Amerikaner zu sein."

„Und das ist nun das Ende", murmelte Topence bitter. „Er hat mit nichts angefangen und hört mit nichts auf!"

„Irrtum, Mister Topence. Von Legh Freeman wird man noch in hundert Jahren reden, wenn die Namen der großen Geldverdiener längst vergessen sind."

Am 5. Dezember begannen die männlichen und weiblichen Glücksritter Bear River City zu verlassen. Am 30. Dezember berichtete eine Zeitung: „Bear River City ist verlassen. Das Geschäft ist tot. Die Einwohner sind nach Evanston und Echo City gezogen."

Der Winter deckte die tote Stadt und den Haufen Asche, geschmolzene Bleitypen und ausgeglühte Teile von Freemans „Grenz-Anzeiger" zu. Man hörte von dem ruinierten Manne, der zum ersten Male in seinem Leben vor einer Gefahr davongelaufen war, nie wieder etwas.

Doch die Ausgaben seiner Zeitung werden von den amerikanischen Universitäten und staatlichen historischen Gesellschaften wie kostbare Reliquien aufbewahrt.

So wurde der amerikanische Eisenbahnbau durch Legh Freeman zu einem Stück Frühgeschichte des amerikanischen Journalismus.

VIII

Die Gladiatoren der Entfernung

„Es wird den Chinesen vorgeworfen, daß sie so tief in ihrem Aberglauben und in ihren heimatlichen Sitten verwurzelt sind, und daß sie sich nicht der geringsten Mühe unterziehen, sich zu emanzipieren. Wie kann man von ihnen verlangen, daß sie sich unter der Behandlung, die sie erfahren, anders benehmen? Was bedeutet ihnen ein Christentum, das zwar schöne Worte macht, dessen Taten aber ganz anders aussehen? Dann verehren sie schon lieber ihren alten bewährten Himmel weiter. Sie würden Idioten sein, wenn sie es unter diesen Umständen anders machten. Man mag ihnen noch so viel über die amerikanische Zivilisation, über freie und schöne Institutionen, über den Geist des Fortschritts und christliche Nächstenliebe erzählen, solange man sie wie Tiere behandelt, werden sie vor solch hochtrabenden Phrasen wenig Respekt und gar keine Achtung haben können . . .“

Aus: „Chinese Labor in the West“
in der Zeitung DESERT NEWS, Salt Lake City,
vom 26. Mai 1869

„Die schrecklichen Erfahrungen mit Nitroglyzerin haben zum Handelsverbot in Kalifornien geführt. Trotzdem schmuggeln die Bahnbauer immer wieder das Sprengöl aus dem Lande, und niemand weiß, wie vielen Chinesen es das Leben kostet.“

Rodmond Gibbons, San Francisco,
30. 1. 1867

Während die Union Pacific in der Prärie zügig vorankam, hatte die von Kalifornien nach Osten bauende „Central Pacific" in der „Sierra Nevada" eine bis in die Wolken reichende Hochgebirgskette zu überwinden, die Männern und Material das Letzte an Kraft, Phantasie, Durchhaltevermögen, Erfindergeist, Härte und Skrupellosigkeit abverlangte. Jede Meile neuen Schienenstrangs bedeutete Subventionen, Landschenkungen, Geld. Ohne Geld drohte der Bau zusammenzubrechen. In einem makabren Wettlauf mit der Zeit bohrte sich die „Central" durch die Berge. So viele Schwellen gelegt wurden, so viele Tote sind am Rande der Schienen begraben worden.

☆

„Was ist denn?" schrie Jim Strowbridge nach der dritten Sprengung. Über der vereisten Strecke stand eine riesige weiße Wolke, die sich langsam und rieselnd auf die kahlen Redwoodbäume niedersenkte. „Wo bleiben denn die beiden anderen Schüsse?"

Auf einer Schneewehe erschien die Gestalt eines gestikulierenden bärtigen Mannes.

„Kann ich fahren?" rief der Lokführer aus dem Führerhaus der Lokomotive, die im Tunnelausgang unter Dampf stand.

„Nein!" schrie Strowbridge und sprang auf. Frierend rieb er die Hände aneinander. „In Deckung, Mann! Los, gehen Sie in Deckung." Er stolperte über die freigeschaufelten Schienen nach vorne. Einer der hinter Felsbrocken stehenden Chinesen rief warnend: „Vorsicht, Boß! Zwei Schüsse viel Nitro! Ganz lange Zündschnur!"

„Was sagst du da, Ah Jim?" schrie Strowbridge. „Er hat Nitro statt Pulver genommen?"

„War kein Pulver mehr da!" rief der gestikulierende Mann und sprang vor der haushohen, gefrorenen Schneeverwehung auf die Schienen. „Da habe ich Nitro genommen. Aber Sie sehen, was das Zeug taugt. Geht einfach nicht los."

„Wieviel hast du genommen?“ rief Strowbridge im Laufen.
„Zwei Kanister.“
„Wie angewurzelt blieb Strowbridge stehen und starrte zu dem massiven Schnee-Eisblock, der auf der Strecke lag. Die drei Sprengungen hatten große Stücke aus ihm gerissen, die zum Teil in den abgeholzten Wandhang geflogen, zum Teil den Abhang hinunter in die grundlose Schlucht gestürzt waren. Der Luftdruck hatte den meterhohen Neuschnee von dem die ganze, vierhundert Meter lange Kurve bedeckenden Block hinweggefegt.
„Alles zurück!“ schrie Strowbridge, und die vierhundert Chinesen begannen zum Tunnel zu laufen.
Als der bärtige Ire bei ihm ankam und auf das Nitroglyzerin schimpfte, schlug Strowbridge eine Wolke üblen Schnapsdunstes entgegen. „Sie sind ja betrunken, Sie Schwein“, brüllte er den Mann an. „Los, zurück. Woher haben Sie den Schnaps?“
Ah Jim hörte noch das kreischende Lachen des Iren, dann gab es eine furchtbare Detonation. Die ganze Sierra Nevada schien auseinanderzubersten. Kirchturmhohe Feuerlohen schossen in den Himmel, eine riesige Wolke zerstäubten Eises verdunkelte die Sonne. Stämme von drei Meter Durchmesser auf dem Hang wurden wie Streichhölzer geknickt oder entwurzelt.
Ah Jim wurde von einer Riesenfaust in den Tunnel hineingeworfen. Dann wurde es dunkel um ihn. Als er zu sich kam, beugte sich der Heizer der Lokomotive über ihn.
„Na also, Sohn des Himmels“, sagte eine rauhe Stimme. „Um dich umzubringen, muß der Teufel auch sämtliche Großmütter mitbringen, was?“
Ah Jim, der 41jährige Kolonnenführer des Räumkommandos, hörte ein leise ersterbendes Donnern und Poltern, dann war es still.
„Was ist das?“ Er stand auf und rieb sich stöhnend die Seite.
„Eine Lawine“, murmelte der Lokführer. „Los, steig auf. Wir holen Hilfe. Der ganze Berg ist abgerutscht. Sie liegen alle darunter.“
„Alle?“ schrie Ah Jim. „Auch der Boß?“
„Der auch. Los, rauf mit dir!“

*

Drei Tage später schlug Jim Strowbridge das Auge, das ihm geblieben war, auf. Er lag im Wohnwagen seines Hauptquartierzuges, vier Meilen hinter dem Lawinenrutsch. Seine Frau stand am Fenster und gab Befehle. Das Berglager war von emsiger Hast erfüllt. Sein Blick fiel auf Charles Crocker, der vor seinem Lager erregt auf- und abmarschierte. Als Crocker sah, daß Strowbridge wach war, stürzte er auf ihn zu.
„Das hat mir gerade noch gefehlt! Wie konnte das passieren, Jim?"
„Was ... was ist mit meinem Auge?" fragte Strowbridge. Seine Frau klappte das Fenster zu und setzte sich neben ihn nieder. „Es ist ausgelaufen, Jim."
„Und was ist sonst mit mir, Jane?"
„Alles in Ordnung, Jim. Ein paar Quetschungen und Erfrierungen."
„Sie hat dich innerhalb von vier Stunden rausgebuddelt", sagte Crokker. „Sie hat zweitausend Söhne des Himmels mobilisiert. Sie hat kommandiert, als hätte sie im Leben nie was anderes getan, als Schienenleger in den Bergen anzuspitzen. Jim, versuche aufzustehen. Ich muß mit dir reden."
Jim Strowbridge brauchte zehn Minuten, dann stand er auf den Beinen. „Und die anderen?" fragte er.
„Wir haben nur elf Männer lebend retten können", sagte Jane leise.
„Dann ... dann sind über hundert — tot?"
„Ja, ja, wenn schon", rief Crocker, „Chinamänner gibt es wie Schneeflocken. Ich schicke dir noch tausend, wenn du willst. Du mußt deiner Frau beibringen, daß wir uns Schaufeln nicht erlauben können. Die Lawine muß mit Nitro gesprengt werden."
„Aber die Toten, Charlie!" rief Jane.
„Die Toten sind tot. In den Tunnels liegen achthundert von ihnen begraben, und kein Hund heult deswegen. Jim, wir haben in fünf Jahren 131 Meilen Strecke durch die Berge gebaut und dafür 32 Millionen Dollar ausgegeben. Das sind 245 000 Dollar pro Meile. Wir sind am Ende, wenn wir dieses Frühjahr nicht durch sind."
Strowbridge nahm das Gewehr von der Wand und taumelte zur Wagentür. „Der Bursche hatte Whisky getrunken", knirschte er. „Zuerst muß ich mal den Kerl erwischen, der hier Whisky verkauft."
Crocker hielt ihn fest und grinste ihn breit an. „Nicht mehr nötig. Das

hat Jane schon besorgt. Es war einer mit einem Zelt. Sie hat ihm zehn Sekunden Zeit gegeben und das Zelt samt Ladung in die Luft gesprengt."

Strowbridge drehte sich um und schaute die hagere Frau lange an. „Ich war sehr wütend, Jim", sagte sie, und Jim hing das Gewehr wieder an die Wand. Crocker drückte ihn auf das Lager zurück. „Hör zu, Jim. Die Lage ist schlimm. Deine Frau hat mir einen Vortrag gehalten, daß wir zu schnell bauen."

„Wenn man sich Zeit ließe, würden die Kosten nur ein Drittel betragen", sagte Jane.

„Wir haben soviel Zeit, wie uns die verdammte Union Pacific läßt. Sie haben fünfhundert Meilen gebaut. Wir hunderteinunddreißig. Sie haben bereits die Hälfte ihres Gebietes verkauft oder verpachtet und machen Millionen. Sie befördern auf 450 Meilen schon im Linienverkehr Personen und Güter. Und machen Millionen. Wir haben nichts verkauft und befördern nichts als unseren eigenen Kram. Jeder Bolzen muß um Kap Hoorn herumgefahren werden."

„Das weiß ich alles", brummte Strowbridge.

„Nichts weißt du. In Kalifornien und New York kauft nicht einmal ein Schuhputzer Aktien der Central Pacific mehr. Selbst wenn wir sie mit einem Zehntel des Nennwertes anbieten."

„Ich kann nicht mehr, als die Berge und meine halbe Mannschaft in die Luft sprengen."

Durch die Tür trat Ah Jim. Er lächelte freudig, als er Strowbridge so munter sah.

„Boß, müssen tausend Schaufeln und Picken bestellen. Letzte Sendung schlecht. Schnell stumpf."

„Es wird gesprengt, Ah Jim."

„Aber, Boß, die Toten!"

„Sprengen!" schrie Strowbridge.

Ergeben nickte der Chinese und verschwand.

Wenig später begannen Detonationen das riesige Tal zu erschüttern. Man sah Kolonnen vorbeitraben, die Kisten voll gefrorener Gliedmaßen wegschafften.

☆

„Ich habe eine Idee!" sagte Crocker. „Es ist die einzige Rettung, die es für die Central Pacific gibt. Wir müssen, sobald wir unten in Truckee sind, den Linienverkehr aufnehmen." Er zündete sich eine Pfeife an und begann in dem behaglich eingerichteten Wohnwagen umherzuwandern. „Du mußt ein paar Lokomotiven und Schienen 350 Meilen nach Osten schaffen und dort mit dem Bau einer Teilstrecke anfangen. Wo wir einmal sind, kann die Union Pacific nicht mehr hin!"

„Durch die Wüste, Charlie?" fragte Strowbridge.

„Durch die Wüste!" schrie Crocker. „Wir zerlegen sie. Wir verladen alles auf Hunderte von Wagen."

„Woher willst du die Pferde nehmen?"

„Und wenn ich ganz Kalifornien und Nevada auskaufen müßte, ich bringe die Pferde zusammen."

„Das ist Wahnsinn, Charlie", meinte Jane.

„Der ganze Bahnbau durch die Berge war Wahnsinn, als es anfing."

„Also gut", sagte Strowbridge. „Aber du hast hoffentlich nicht die Bestimmung in den Kreditverträgen der Regierung vergessen, daß kein Teilstück bezahlt wird, das weiter als 300 Meilen vom durchgehenden Schienenkopf entfernt ist."

„Wenn die eine Kommission schicken, ist das Schienenende keine 300 Meilen mehr entfernt."

„Wir müssen 1868 jeden Arbeitstag eine Meile legen, Jim! Mindestens eine Meile. Der Bau durch die Wüste wird gegen das, was wir hier hatten, ein Kinderspiel sein. Ihr werdet zwei Meilen, teilweise sogar drei Meilen am Tag legen können."

„Gut, Charlie. Versorge mich mit allem, und ich werde in der Hölle anfangen zu bauen."

Das war der Beginn eines Unternehmens, wie es die Welt bisher noch nicht gesehen hatte und auch niemals wieder sehen würde.

Strowbridge trieb seine 5000 chinesischen Kulis durch die letzten Meilen der Bergstrecken. Der schottische Brückenbauer Arthur Brown baute mit 2500 Chinesen Brücken über schier grundlose Schluchten, und Korrespondenten aus allen Ländern der Erde kamen und glaubten zu träumen.

James Howden pulverisierte mit seinen Nitroglyzerin-Sprengkommandos ganze Felswände und schoß einen Tunnel nach dem anderen mitten durch die Bergmassive. Hunderte der Maultierkarawanen und Planwagen, die auf der alten Postkutschenstraße das gefährliche Sprengöl transportierten, flogen in die Luft. Die Krater wurden zugeschüttet, neue Karawanen und Wagen holperten mit den Kanistern durch die Berge.

Riß die Schneeschmelze irgendeine der Brücken in die Tiefe, baute Brown in 14 Tagen eine neue. Bald wußte niemand mehr, wie viele Tote der Bahnbau kostete. Waggonweise wurden die mumifizierten Leichen von Chinesen, die der schmelzende Schnee freigab, zur Küste transportiert, um nach China gebracht und dort begraben zu werden. Bald schrieben die Zeitungen, daß im Felsengebirge pro Schwelle ein Kuli gestorben sei. Dreitausend chinesische Holzfäller schlugen die Redwoodwälder kahl. Tag und Nacht ratterten die Züge über den Donner-Paß, am Donner-See an den unkrautüberwucherten Blockhütten der unglücklichen Pioniere von 1847 vorbei.

Der Schienenstrang wurde in steilen Serpentinen aus den Bergen in die Gluthölle der Nevada-Wüste gelegt. Im April 1868 entstand am Ende des Schienenstranges die Stadt Reno, die erste Transportmetropole zwischen Nevada und Kalifornien, die die Küstenhäfen mit den Silberbergwerken und Goldgräberstädten verband. Ununterbrochen rollten schwerbeladene Güterzüge durch die Berge, von vier Lokomotiven gezogen und zwei Loks gedrückt. Die Personenwagen waren zu jeder Tages- und Nachtzeit bis auf den letzten Stehplatz besetzt. Hohe Transporttarife füllten die leeren Kassen der Central Pacific.

Von Reno aus bewegte sich ein endloser Planwagenzug nach Osten auf den großen Salzsee zu. Auf Spezialtiefladern, von jeweils hundert Pferden gezogen, wurden die 15 Tonnen schweren Lokomotiven durch den kniehohen Staub der Wüste geschafft. Durst und Hitze rafften täglich Dutzende von Chinesen dahin. Sie blieben liegen, wo sie fielen. Ein paar Schaufeln Staub und Steine darüber. Weiter. Wenn der Nachschub von Wasser nicht funktionierte, mußte man die stark alkalischen Wasserlöcher benutzen. Die Pferde bekamen aufgeblähte Bäuche und krepierten. Unbarmherzig trieb Strowbridge den gigantischen Treck auf der Spur der Donnerroute nach Osten. Und dann stand der bärtige Ire vor einem blau-weiß gestrichenen Meßpfahl, der mitten in die Wüste gerammt war. Er blickte mit dem entzündeten Auge nach Osten und hob die Hand.

Die Sonne war ein grellweißer, hitzeschleudernder Kern an einem Himmel, der wie eine lodernde Feuerkuppel über dem Land lag. Bewegung war unerträglich, Stillstand war unerträglich.

„Schwellen abladen und aufstapeln!" krächzte Strowbridge. „Schienen abladen. Bautrupp nach vorn." Er stieg vom Pferd, nahm eine Bohrstange und stieß sie gegen die granitharte kristalline Boraxkruste. „Nitro!" rief er dem irischen Sprengmeister zu. „Es soll hinten an den Türmen gelagert werden. Schlagt die Zelte auf!"

Als am Abend die Kulis Schaufeln, Hämmer und Picken zusammenlegten und sechs Tote begruben, lagen zweieinhalb Kilometer Schienenstrang, und die Lokomotiven drückten im Schein von Fackeln und Kerosinlampen Plattformwagen, beladen mit Schwellen und Schienen, nach vorne.

Die Wüstennacht senkte sich über 1200 Hauszelte. Jane Strowbridge stand auf dem Kutschbock ihres großen Conestoga-Prärieschoners und zog fröstelnd ein Halstuch über den Kopf. Sie hatte ihrem Manne den Staub aus der leeren Augenhöhle gewaschen und deutete nun nach Westen, wo sich eine ununterbrochene Kette von Lagerfeuern vom Rande der Zeltstadt quer durch die Wüste bis zum flimmernden Horizont hinzog.

„Sieh, Jim", sagte sie leise. „Ist das nicht gewaltig? — Was doch Menschen aus der Erde machen, wenn sie zu allem entschlossen sind."

„Wenn es um harte Dollars geht", verbesserte Jim mit rauher Stimme. „Es gibt keinen Mann, der dieses Amerika nur aus Idealismus auf die Hörner nimmt. Sieh diese gelben Burschen an. Generationen ihrer Vorfahren haben Forts am Yang-tse gebaut. Sie haben die chinesische Mauer gebaut. Tausende von Jahren ist ihnen für eine Handvoll Reis und getrockneter Austern der Rücken gekrümmt worden. Jetzt können sie selber bestimmen, wann gelebt und gestorben wird. Sie verdienen an einem Tage soviel Geld wie in China die ganze Familie in einem Jahr.

„Sie sind mir unheimlich, Jim. Warum haben sie in den Bergen zum Beispiel immer vor dem Essen in heißem Schneewasser gebadet?"

„Sauberkeit. Und man wird wieder frisch dadurch. Hast du nach Ah Jim gesehen?"
„Ja, ich glaube, daß er durchkommt. Er hat keinen Durchfall mehr."
„Um diesen Burschen wäre es schade. Der scheint aus Eisen zu sein. Ich lege mich hin, Jane."
„Jim?"
„Ja?"
„Du solltest vielleicht Waffen an sie ausgeben. Ist das nicht Indianergebiet?"
„Der ganze Westen ist Indianergebiet. Ein Chinese ist billiger als ein Gewehr, Jane."
„Du bist frivol, Jim! So etwas darfst du nicht sagen."
„Jane, ich werde nicht nach meiner Privatmeinung gefragt. Alles, was sich hier abspielt, drückt sich in Sacramento in den Büchern in Zahlen aus. Und da steht ein Winchestergewehr mit 12,50 Dollar und ein Chinese mit 0 Dollar auf der Liste."
„Die Union Pacific soll in schwere Kämpfe verwickelt sein und große Verluste haben, Jim."
„Nicht mehr. General Sherman hat in Fort Laramie einen Friedensvertrag mit den Stämmen geschlossen. Sie lassen die Bahn durch ihr Gebiet bauen und kriegen dafür pro Jahr und Kopf 15 Dollar in Form von Waffen und Munition."
„Ja, sind sie denn in Washington wahnsinnig geworden?" rief die Frau.
Jim zuckte die Schultern.
„Durchaus nicht. Was ihnen fehlt, holen sie sich von den Weißen. Also gibt ihnen die Regierung schlechte Gewehre und schlechte Munition. Gar nicht so unklug. Die Union Pacific hat viel Geld. Wer viel Geld hat, benutzt es, um seine fehlende Phantasie zu ersetzen. Wenn wir Schwierigkeiten mit den Indianern bekommen, wird sich Charlie Crokker was einfallen lassen, das nichts kostet."
„Jim, da kommen die Jungens wieder."
Eine Abordnung von fünfzig irischen Vorarbeitern kam zum Wagen und blieb stehen.
„Boß, wir wollen wissen, wann du endlich mal Whisky und Frauen herschaffen läßt."

„Wir haben die Taschen voll Geld, Boß. Und wir können schon gar nicht mehr sprechen, so rauh sind unsere Kehlen. Ich weiß nicht einmal mehr, wie eine Flasche aussieht."

„Die Jungens meutern. Sie belauern sich wie hungrige Wölfe. Sie müssen sich mal austoben", sagte Reverend Flannagan. „Sie bringen sich sonst noch gegenseitig um. Der Haß gegen die bescheidenen und ruhigen Chinesen wächst. Es wird bald Mord und Totschlag geben."

Jim Strowbridge sprang vom Wagen herunter und ging auf die Männer zu. Er musterte sie mit seinem funkelnden Auge eindringlich. Dann sagte er sanft: „Solange wir nicht fertig sind, wird es in den Lagern der Central Pacific keinen Alkohol und keine Frauen geben. Ihr könnt in die Städte gehen. Wenn es mal welche geben wird. Wem das nicht paßt, der kann sich seinen Lohn holen und gehen. Wir können die Union Pacific nicht mit Frauen und Whisky schlagen, sondern nur mit nüchternen Männern, die ihre ganze Kraft für den Bahnbau gebrauchen. Jungens, ich habe Amerika versprochen, zu zeigen, wozu Iren in der Lage sind! Und ich werde es ihnen zeigen! Wir werden die Union Pacific schlagen. Und wenn wir sie geschlagen haben, dann, Jungens, könnt ihr euch vollaufen lassen, bis es euch an den Ohren wieder rausläuft. Und ich werde dann auch dabeisein."

„Hipp - hipp - hipp - hurra für den Boß!" schrie einer krächzend und schoß mit dem Revolver in die Luft.

In wenigen Wochen entstand mitten in einer Wüste aus Lavagestein und Gipskrusten ein Schienenstrang ohne Anfang und ohne Ende.

Eines Tages kletterte Charles Crocker vom Bock seines Wagens, bestieg eine Lok und fuhr zu Strowbridges Hauptquartier.

Strowbridge stand vor einem frischen Grab.

„Hallo, Jim, ich habe gute Nachrichten!" rief Crocker und wischte sich den Schweiß vom Nacken. „Was ist hier los?"

„Das ist heute der vierte Tote. Klapperschlangen. Wenn man hundert von den Biestern vernichtet, kriechen zweihundert neue aus den Löchern hervor."

„Hör zu, Jim. Huntington hat es geschafft." Sie gingen zum Wagen Strowbridges, und Jane kochte Tee. „Sie sind schmal geworden, Jane", sagte Crocker.

„Die Hitze mumifiziert einen bei lebendigem Leibe, Charlie."
„Nicht mehr lange. Ihr fahrt zurück."
„Was ist mit Huntington?" fragte Strowbridge.
„Also, paß auf, Jim, die Sache sieht gut aus für die Central Pacific. Wir haben eine Karte mit der eingezeichneten Route gemacht. Die hat Huntington dem Kongreß vorgelegt. Der Kongreß hat sie geprüft und genehmigt. Und weißt du warum?"
„Weil wir hier vor die Hunde gehen."
„Genau, Jim. Es war nicht umsonst. Sie haben unsere Route bis zu einem Punkt nordöstlich vom Salzsee genehmigt. Huntington wird die zweieinhalb Millionen Vorschuß kassieren." Crocker begann zu lachen und sich auf die Schenkel zu schlagen. „Das mußt du dir vorstellen, Jim: Die Union Pacific ist von diesem Punkt, bis zu dem wir jetzt offiziell Wegerechte haben, nur noch zweihundert Meilen entfernt. Sie sollen bauen wie die Verrückten. Drei und vier Meilen am Tag. Und wir sind fünfhundert Meilen davon weg. Die Union Pacific weiß noch nichts von Huntingtons Erfolg. Ich habe erfahren, daß sie auch nicht ganz so dumm sind. Sie wollen es genauso machen wie wir."
„Teilstücke legen?"
„Nicht einmal legen, Jim, nur den Damm aufwerfen. Casement hat Sharp und Young mit vierhundert Iren in Marsch gesetzt. Sie werden ein paar Meilen östlich von unserem Endpunkt anfangen und dann nach Westen bauen."
„Charlie, das ist gefährlich", meinte Strowbridge bedächtig. „Wenn sie das tun, so geschieht es innerhalb der 300-Meilen-Grenze vom Schienenende. Wir können ganz schön auffallen."
„Wir sind sogar schon dabei, aufzufallen, Jim. Sie schicken eine Kommission her, und . . ."
„Wenn die feststellt, daß wir uns nicht an das Limit gehalten haben, ist die ganze Arbeit hier umsonst gewesen. Das hat Millionen gekostet. Wir müssen die zweieinhalb Millionen Vorschuß zurückzahlen und . . . das wäre eine Katastrophe, Charlie."
Crocker lächelte. „Sicher, Jim. Aber weißt du, wer Mitglied der Kommission ist? Jacob Blickensderfer!"
„Der hat doch für uns gebaut."

„Eben. Du mußt sofort zurück und Dampf hinter das Legen machen. Wir haben jetzt schon einen Durchschnitt von vier Meilen pro Tag. Die Kulis segeln nur so durch die Hügel. Es ist eine Pracht. Du wirst noch mehr aus ihnen herausholen."
Jim Strowbridge blickte Crocker schief an und fragte: „Wieviel Meilen müssen pro Tag gemacht werden, damit wir nicht auffliegen?"
Das Lächeln des Spekulanten fror ein.
„Acht, Jim!"
„Was? Acht Meilen pro Tag?"
„In zwei Wochen ist die Kommission da, Jim."
„Das ist unmöglich, Charlie", stieß Jane hervor.
„Alles ist möglich! Jim hat die Sierra Nevada geschafft. Jim hat die Wüste geschafft. Jim wird auch acht Meilen pro Tag schaffen. Gib den Iren Schnaps. Gib den Chinesen Opium. Gib ihnen, was sie wollen. Frauen, Saloons, alles. Ich hole den Teufel aus der Hölle für sie, wenn sie acht Meilen pro Tag legen. Nur vierzehn Tage, Jim. Nur vierzehn Tage."
„Jane, wir fahren morgen zurück. Du hast doch noch etwas auf dem Herzen, Charlie!"
Crocker nickte mit gespitzten Lippen.
„Ja, paß auf. Huntington hat mit den Mormonen in Salt Lake City verhandelt. Sie sind bereit, uns einen Korridor durch ihren Staat zu verkaufen, allerdings nur unter der Bedingung, daß Mormonenfirmen die Versorgung übernehmen."
„In Ordnung."
„Natürlich, aber es hat einen Haken. Die Union Pacific hat zugesagt, sofort mit dem Bau des Bahndamms zu beginnen. Wir bekommen den Vertrag nur, wenn wir auch anfangen. Und zwar sofort."
„Teufel noch einmal. Wir können doch nicht an drei verschiedenen Plätzen arbeiten", rief Strowbridge.
„Wir müssen, Jim, sonst bekommt die Union Pacific den Vertrag. Schick ein paar hundert Chinesen rauf. Sie sollen anfangen."
„Und was passiert, wenn die Mormonen der Union Pacific auch einen Vertrag geben?"
Crocker begann zu lächeln.

„Du kannst sicher sein, daß sie das tun werden. Und Casement wird seine Iren hinschicken und ebenfalls anfangen. Aber wir haben die Regierungsgenehmigung. Die Union Pacific schmeißt also Zeit und Geld raus. Verstehst du jetzt, Jim?"
„Donnerwetter", nun lächelte auch der ernste Strowbridge, „jetzt ist das Rennen in vollem Gange. Wir werden sie schlagen, verlaß dich darauf."

☆

Während Strowbridge zurück nach Westen zum Schienenende der Central Pacific eilte, zweitausend Chinesen Schienen durch die Humboldt-Wüste legten, zog Ah Jim mit dreihundert Chinesen und zwanzig weißen Vorarbeitern und einer langen Wagenkolonne nach Osten, überquerte die Ruby-Berge und die Pequop-Berge. Er überschritt die Grenze von Utah und durchzog das kahle Land, in dem rote Felstürme in den Himmel ragten und die Wagen in achshohem Staub versanken. Als er den Punkt erreichte, von dem aus der Bau des Bahndamms beginnen sollte, war es Nacht, und er hatte nur noch zweihundertachtundvierzig Mann.

Ah Jim ging mit Mark O'Hagarty zu den zwei Wagen, die bis ans Dach mit Schießpulver beladen waren. Feuer flackerten auf. Dann sanken die erschöpften Männer zu Boden und schliefen ein, ohne etwas gegessen zu haben. Ah Jim warf einen Blick über die vom Mond fahl beleuchtete Felsenlandschaft.

„Werden viel Pulver gebrauchen, Mark."

„Ich möchte wissen, woher wir den Schotter nehmen sollen", brummte der Ire mürrisch, „nichts als Staub und Steine."

Plötzlich stieß ihn der Chinese in die Seite. „Hören, Mark", sagte er. Irgendwo rollten Räder, Geschirrketten schepperten, heisere Rufe waren zu hören. Der Ire rannte einen mit Felsbrocken übersäten Hügel hinauf und blieb auf der Kuppe wie angewurzelt stehen. Der Hügel endete in einer riesigen Mulde, die sich im Dunkel verlor. Und dort unten rollte eine lange Kette von Wagen heran. Peitschen knallten, Hunderte von Lampen geisterten umher. Feuer wurden entzündet, und man sah, wie aus den Wagen Berge von Schaufeln, Picken und Hämmern abgeladen wurden.

„Die Union Pacific! Warte hier, Ah Jim."

„Vorsichtig sein, Mark“, warnte der Chinese. „Denken an Reno und Wadsworth.“

Der Bienenfleiß der Chinesen, ihre Besonnenheit und Bedürfnislosigkeit waren den Amerikanern nicht nur unheimlich, sondern als sie auch noch in den Bergwerken, beim Bahnbau und in den Goldgräberlagern die Weißen an Arbeitsleistung weit übertrafen, haßte man sie. In Reno hatte ein Haufen betrunkener Goldgräber ein abseits liegendes Chinesencamp bis auf den letzten Mann niedergemacht. In Wadsworth waren Hunderte von Bergleuten aus den Silberminen Virginia Citys zur Bahn gekommen und hatten den Abzug aller Chinesen gefordert. Als ein regelrechter Krieg drohte, hatten die Iren Strowbridges die Chinesen, mit denen sie selber ständig Streit hatten, herausgehauen. Dabei war Ah Jim von Mark O'Hagarty das Leben gerettet worden.

Die irischen Arbeiter von Casements Truppe sahen den staubigen O'Hagarty den Hügel herunterkommen. Nach wenigen Augenblicken kam O'Hagarty ein hochgewachsener Mann entgegen, der zwei Revolver an der Hüfte trug.

„Sharp“, sagte der Hagere, „John Sharp. Damit wir uns gleich verstehen, Mann. Als wir einmal streikten, und statt 3 Dollar 4 Dollar täglich forderten, hat die Union Pacific uns damit erpreßt, daß sie zweitausend Zopfträger für 40 Dollar im Monat einstellen würde. Wir mußten klein beigeben. Seit dieser Zeit kann keiner unserer Jungens mehr gelbe Farbe sehen.“

„Fertig?“ fragte O'Hagarty. Er nannte seinen Namen. „Ich denke, wir machen uns besser keine Schwierigkeiten.“

„Solange ihr uns nicht in die Quere kommt, wird alles in Ordnung sein“, sagte Sharp. „Ihr habt hier nichts zu suchen. Aber das soll Sache der großen Bosse sein. Jedenfalls werden wir euch und euren Zopfträgern mal zeigen, wie Bahndämme gebaut werden.“

„Schön, Sharp, wir lassen uns überraschen. Wann fangen wir an?“

„Sonnenaufgang?“

„Sonnenaufgang!“ stimmte O'Hagarty zu. Die beiden Männer kehrten in ihre Camps zurück.

Als die Sonne aufging, versammelte Sharp seine Männer und sagte: „Wir werden es ihnen zeigen, Jungens!“

Das Hurra von der anderen Seite des Hügels tönte zu den Chinesen herüber, die sich vor Mark O'Hagarty versammelt hatten.
„In zehn Tagen müssen sie nicht mehr zu sehen sein", rief Mark. „Wer schlappmacht, wird den Klapperschlangen vorgeworfen, verstanden, ihr Hundesöhne?"
Die kleinen Chinesen, von denen keiner größer als 1,50 Meter war, lächelten.
Der sinnloseste Konkurrenzkampf in der Geschichte der beiden Eisenbahngiganten begann. Der Boden war so hart, daß ununterbrochen gesprengt werden mußte. Eine endlose Wagenkolonne kam vom Salzsee in die Berge, und die Mormonen brachten Wasser, Fleisch und Schießpulver.
Das Unterbett des Bahndammes mußte aus Erde bestehen. Iren der Union Pacific und Chinesen der Central Pacific fuhren mit Wagen weite und halsbrecherische Wege, um aus trockenen Flußtälern Erde zu holen.
Eine Woche lang arbeiteten die Kolonnen, knapp hundert Meter voneinander entfernt, nebeneinander. Die Iren schufteten, daß ihnen der Schweiß nur so am Körper herunterrann. Sie zerhämmerten Bohrstangen, Picken zerbrachen in ihren Händen, der Bahndamm wuchs unter ihren Füßen nach Osten. Die Chinesen machten halb soviel Lärm, aber sie bewegten sich mit der Schnelligkeit von Ameisen. Die Iren brauchten Unmengen von Fleisch, sie aßen und tranken mit Genuß, und jedesmal ruhte die Arbeit für eine Stunde. Die Chinesen erhielten ein Gemisch aus Reis und getrockneten Austern und wurden etappenweise versorgt. Ihre Arbeit ruhte nie, eine Eßschüssel war in zwei Minuten geleert. Die Hitze schien ihren mageren Körpern nichts anzuhaben.
Von der zweiten Woche an wuchs der Bahndamm der Central Pacific schneller.
Gleich am nächsten Tage gab es den ersten Ärger.
Ah Jim rannte zu Mark O'Hagarty. „Mark, Union Pacific hat drei Erdholerjungens erschossen!" rief er.
„Was? Wo?"
„Hinten im alten Flußbett. Jungens tot, Wagen verbrannt! Erde gestohlen!"

Mark O'Hagarty schwang sich auf sein Pferd. Ah Jim saß auf einem Maultier. Als sie am Bahndamm der Iren vorbeikamen, ließen diese die Werkzeuge sinken und starrten ihnen entgegen. Wortlos ritt Mark vorbei. Das ausgetrockenete Flußbett lag auf der Seite der Central Pacific in einer Schlucht. Zwischen den verkohlten Wagen lagen drei junge Chinesen, blutüberströmt und von Kugeln durchbohrt. Ihre Zöpfe waren abgeschnitten.

O'Hagarty ritt zurück. John Sharp saß in seinem Zelt vor einem Kartentisch.

„Was gibt's?" fragte er.

„Sharp, es sind zwei Wagen verbrannt und drei meiner Jungen erschossen worden."

„So. Das waren wohl Indianer. Ich werde Wachen aufstellen lassen. Danke für den Tip, Mark."

„Ich warne Sie, Sharp. Ihr habt uns letzte Nacht Erde gestohlen. Und ihr habt die Wagen angezündet und die Kulis erschossen. Hinterrücks. Wenn Sie Krieg wollen, können Sie Krieg haben. Ab sofort wird auf jeden Union-Mann, der unsere Seite betritt, ohne Warnung geschossen, verstanden?"

„Boß, soll ich diesem Großmaul ein Loch ins Hemd schießen?" ertönte hinter O'Hagarty eine Stimme. Mark wirbelte herum, riß seinen Revolver heraus und schoß. Der große Bursche, der mit gezogener Waffe hinter ihm gestanden hatte, ließ den Colt fallen, machte ein dummes Gesicht und griff sich zögernd an den Hals. Dann brach er langsam zusammen.

Drüben auf der anderen Seite hörte man Ah Jim etwas rufen. Die Chinesen standen plötzlich mit angeschlagenen Gewehren auf dem Bahndamm.

Sharp betrachtete O'Hagarty nachdenklich. Die Iren rotteten sich zusammen. Einige bückten sich zu dem Zusammengebrochenen.

„Er ist tot, John", sagte jemand mit rauher Stimme.

Sharp nickte. „Das sehe ich. Schafft ihn weg. Packt seine Sachen zusammen, damit sie nach Cheyenne geschafft werden können. Er hat eine Schwester in Omaha, glaube ich."

„Und?" fragte ein verwegener Rotschopf wild.

„Was und? Weiterarbeiten. Ich wette mein Monatsgehalt gegen einen alten Hut, daß es bald keinen gelben Fleck mehr hier gibt."

Damit war diese Sache erledigt. Der Bahndammbau ging weiter. Nach einer weiteren Woche hatten die Chinesen eine zerklüftete Barriere von roten Felsblöcken erreicht. Stunde um Stunde hallten die Detonationen der Sprengungen über das wüste Land. Die Iren zogen mit einer Gewaltanstrengung nach.

„Haben besseren Boden als wir", sagte Ah Jim zu O'Hagarty. „Wenn dort drüben auf der gleichen Höhe sprengen, überholen uns. Warum haben Landvermesser für uns schlechten Weg abgesteckt?"

„Das mag der Teufel wissen", brummte Mark.

Wenig später erfolgten die ersten Sprengungen der Iren, denen ein wildes Geschrei folgte. Die Sprengstücke waren mitten in eine Chinesenkolonne geflogen. O'Hagarty eilte hin.

Dem ersten Mann, den er sah, waren Kopf und Brustkorb zerschmettert worden. Unter einem riesigen Felsbrocken schauten fünf Beine hervor, und der Staub darunter war rot von Blut.

„Das war kein Pulver!" murmelte O'Hagarty. „Das kann kein Pulver gewesen sein!"

Ah Jim schüttelte den Kopf.

„Nitro, Mark. Haben Nitro bekommen. Gestern nacht." O'Hagarty rannte zu Sharp hinüber. Man hörte ihn bis zu den wartenden Mormonen hin brüllen, die mit neuen Vorräten gekommen waren. Dann kam er mit wetterleuchtenden Augen zurück.

„Was gesagt?" fragte Ah Jim.

„Sie können auf ihrem Streifen soviel sprengen wie sie wollen. Wie viele sind es?"

„Siebzehn Tote, vier Verletzte. Davon einer sterben."

„Schön, wir werden es ihnen zeigen. Es geht weiter. Los, Leute, weitermachen. Ah Jim?"

„Ja, Mark?" fragte der große Chinese.

„Sie werden morgen mittag dort hinten auf dem kleinen Plateau ihr Lager aufschlagen. Und da oben verläuft unsere Strecke. Komm mit. Sechzig Männer mit Bohrmeißeln fertigmachen."

„Sechzig?" fragte Ah Jim grinsend, und Mark nickte grimmig. Genau

CENTRAL PACIFIC EISENBAHN

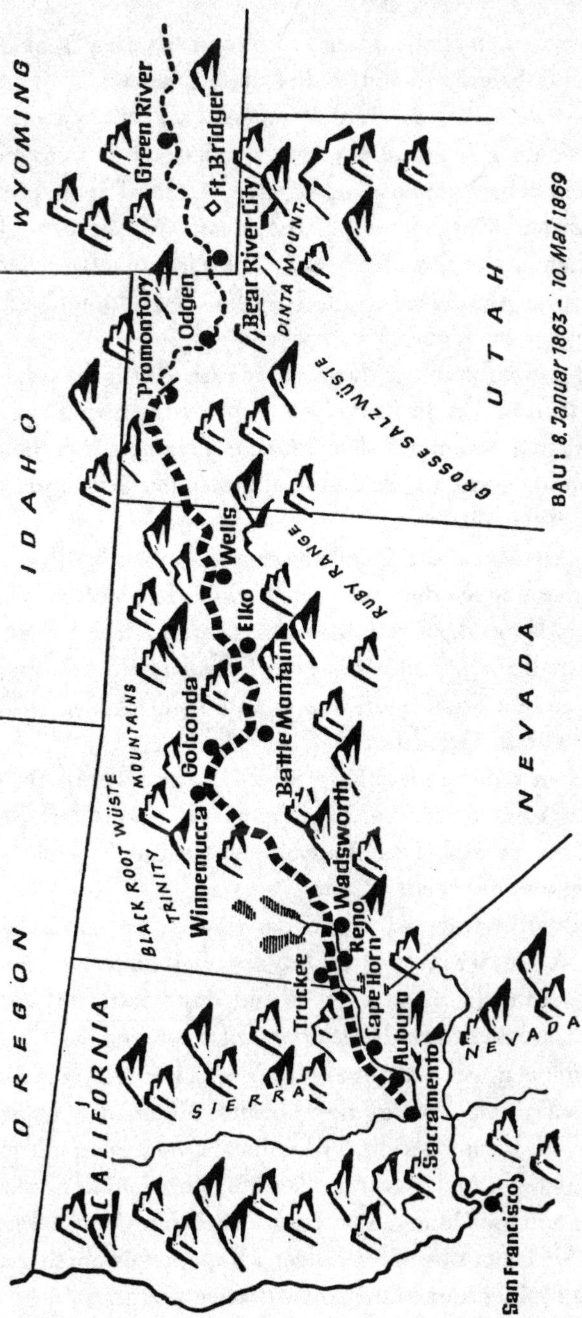

über dem kleinen Plateau ließ er hundertzwanzig Bohrlöcher schlagen und jedes Bohrloch mit fünf Kilo Pulver besetzen.“

„Du ganz Utah in die Luft sprengen, Mark“, warnte Ah Jim am Abend, als die Zündschnüre gelegt wurden.

„Sie sollen es bis zum Schienenkopf der Union Pacific hören!“

Am nächsten Morgen rollten die ersten Wagen der Union-Pacific-Mannschaft an und wurden auf dem Plateau abgestellt. O'Hagarty stand mit Ah Jim zwischen zwei Felsblöcken und beobachtete es.

„Sie bringen die ganzen Ersatzwagen hin.“

„Und alle Wassertanks, Mark“, sagte Ah Jim lächelnd. „Werden viel Durst haben, wenn du Deckel der Hölle vor ihnen aufreißt.“

Gegen Mittag waren auf dem Plateau neunzig schwerbeladene Wagen abgestellt, darunter die beiden Rollküchen der Iren und der Wagen mit den Whiskyvorräten.

Gerade, als Mark die Zündschnüre anzünden wollte, erfolgten die ersten Sprengungen der Iren. Felsbrocken, Steine, Staub, alles kam auf dem Bahndamm der Central Pacific nieder, richtete dort aber nur geringen Schaden an, weil Mark alle Chinesen heimlich abgezogen hatte. Er zündete die Schnüre an und rannte in Deckung. Drüben auf dem Plateau erscholl Gelächter.

Dann rissen sechshundert Kilo Schießpulver zwei mächtige Felstürme und eine Wand in Stücke. Eine Staubwolke von fast hundert Meter Höhe wirbelte auf. Das Plateau verschwand in einem krachenden, rollenden und berstenden Chaos.

Als alles vorbei war, gab es auf der irischen Seite kein Wasser, keinen Whisky, keine Werkzeuge und außer vier unversehrten Wagen kein einziges Rad mehr. Erst gegen Abend stand fest, daß sechsunddreißig Männer Casements zerschmettert worden waren.

Die Mormonen wendeten ihre Wagen und hetzten nach Salt Lake City zurück. Brigham Young, der oberste Hüter der Mormonenkirche, schickte Telegramme an die Union Pacific. Darin stand, was Hunderte von neugierigen Mormonen in den Hügeln sehen konnten:

Die Iren und die Chinesen hatten die Arbeit an den Bahndämmen eingestellt. Sie lagen sich mit geladenen Repetiergewehren gegenüber.

Einen Tag später kamen die Antworttelegramme.

Sharp las das seine und steckte es in die Tasche.
O'Hagarty zündete sich mit seinem Telegramm die Pfeife an. Eine Stunde später rückten beide Kolonnen ab. Die Chinesen nach Westen. Die Iren nach Osten.
Das sinnlose und blutige Intermezzo war beendet.

☆

Inzwischen hatte Strowbridge seine viertausend Chinesen dazu angefeuert, daß sie den absoluten Rekord in der Geschichte des Bahnbaus aufstellten: Von Sonnenaufgang bis Sonnenuntergang hatten sie sechzehn (!) Kilometer Schienenstrang durch die Wüste gelegt. An den anderen Tagen waren es zwischen zehn und dreizehn Kilometer. Als die Regierungskommission den Bahnbau der Central Pacific besichtigte, hatte der Schienenstrang die Schwarzfelsenwüste durchquert und die Trinity-Berge in ihrer ganzen Länge hinter sich gelassen. Winnemucca, Golconda und Battle Mountain waren entstanden. Und in atemberaubendem Tempo stürmten die kleinen, gelbhäutigen Schienenleger nach Osten, den schlammigen Humboldtfluß entlang.
„Uns wurde in Washington gesagt, daß der Schienenstrang, als Sie die Vermessungsroute einreichten, erst Reno erreicht hätte", sagte einer der Kommissare zu Charlie Crocker lächelnd.
„Verleumdung der Union Pacific, Gentlemen. Nichts als Verleumdung, nicht wahr, Jim?"
Jim Strowbridge nickte ernsthaft.
Um dem erbitterten Krieg um Meilen ein Ende zu machen, setzte der Präsident der USA als endgültigen Treffpunkt der Schienen aus Ost und West Promontory fest, einen Ort von wenigen Häusern nordöstlich des großen Salzsees.
Nun ging es nur noch um die Ehre, wer als erster diesen Punkt erreichte. Mit unverminderter Heftigkeit wuchs der Bahnbau weiter.
Als die Union Pacific den Echo-Tunnel fertigstellte, der in Wyoming begann und in Utah endete, schrieb die „Desert News" am 15. Dezember 1868:
„Vor zwei Tagen war Echo City noch ein verschlafenes Nest, das aus einem steinernen Lagerhaus, einer Telegraphenstation und zwei halb bewohnten Blockhäusern bestand. Mit einem Knall kam die Union

Pacific aus den Bergen heraus. Ich habe heute in Echo City gezählt: fünfzig Gebäude der Eisenbahn, die Verwaltung, Werkstätten, Schuppen, Lagerhallen, Schmieden, Waffenlager, Munitionslager, Kantinen etc. enthalten. Darum herum Häuser, Zelte mit Kleidergroßhändlern, Kolonialwaren, Eisenwaren, Bäckereien, Trödler, Schreiner, Kneipen, Kneipen und noch einmal Kneipen, Bordelle, Tanzhallen, Spielsäle, Whiskyhöllen, Eßhäuser, Hotels, und zwei lange Reihen von Häusern, die den umherstolzierenden Bahndamm-Nymphen gehören. Und das ist nur der Anfang. Bald wird ganz Utah ein einziges großes Babylon sein. Sie kommen, sie kommen, sie kommen!“

Ogallala-Sioux-Krieger geben Rauchsignale. Drei kurz hintereinander folgende Rauchwolken bedeuteten: Sofort angreifen! Für viele Bahnarbeiter war es das letzte, was sie sahen. (1)

„Wildwest-Prominenz". Von links nach rechts: Wild Bill Hickok, Texas-Jack Omohundro, Buffalo Bill Cody. (2)

Links: „Old Buffalo“, Mac Tavish, Büffeljäger bei der Union Pacific. Die Gesellschaft beschäftigte erfahrene Trapper, um ihre Mannschaften stets mit frischem Fleisch versorgen zu können. (3)

Unten: Büffeljägerlager in der großen Kansas-Prärie im Jahre 1874. Von dieser Gruppe überlebte nur der jüngste, ein Deutscher namens E. R. Oberwetter. Er starb 1927. (4)

Oben: Die Geburtsstunde der Baltimore-&-Ohio-Eisenbahn am 4. Juli 1828. (5)

Links: Während ein Teil der Bahnarbeiter-Mannschaft den Schienenstrang durch die Wälder legte, war ein anderer mit Gewehren im Schatten der Bäume postiert, um Angriffe abzuwehren. (6)

Meilenweit vor den Schienenlegerkolonnen arbeiteten die einsamen Bahndammleger. Die meisten Männer hatten Frauen und Kinder bei sich und waren nur durch einen Meldereiter mit der langsam vorrückenden Legermannschaft verbunden. (7)

„Camp Victor" der Central Pacific, mitten im wasserlosen Wüstengebiet. An diesem Tage des Jahres 1869 hatte die Mannschaft mehr als 16 Kilometer Schienenstrang gelegt. Stehend auf dem Plattformwagen (mit Hut und Bart) Jim Strowbridge. (8)

Nebenlinien der großen Transkontinentalbahn wurden in die Wälder Wyomings gelegt, um Nachschub an Schwellen herbeizuschaffen. (9)

Seltene Aufnahme einer Siedlerfamilie in Idaho, die 1869 ihr Blockhaus in Form einer Festung baute. Zwei Jahre später fand man an dieser Stelle nur noch verkohlte Balken, von Unkraut überwuchert. Fünf Kilometer daneben hatte ebenfalls eine Familie ein gleiches Blockhaus erbaut. Aus ihr wuchs eine der reichsten Sippen Idahos heran. (10)

General „Jack" Casement, ruhmreicher Haudegen des Bürgerkrieges, mobilisierte seine irischen „Terries" und gab ihnen Pulver, Whisky und Frauen. Wo er mit seinen „Feuerköpfen" auftauchte, war bald die Hölle los. (11)

General Casements irische „Feuerteufel" beim Essen in der Prärie. (12)

Jack Casements schwedische und bayerische Holzfäller und Flößer. (13)

Schienenstadt-Kantine 1868. (14)

Die ersten Siedler kämpften weniger gegen Indianer als gegen eine mörderische Natur: Deshalb ließen sich Hunderttausende in der Nähe der Schienen nieder. Oft wurden sie von cleveren Bahn-Managern um die Frucht ihrer Arbeit betrogen. (15)

Aufnahme einer Siedlerfamilie im amerikanischen Westen zur Zeit des großen Bahnbaues. (16)

Eine seltene Aufnahme einer irischen Schwellenlegermannschaft der Union Pacific, wenige Tage vor der Vereinigung der Schienen in Promontory, Utah, am 10. 5. 1869. (17)

„Hochzeit der Schienen", Promontory Point, Utah, 10. 5. 1869. An diesem Tage stießen die Schienenstränge der Central- und der Union Pacific zusammen. Die Manager der Gesellschaften schlugen je einen Nagel aus Gold in die beiden letzten Schwellen. (18)

Reparaturkolonne der Union Pacific im Jahre 1867 in der baumlosen Prärie. Jeder dieser rauhen Iren war nicht nur ein guter Arbeiter, sondern auch ein Meisterschütze. (19)

Nachschub für die Union Pacific mußte über endlose Strecken mit dem Planwagen herangeschafft werden. Mancher Wagen versank samt Maultiergespann und Kutscher in den reißenden Strömen. (20)

Die Royal-Gorge-Schlucht in Colorado, einziger Zufahrtsweg zum Tennessee-Paß nach Colorado hinein: zu schmal für zwei Eisenbahnlinien, zu wichtig, als daß eine der rivalisierenden Bahnlinien sie ohne Kampf aufgeben konnte. Hier die Ankunft des ersten Bauzuges der Atchison, Topeka & Santa Fé-Bahn mit der schwerbewaffneten Mannschaft, die wenige Minuten später gegen William Palmers „Todeslinie“ anrannte und schwere Verluste erlitt. (21)

Brücken wie diese wurden aus 50 bis 60 Meter hohen Stämmen in wenigen Tagen aufgerichtet; Menschenleben spielten dabei die geringste Rolle, allein die Aufgabe bestimmte Eile, Kühnheit und oftmals auch mörderischen Leichtsinn, unter denen der wahnwitzige Wettlauf mit der Zeit stattfand. Nicht selten hielten aber auch solche Brücken, die von einer Armee ungelernter Arbeiter in 8 bis 10 Tagen aufgerichtet worden waren, ein ganzes Menschenalter. (22)

Bei der Jagd nach Schienenmeilen und Millionengewinnen gab es kein Hindernis, das geeignet gewesen wäre, den Bau aufzuhalten. Hier wurde eine halsbrecherische S- Kurven-Brücke direkt an einen Abgrund gelegt. 1868 – Central Pacific. (23)

„Big Bens" erster Zug einer Linie, die am Willamette-Fluß entlang nach Oregon City verlief und das neubesiedelte Hinterland mit der Küste verband. Die Wagen waren kanariengelb gestrichen. Aufnahme aus dem Jahre 1870. (24)

Strecken, die im Winter von Schneeverwehungen bedroht waren, wurden „überbaut". (25)

In den kilometerlangen Tunnels durch das Felsengebirge im Westen kam es immer öfter vor, daß Lokführer und Heizer von Funken und vom Dampf der Lokomotive verbrannt oder durch Rauch vergiftet wurden. Die Firma Rhodes, Cuffery & Sheehan konstruierte eine Tunnel-Maske aus feuerfestem Stoff, die dem Lokführer Sauerstoff zuführte. (26)

Bis 1890 wurden die Züge von Hand gebremst. Jeder einzelne Wagen für sich. Die Bremser rannten über die Dächer und drehten an den weit herausstehenden großen Rädern, ein Job, der nicht nur Nerven, sondern sehr oft auch das Leben kostete. (27)

Während der Fahrt sortierten im Expreßwagen die Postleute Briefe, und nie waren sie sicher, ob sie ebend das Ziel erreichen würden. Lawinen, Schneeverwehungen, morsche Brücken über Abgründe, Indianer, Banditen, Tunnelfeuer, das waren die „normalen" Gefahrenquellen der Eisenbahn. (28)

Pullmanwagen 1878. (29)

Auswandererwagen dieses Typs haben wesentlich dazu beigetragen, den amerikanischen Westen zu besiedeln und die Eisenbahn rentabel zu machen. (30)

Zahnarztpraxis 1865: Mit Tretbohrern reisten die Zahnärzte jener Zeit über Land. Ihre Ankunft war ein solches „Heil“ für die Menschen, die sonst von Schmieden und Barbieren mit Geschoßzangen die Zähne aus dem Mund gebrochen bekamen, daß man aus weitem Umkreis zusammenströmte, um sich behandeln zu lassen. (31)

„Marketenderinnen des Vergnügens“; sie bewegten sich samt Kneipe, Flaschen und Stöckelschuhen, Revolver im Strumpfband, Ersparnisse im Hüftgürtel, von Schienenstadt zu Schienenstadt. Viele verkamen dabei und wurden von der Wildnis zugedeckt, manche sind heute in den Stammbäumen großer Familien zu finden. (32)

„BEST FRIEND OF CHARLESTON“: Amerikas erste Personenzuglokomotive im regelmäßigen Linienverkehr, West Point Foundry, N. Y. 1830. (33)

„MISSISSIPPI“: Die erste Lokomotive im regelmäßigen Linienverkehr zwischen Natchez nach Hamburg im Staate Mississippi, 1832. (34)

„MEMNON“ oder „Altes Kriegspferd“, Langstrecken-Lokomotive, Baldwin & Co., Baltimore, 1848. (35)

Der „Donner-Paß“ und der „Donner-See“, Schauplätze der „Donner“-Tragödie im Jahre 1846. (36)

Tragödie in der Sierra Nevada (Zeichnung eines überlebenden Augenzeugen): Die zum Tode verurteilten Familien bauen Blockhäuser am „Donner-See“ – im November 1846. (37)

Richter Isaac Charles Parker, 1894. Als „Todesrichter von Arkansas" in Fort Smith, Arkansas, ließ er viele Eisenbahnräuber hinrichten. (38)

Eisenbahnräuber Black Jack Ketchum, der Gentleman unter den Gesetzlosen, ein gebildeter und belesener Mann, der auch ein Frauenidol war. (39)

Der berühmt-berüchtigte Eisenbahnräuber SAM BASS (Mitte), der nie einen Menschen tötete, sehr weichherzig und sensibel war und Kunst und Literatur liebte, wenige Tage vor seinem Kampf mit den Texas-Rangern, bei dem seine Bande vernichtet, er selbst tödlich verwundet wurde. (40)

Der erste Eisenbahnraub der Geschichte. Die Reno-Brüder überfielen einen Zug und raubten dabei 16 000 $. Den schweren Stahlsafe warfen sie aus dem Waggon. Sie konnten ihn jedoch nicht öffnen und ließen ihn in der Prärie liegen. In ihm waren 100 000 $. (41)

Süd=Dakota

.. .. die .. ..

Reichste Kornkammer der Welt

Ein Land voll Sonnenschein

Gesundes Klima **Glückliche Menschen**

Seine fruchtbaren Felder, blühenden Städte und wachsenden Industrien laden Euch ein und bieten Euch goldene Gelegenheiten zur Existenz

Herausgegeben vom

Staatsbureau für Einwanderung

John D. Deets, Commissionär

Pierre, S. Dak.

Dieser Art waren die Zeitungsanzeigen, die die Verwaltungen der menschenhungrigen, von Indianern und Büffeln „gesäuberten“ Bundesstaaten 1881 in Deutschland veröffentlichten. Die fruchtbaren Felder bestanden aus Gras, das umgepflügt werden sollte, die Städte erwartete man von den Einwanderern, die wachsenden Industrien bestanden fast nur auf dem Papier. Tausende und aber Tausende Deutsche folgten dem Ruf des Westens der USA. Viele verdarben, viele gründeten starke Geschlechter von Amerikanern. (42)

Zeitgenössische HARPER'S Zeichnung eines typischen Eisenbahnüberfalls 1864. (43)

Chinesen-Bautrupp der Central Pacific. (44)

Ein Dampfmaschinenkessel mußte mit Maultiergespannen über halsbrecherische Bergpfade transportiert werden. (45)

In McCammon, Idaho, mündete die Oregon-Short-Line in die Union Pacific. 1888 fuhr der Oregon-Short-Line-Güterzug Nr. 998 zum ersten Mal über die fertiggestellte Strecke. (46)

IX

Raubritter des Dollars

„Die Eisenbahnen haben Gerichte und Legislatur verliederlicht und demoralisiert — sie haben die Nation um ein Imperium freien Landes beraubt, und sie werden das ganze Land mit Ruin und Leiden überziehen."

Edward Winslow Martin, „THE GRANGER MOVEMENT", 1874

„Dr. Durant ist von allen Männern, die Bilanzen und Geschäfte frisieren, unerreichter Meister. Niemand wird je aus seinen Worten herausfinden können, was er über jemand denkt. Selbst seine besten Freunde wissen nie, was er wirklich vorhat, wenn er zu ihnen spricht."

Samuel B. Reed in einem Brief an seine Frau, 1868

Credit-Mobilier-Finanzskandal

Die einmalige Situation in der Finanzgeschichte der USA: Große Eisenbahnbaufirmen gründeten die „Credit Mobilier"-Treuhand-Bankgesellschaft und übernahmen den Bau und die Vergabe von Bauaufträgen der Union Pacific. Die Gesellschafter der „Credit Mobilier" waren gleichzeitig nicht nur Direktoren der Treuhandbank, sondern auch die Vertrags-Baufirmen. Sie genehmigten sich also selbst die hohen Kostenanschläge, zahlten die Summen an sich selbst aus und genehmigten sich auch noch ihre eigenen Gehälter und Direktorentantiemen.

Gesamtbaukosten für die Union Pacific:

Hoxie-Vertrag			12.974.416,24 $
Ames-Vertrag			57.140.102,94 $
Davis-Vertrag			23.431.768,10 $
			93.546.287,28 $

Rechnungen der Baufirmen:

Hoxie-Vertrag	7.806.183,33 $		
Ames-Vertrag	27.285.141,99 $		
Davis-Vertrag	15.639.633,62 $		50.720.958,94 $
Gewinn aus den Verträgen		=	42.825.328,34 $
Selbstkosten	33.548.291,63 $		
Gewinn aus den Baufirmen		=	17.172.667,31 $
Direktorengehälter		=	1.104.000,00 $
Gesamtgewinn der Manager:		=	61.101.995,65 $

Der Gewinn für die Manager betrug also 65,5 % der Gesamtkosten!

Die Erbauer der amerikanischen Transkontinental-Eisenbahn waren keine Idealisten und völlig unbeschwert von moralischen Skrupeln und Patriotismus. Sie interessierten sich nur für Profite.
Die Regierung zahlte durchschnittlich 30 000 Dollar Subventionen pro Meile Schienenstrang. Die kalkulierten Kosten betrugen pro Meile etwa 20 000 Dollar. Zusätzlich schenkte die Regierung jeder Gesellschaft pro Meile einen Landstreifen von 20 Meilen beiderseits des Schienenstrangs. Verkauf und Verpachtung dieses Landes an der großen Verkehrsader versprachen Millionenprofite.
Da sowohl die Central Pacific, die von Sacramento aus nach Osten, wie auch die Union Pacific, die vom Osten nach Westen baute, nun um jede Meile kämpften, entstand zwangsläufig ein phantastisches Rennen der Technik, das Amerika und die ganze Welt faszinierte.
Aber, je näher sich die Schienenköpfe der beiden Giganten kamen, desto härter und skrupelloser wurden die Methoden. Durch die wahnsinnige Schnelligkeit des Baues entstanden unnötige Kosten. Aus den Kosten wurden Schulden, die die Regierungssubventionen weit überstiegen. Das Geld ging aus, und zusätzliche Millionen wurden mit phantastischen Zinssätzen von 16 bis 20 Prozent eingekauft. Bald reichten die Subventionen der Regierung gerade noch, um diese Zinsen zu decken. Und um sie decken zu können, brauchte man Meilen! Damit man Subventionen und Land bekam. Der Teufelskreis war geschlossen. Auf beiden Seiten hatten sich die Interessen zahlloser kleiner Unternehmer, bei denen das „Weitermachen“ eine Frage der nackten Existenz war, so ineinander verschmolzen, daß einfach keiner mehr aussteigen konnte. Es gab kaum einen Zweig des amerikanischen Unternehmertums, der nicht mit hohen Investitionen an die beiden Giganten gekettet war. Mit Intrigen und allen erlaubten und unerlaubten Mitteln wurde um jeden Meter Schienenstrang gerungen. Niemand interessierte sich für die zahllosen Toten, über die die Schwellen hinweggingen. Alles, was sich in den Weg stellte, wurde niedergewalzt, in die Luft gesprengt, erschossen, zerhämmert, begraben. Der Dollar war das Gesetz, der Revolver der Vollstrecker. Die Öffentlichkeit wurde mit vorgetäuschtem Idealismus narkotisiert.
Dann erreichte der Wahnsinn seinen Höhepunkt: Beide Linien began-

nen im mörderischen Kampf um die Meilen, weit den Schienenköpfen voraus, Teilstrecken zu legen. Sie bauten mitten in der Salzwüste dicht nebeneinander, sprengten sich gegenseitig in die Luft, stahlen sich kostbaren Schotter und Wasser, feuerten mit Gewehren aufeinander. Millionen versickerten mit dem Blut von chinesischen Kulis und irischen Arbeitern im Alkalistaub. Sinnlos vergeudetes Geld, sinnlos vergossenes Blut.

☆

Präsident Ulysses Grant schickte General Warren mit einer Untersuchungskommission nach Utah. Er stellte beiden Gesellschaften ein hartes Ultimatum: Entweder Einigung über einen Treffpunkt beider Schienenstränge nördlich des großen Salzsees oder Einstellung der Subventionen und Landschenkungen. Als General Warren der treibenden Kraft des wahnwitzigen Rennens, Dr. Thomas C. Durant, Vizepräsident der Union Pacific, am 9. April 1869 in der letzten Geheimkonferenz schließlich androhte, daß der Präsident der USA die Geschäftsbücher beider Gesellschaften durch einen Regierungsausschuß nachprüfen werde, kam die Einigung innerhalb von wenigen Minuten zustande. Der General packte sein Protokoll ein und verließ kühl die Sitzung.
Der Eisenwarenhändler Collis Huntington und Thomas Durant blieben als Repräsentanten beider Gesellschaften zurück.
Der schwere Huntington lächelte den hageren Durant hämisch an.
„Na, Durant, da sind Sie aber blaß geworden, als von Bücherkontrolle die Rede war." Er lehnte sich in seinem Sessel zurück und schlug die fleischigen Beine übereinander. „Durant, ich sage Ihnen, daß Sie mit Ihrem System bald auffliegen werden."
„Sie sollten sich um die Angelegenheiten Ihrer Central Pacific kümmern, Huntington", bellte Durant nervös.
„Das ist es genau, was ich tue, Durant. Sie haben Meile um Meile gefressen, während wir uns durch die Berge schießen mußten. Durch Ihr Tempo waren wir gezwungen, den ersten besten Weg zu nehmen."
Durant grinste ihn breit an.
„Niemand hat sie gezwungen, die Meilen so zu fressen wie wir, Huntington. Die Central Pacific wird in tausend Jahren ihre Schulden noch nicht abgezahlt haben. Wir hingegen arbeiten mit Gewinn."

„Sehen Sie, Durant", erklärte Huntington kühl, „das ist es, was meine Sache ist. Ich kann alles vertragen, nur nicht, wenn man mich für dumm verkauft. Sie glauben, Sie hätten alles so fein eingefädelt, daß Ihnen nichts mehr passieren kann. Aber Sie haben etwas sehr Wichtiges übersehen, mein Freund."

Durant beugte sich vor und fragte scharf:

„Und das wäre, Mister Huntington?"

„Was passiert eigentlich, wenn sich irgendein cleverer Börsenjobber in New York Aktien der Union Pacific kauft und sich wundert, daß er keine Dividende bekommt?" Huntington nippte an seinem Whiskyglas. „Dieser clevere, kleine Bursche wird eine Untersuchung der Bilanz verlangen, mein Freund."

„Die ist vollkommen in Ordnung."

„Scheinbar, Mister Durant, scheinbar. Wir werden sehen. Sie haben viele Feinde, mein Freund." Er erhob sich und streichelte über die dreifache goldene Uhrkette, die seinen mächtigen Leib überspannte, und ging zur Tür. „Sehen Sie, Durant, Sie hätten Arzt bleiben sollen. Ich bin genauso hinterm Geld her wie Sie. Aber ich habe als Kaufmann gelernt, daß Gier nur dann einträglich ist, wenn man auf den richtigen Zeitpunkt warten kann. Und vor allem: man soll sich den Mund nie voller stopfen, als er groß ist."

„Huntington, aus Ihnen spricht der blanke Neid. Ich habe Sie für einen großen Mann gehalten, der verlieren kann."

„Verlieren?" Huntington lachte glucksend. „Wir stehen sechzig Meilen vor Promontory Ridge, wo wir uns treffen werden. Sie fünfzig. Die Union Pacific hat als höchstes vier Meilen an einem Tage gebaut, wir zehn! Das nennen Sie verlieren?"

Durant blieb sitzen und zündete eine Zigarre an.

„Ich habe von diesem Märchen gehört, Huntington. Zehn Meilen pro Tag. Lächerlich. Es gibt keine bessere Mannschaft als die von General Jack Casement. Es sind die härtesten und schnellsten Schwellenleger der Welt."

„Meine Kulis schlagen sie, wie sie wollen!" rief Huntington lärmend.

„Das sollen sie beweisen! Zehn Meilen an einem Tag. Ich zahle ihnen zehntausend Dollar bar in die Hand, wenn sie uns das vormachen!"

„Gemacht! Sie werden sich wundern. In zwanzig Tagen oben auf der Promontory-Höhe, einverstanden?"
„Sie werden sich unsterblich blamieren."
„Das überlassen Sie mal Crocker und Casement." Huntington öffnete die Tür. „Sorgen Sie dafür, daß Sie das Geld bar haben, Durant."

☆

Sinnend starrte Durant dem schweren Manager der Central Pacific nach. Dann ging er zu seinem Appartement. Thomas C. Durant hatte eine ganze Zimmerflucht des Mormonenhotels gemietet. Wie es sich für einen großen Mann wie ihn gehörte. Er trug einen Gehrockanzug aus bestem englischen Stoff, eine schwerseidene Krawatte mit einer riesigen schwarzen Perle darin. Und mit ihm reiste die schöne Madame Helen Franchie, eine der edelsten Kurtisanen, die New York zu bieten gehabt hatte.
Helen lag auf einem Sofa aus rotem Plüsch. Sie war blond, vollschlank und geldgierig.
„Nun?" fragte sie ihn. „Hast du dich durchgesetzt?"
Durant ließ sich in einem der schweren Ledersessel nieder. „Helen, du kennst doch Huntington? Was ist er für ein Mann?"
„Collis Huntington? Raffiniert, hart und ein guter Liebhaber."
„Das interessiert mich nicht."
„Macht er Schwierigkeiten?"
„Wenn ich das nur wüßte", murmelte Durant und stand auf. „Er hat Andeutungen gemacht, die mir gar nicht gefallen."
„Laß ihn doch, Tom. Du bist reich, und wir werden bald heiraten."
Durant antwortete nicht. Eine halbe Stunde ging er auf und ab. Dann blieb er vor ihr stehen und sagte entschlossen: „Wir fahren sofort nach New York zurück."
„Aber Tommy, das kannst du doch nicht. Casement und Dodge wollen dich in drei Tagen sprechen. Hier, Tommy, nicht in New York."
„Der Teufel soll sie holen. Ich muß nach New York ins Hauptbüro. Ich glaube, es wird irgendeine Schweinerei passieren."
Sie lächelte ihn zweifelnd an. „Was kann dir als Vizepräsident der Union Pacific, als Direktor der Credit Mobilier Bank und Bauunter-

nehmer schon passieren, Tom. Du hast Millionen verdient, und wirst noch mehr Millionen verdienen."

„Hast du eine Ahnung", seufzte Durant. „Nun mach schon."

Während sich Helen ankleidete und mit dem Zimmermädchen das Kofferpacken besprach, stand Dr. Thomas C. Durant am Fenster und schaute über die Stadt.

Über dem rostbraunen Talkessel ballten sich dunkle Wolken zusammen. Mit einem kristallklaren Blick für große Möglichkeiten hatte sich der ehemalige Arzt schon vor sieben Jahren entschlossen, aus der Union-Pacific-Bahn sein eigenes Privatgeschäft zu machen. Er hatte den Eisenbahnbauer des Bürgerkrieges, General Grenville Dodge, einen verdienten Mann mit einem guten Namen, als Leiter des Bahnbaus in die Gesellschaft hineingeboxt. Er hatte Männer mit ehrenwerten Namen gesucht, die dem Direktorium der Union Pacific den entsprechenden Rahmen geschäftlicher Wohlanständigkeit gaben. Und er hatte sie gefunden. Als die kleinen Unternehmer, die die Bahn bauten, schon nach wenigen Meilen scheiterten und die Fortsetzung des Plans eine Frage war, ob sich ein großes Finanzkonsortium finden würde, das als bauunternehmende Vertragsfirma die finanzielle Stärke und Übersicht haben mußte, die notwendig war, stellte Durant die „Credit Mobilier of America" Bankgesellschaft und Treuhandfirma auf den Verhandlungstisch. Durants Plan war einfach:

Die Credit Mobilier erhielt als Treuhandbank der Union Pacific alle Gelder aus verkauften Aktien, staatlichen Subventionen, Hypotheken und Landverkäufen zur Verwendung für den Bahnbau. Gleichzeitig war aber die Credit Mobilier auch Großbauunternehmung, die Einzelabschnitte und Teilarbeiten an kleinere Bauunternehmer vergab. Sie legte der Union Pacific Kostenvoranschläge vor, und die Arbeiten wurden, wenn sie genehmigt waren, ausgeführt. Soweit war alles geschäftlich normal. Das ganze Geschäft hatte nur einen Haken:

Durant war Vizepräsident der Union Pacific, Generaldirektor der Credit Mobilier und Bauunternehmer. Als Bauunternehmer legte er der Credit Mobilier äußerst großzügig kalkulierte Kostenvoranschläge vor. Als Generaldirektor genehmigte er sich diese Kostenvoranschläge und legte sie, wiederum stark überhöht, der Union Pacific vor. Als Vizepräsident der Bahngesellschaft genehmigte er diese Kostenanschläge und ... verdiente Millionen, während die Union Pacific jeden Dollar, den sie einnahm, auf diese Weise sofort wieder los wurde.

Natürlich wäre ein solches Manöver als Einmannbetrieb viel zu auffällig gewesen. Durant fand eine Handvoll Männer, die mitmachten. Diese kleine Clique verschaffte sich die absolute Beherrschung der Credit Mobilier und der Union Pacific. Und nun konnte das Geldverdienen beginnen. Auf diese Weise zahlte die Union Pacific für die Meile Schienenstrang, die durchschnittlich knapp 17 000 Dollar wirkliche Kosten verursachte, rund 50 000 Dollar. Mehr als die Hälfte des gesamten Millionengeschäfts floß in die Hände der wenigen Spekulanten, während die Kassen der Union Pacific nicht nur ständig leer waren, sondern diese Männer dafür, daß sie sich die Taschen voll Geld stopften, auch noch dicke Gehälter bezogen, die sie sich selber bewilligten.

Um auch noch die letzten Verdachtsmomente zu vertuschen, wurde eine Unzahl unabhängiger kleiner Unternehmer mit Teilarbeiten — Bahndammaufschütten, Brückenbau, Tunnelbau etc. — beschäftigt. Diese Kleinen gerieten in ein erbarmungsloses Ausbeutungssystem und wurden mit Bargeld so knappgehalten, daß sie oftmals die Löhne nicht zahlen konnten. Während sie für ihre Arbeit oft kaum die Hälfte der Eigenkosten erhielten, kassierten Firmen, die den Managern gehörten, das Doppelte und Dreifache ihrer Eigenkosten.

Durant wischte sich über die Stirn. Sein perfektes System, Millionen aus dem Nichts zu stampfen, hatte jahrelang reibungslos funktioniert. Amerika blickte fasziniert auf den gigantischen Bahnbau, der für das Volk eine patriotische Tat war. Niemand interessierte sich für Finanzprobleme angesichts der Ströme von Schweiß, Blut und phantastischer Leistungen, die täglich überboten wurden.

Aber nun ging der Bahnbau dem Ende zu, und noch bevor der nationale Triumph das Land zwischen Atlantik und Pacific erschütterte, waren einige wenige schon wieder nüchtern geworden.

Durant wußte, daß die Macht des gemeinsamen Geldverdienens, das ihn und die wenigen anderen Großen auf Gedeih und Verderb zusammengeschweißt hatte, nun auseinanderbröckelte. Jeder wollte die letzten Millionen allein verdienen. Sie belauerten sich schon seit Wochen gegenseitig wie hungrige Wölfe, und jeder wußte, daß die anderen zubeißen würden, wenn einer eine Blöße zeigte. Aber keiner von ihnen rechnete mit einem kleinen, cleveren Börsenspekulanten, der das ganze gigantische Millionengeschäft zum größten Skandal der amerikanischen Geschichte machen sollte.

Als Helen fertig war, und die Koffer mit einem Pferdewagen zu dem Sonderzug gebracht wurden, eilte Durant in fliegender Hast voraus. Aber selbst, wenn er auf einer Kanonenkugel nach New York geflogen wäre, wäre er zu spät gekommen.

☆

Im Frühjahr hatte Jim Fisk, in New Yorker Börsenjobberkreisen „Jubel-Jim" genannt, ein kleines Aktienpaket der Union Pacific gekauft. Als die Union Pacific auch in diesem Jahre keine Dividende zahlen konnte, ging „Jubel-Jim" zu seinem Freund, Richter Barnard, dem Vorsitzenden des höchsten Staatsgerichts des Staates New York, und verklagte die Union Pacific. Er behauptete, daß die Credit Mobilier durch betrügerische Machenschaften alle Gewinne der Union Pacific aufzehre und dadurch die Aktionäre um ihre Erträge betrüge. Richter Barnard hörte sich die Klage an und erklärte die Union-Pacific-Eisenbahngesellschaft für bankrott! Er bestimmte seinen und „Jubilee Jims" Freund, William Tweed, zum Gerichtsvollzieher, der Fisks Forderungen einzutreiben habe.

Diese Aktionen liefen so rasch und pünktlich ab, daß „Boß" Tweed, der jüngste in diesem korrupten Triumvirat aus Richter, Beamter und Börsenspekulant, die seit Jahren eng zusammenarbeiteten, gerade noch zurecht kam, mit einem Aufgebot von Polizisten die Jahresversammlung der Union-Pacific-Aktionäre zu sprengen, bevor die Versammlung die neuen Direktoren für das kommende Jahr gewählt hatte. Als die Aktionäre nach Hause gingen und die Union-Pacific-Vorstände sprachlos die gerichtliche Bankrott- und Vollstreckungserklärung angestarrt hatten, meinte „Jubel-Jim" lächelnd zu „Boß" Tweed:

„Nun, Boß? Wetten, daß wir beide bald mit zu den Direktoren der Union Pacific gehören?"

„Klar", erwiderte „Boß" Tweed. „Es wäre doch eine Schande, wenn ein so großer Kuchen nur in so wenige Teile zerschnitten würde."

LANDSCHENKUNGEN
DER US-REGIERUNG AN DIE EISENBAHNEN 1860-1872

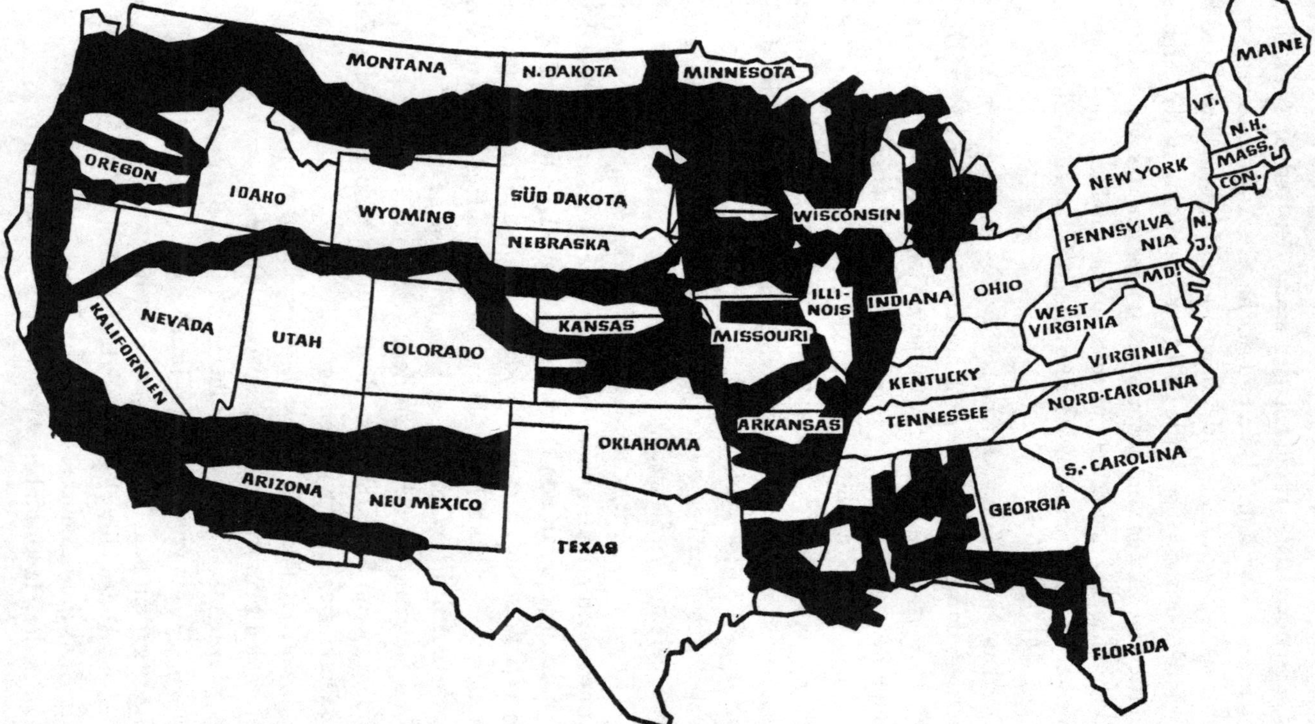

Zwei Stunden später stand Charles Tracy, der Rechtsanwalt der Union Pacific, vor Tweed und Fisk, und der hagere Anwalt sagte kalt:
„Das war ein geschickter Schachzug, meine Herren, ihnen und Richter Barnard würdig. Aber ich betrachte es als meine Ehrenaufgabe, euch Schuften die Butter von einem Brot zu nehmen, das euch nicht gehört."
„Da bin ich aber neugierig", meinte „Jubel-Jim" lächelnd.
„Sie haben vergessen, daß die Regierung Millionen in die Union Pacific gesteckt hat."
„Durchaus nicht, Tracy, durchaus nicht. Die Regierung wird es niemals zulassen, daß ihre Millionen für bankrott erklärte werden. Die Union Pacific ist ja ein nationales Abenteuer. Wir brauchen ein paar schöne, ruhige Pöstchen in der Credit Mobilier. Das ist alles."
„Solange ich der Anwalt in dieser Sache bin, wird es keine Erpressung geben", erklärte der Rechtsanwalt kalt. „Ich fahre sofort nach Washington und werde beantragen, daß das Hauptbüro der Union Pacific nach Boston verlegt wird."
„Sie vergessen, daß eine Anzahl Kongreßmitglieder ihre Finger in diesem Spiel hat", rief Tweed.
„Dann wird es Zeit, daß das zur Sprache kommt, Gentlemen! Sie machen einen grundlegenden Fehler, meine Herren: Sie übersehen, daß ich nicht der Anwalt von Durant und einigen Dunkelmännern, sondern der von Tausenden kleinen Aktionären bin, die ihre Ersparnisse in die Bahn investiert haben, weil sie an die Ehrenhaftigkeit dieses Geschäfts glauben. Auf diese Gelegenheit habe ich lange gewartet."
„Sind Sie denn verrückt geworden?" rief Fisk. „Die Union Pacific ist ruiniert, wenn Sie nicht nachgeben! Durant wird Ihnen das Fell über die Ohren ziehen. Wir wollen nur . . ."
„. . . ein paar Pöstchen, ich weiß. Aber daraus wird nichts!"
Die beiden Männer starrten dem Anwalt nach.
„Der bringt es fertig und fährt nach Washington", seufzte „Boß" Tweed. „Was machen wir jetzt, Jim?"
„Es dauert ein paar Tage, ehe er in Washington etwas erreicht, und sie alle belastenden Unterlagen wegschaffen können. Wir müssen bis dahin einen Teil des Schmutzes von ihren Westen abkratzen und haben sie dann in der Hand. Haben wir alle Vollmachten, Boß?"

„Alle, Jim. Der Richter ist mit einem Drittel beteiligt. Dafür würde er den Himmel für bankrott erklären und ihn beschlagnahmen lassen."
„Also gut, morgen früh brichst du ihren Tresor auf."
Am nächsten Morgen zog vor dem Hauptbüro der Union Pacific in der Nassau Street Nr. 20 ein Polizeiaufgebot auf.
„Um achtzugeben, daß keine belastenden Unterlagen beiseitegeschafft werden", erklärte ein bulliger Sergeant einem Angestellten. Am Mittag verklagte die Union Pacific Jim Fisk und forderte eine Million Dollar Schadenersatz. Am Nachmittag betraten „Boß" Tweed, Jim Fisk und acht mit Hammer und Meißel bewaffnete Polizisten die Räume des Hauptbüros.
„Das ist ein Verbrechen", schrie ein Abteilungsleiter erregt. „Ich werde Mister Durant benachrichtigen!"
„Der besichtigt in Utah die Harems der Mormonen", meinte Fisk lächelnd und deutete auf den schweren Tresor. „Aufbrechen!"
Während Tweed sich auf einen Stuhl setzte und genußvoll eine Zigarre rauchte, begannen die acht Polizisten, dem schweren Safe zu Leibe zu gehen. Inzwischen sammelte sich auf der Straße eine riesige Menschenmenge. Reporter kamen in die Räume, redeten, stenographierten und photographierten.
Stunde um Stunde erzitterte das Büro unter den Hammerschlägen. Schließlich hatte man ein kleines Loch in die Tür geschlagen. Aber sie war nicht zu bewegen. Man holte den Fabrikanten des Tresors. Der Mann schüttelte den Kopf.
„Auf diese Weise brauchen Sie mindestens vier Tage, um ihn aufzumachen", sagte er.
„Und wenn wir zehn Jahre dazu brauchen", knurrte Tweed. „Er wird aufgemacht, verlassen Sie sich drauf."
Mitten in der Nacht kam ein anderer Anwalt der Union Pacific. Tweed warf ihn zur Tür hinaus.
Die Nacht ging vorüber. Die Meißelschläger wurden abgelöst. Als die neue Mannschaft gegen Abend wieder abgelöst wurde, saß Tweed immer noch auf seinem Stuhl und rauchte.
„Na", fragte er den Telegraphisten der Union Pacific höhnisch, „und wo bleibt ihr Mister Durant?"

Der schmächtige Mann schwieg und wechselte rasche Blicke mit den übrigen Angestellten. Sie hatten sich in der Zwischenzeit bewaffnet. Im gleichen Augenblick, an dem der Safe offen sein würde, ging es nur noch darum, den Inhalt zu retten. Und das würden sie versuchen.

☆

Thomas Durants Sonderzug, der nur aus einer Schnellzuglokomotive und einem komfortablen Pullmanwagen bestand, wurde in Odgen aufgehalten. Als Durant das Telegramm las, wurde er bleich bis an die Haarwurzeln.

Zwanzig Meilen weiter war ein Wasserturm. Dort füllte die Maschine Wasser auf. Plötzlich stand ein halbes Dutzend bärtiger Männer in Durants Wagen auf dem blauen Veloursteppich.

„Was gibt's?“ rief Durant nervös.

„Doktor Durant, wir haben noch den Lohn von vier Wochen zu bekommen. Er ist uns genau dreimal versprochen worden. Jetzt ist unsere Geduld am Ende“, sagte einer von ihnen. „Die Maschine ist von uns besetzt. Sie werden auf ein Nebengleis geschoben und warten dort, bis wir unseren Lohn haben.“

Durant tobte und schrie und versuchte den einfachen Männern klarzumachen, worum es ging. Aber die Leute schüttelten nur ihre Köpfe. Sie hatten gearbeitet und verlangten ihren Lohn dafür. Nichts anderes interessierte sie. Nach vier Stunden tauchte endlich ein Ingenieur auf. Durant bestürmte ihn, und der hochgewachsene Techniker wiegte den Kopf.

„Ich will es versuchen, Mister Durant. Garantieren kann ich für nichts.“

Nach einer halben Stunde kam er wieder.

„In Ordnung. Sie können fahren, wenn Sie versprechen, das Geld sofort zu schicken.“

„Natürlich, sofort. Ich werde es in New York unverzüglich anweisen lassen.“ „Genau dreizehntausendfünfhundert, Doktor“, mahnte der Ingenieur. „Diesmal lassen wir uns nicht mehr gefallen, gedrückt zu werden. Und noch eins, Doktor: Wir wissen, daß Sie hinter diesen Methoden stecken und den kleinen Kontraktoren den Hals zuhalten. Wenn Sie Ihr Wort brechen, werden wir Sie persönlich dafür zur Verantwortung ziehen. Und Sie brauchen sich nur meine Männer genau anzusehen,

dann wissen Sie, was Ihnen dann bevorsteht! So, und jetzt versuchen Sie, Ihr korruptes Geschäft zu retten!"
„Der könnte mir gefallen", flötete Helen hinter dem breitschultrigen Mann her, der vor ihr höflich den Hut gezogen, den Revolvergürtel zurechtgerückt hatte und gegangen war. „Ein richtiger Mann, dieser Ingenieur, findest du nicht auch, Tom?"
Aber Durant hatte andere Sorgen. Als er in New York ankam, stürmte er zur Nassau Street, rannte ins Haus und stand vor „Boß" Tweed. Noch immer hämmerten die Männer am Tresor herum. Zwei Tage und zwei Nächte hatten gerade dazu gereicht, ein faustgroßes Loch in den Tresor zu schlagen.
Angesichts der Gefahr wurde Durant wieder eiskalt. Er gab „Boß" Tweed Feuer für seine Zigarre, empfing einen stillen Wink von einem der Angestellten und sagte: „Ich hoffe, daß Sie sich darüber im klaren sind, was Sie tun, Tweed. Wie hoch ist Fisks Forderung?"
„Viertausendzweihundert Dollar, Mister Durant."
Durant zückte seine Brieftasche, zählte den Betrag ab und legte ihn in Tweeds Schoß.
„Damit ist für Sie als Gerichtsvollzieher der Fall erledigt. Geben Sie mir eine Quittung und verschwinden Sie!"
Tweed schüttelte lächelnd den Kopf.
„Bringen Sie das Geld morgen früh in mein Büro, Mister Durant."
„Verstehe, Tweed. Sie weigern sich also, Ihre Amtspflicht zu erfüllen."
„Beschweren Sie sich bei Richter Barnard", sagte Tweed.
„Ich habe Ihnen unter Zeugen das Geld gegeben. Sie haben kein Recht mehr, in den Räumen der Union Pacific Zerstörungen anzurichten. Mister Brown?"
Einer der Angestellten hob den Kopf.
„Mister Durant?"
„Sind unsere Leute bewaffnet?"
„Ja, Sir."
„Lassen Sie sie sich aufstellen."
„Sehr wohl, Sir. Alle Posten sind bereits besetzt. Wenn Sie es befehlen, wird geschossen!" Die Polizisten am Tresor hielten mit der Arbeit inne und starrten auf die Revolver in den Händen der Angestellten.

„Das wird eine Massenhinrichtung geben", sagte „Boß" Tweed zu Brown hinüber. „Mord an Polizisten. Ihr solltet euch überlegen, ob ihr für diesen Mann soviel riskieren wollt. Sergeant, holen Sie eine Hundertschaft Bereitschaftspolizei und zwei Gefängniswagen. Ich werde Anklage wegen Bedrohung erstatten. Ihr könnt euch dann im Gefängnis überlegen, ob ein Hungerlohn von sechzig Dollar im Monat wert ist, sich gegen das Gesetz zu stemmen."

„Das Ding ist auf", sagte einer der Polizisten plötzlich und sprang zur Seite. Die schwere Tresortür öffnete sich ächzend. Aktenberge wurden sichtbar. Wie auf ein Kommando stürzten sich die Angestellten auf die Polizisten und verwickelten sie blitzschnell in ein Handgemenge. Innerhalb von zwei Minuten waren Säcke mit Akten vollgestopft, vier Männer eilten davon und entkamen im allgemeinen Tumult. Vier Stunden später befanden sich bereits die Akten in New Jersey und waren vor dem Zugriff des New Yorker Gerichts sicher. Durch einen Sprung durchs Fenster entkam Thomas Durant den Polizisten, die ihn festnehmen wollten.

Als er in Sicherheit war, wußte er, daß der Skandal um die Credit Mobilier nicht mehr aufzuhalten war. Zuviel Staub war aufgewirbelt worden. Zwei Tage später kehrte Rechtsanwalt Charles Tracy aus Washington zurück. Er fand Durant und das Hauptbüro der Union Pacific in Boston. „Der Kongreß hat beschlossen, eine Untersuchung der Beziehungen zwischen der Credit Mobilier und der Union Pacific einzuleiten, Mister Durant", sagte er und konnte seine Befriedigung nur schwer verbergen.

„Der Kongreß?" erwiderte Durant müde. „Und wer leitet die Untersuchung? Das Komitee für die Transkontinentalbahn?"

„Dazu hat sich Senator Stewart geäußert, Mister Durant. Ich habe es mir aufgeschrieben. Er sagte folgendes: ‚Ich habe die Behauptung gehört, daß leitende Mitglieder des Kongresses, Mitglieder des Transkontinentalbahn-Komitees dieses Hauses, nicht nur der Union Pacific, sondern auch der Credit-Mobilier-Gesellschaft angehören und Empfänger enormer Dividenden sein sollen, und ich habe niemand gehört, der dem widersprochen hätte. Dieser Fisk mag ein großer Schuft sein, und es mag ebenso sein, daß Richter Barnard über ein ziemlich korruptes

Gericht präsidiert, aber wenn die Credit Mobilier wie ein Schwamm allen Profit in sich aufsaugt, so muß der Kongreß die Sache untersuchen und diesem korrupten Spiel ein Ende bereiten.'" Tracy schwieg einen Augenblick und schaute Dr. Durant an. „Das ist noch nicht alles, Mister Durant", sagte er.

„So, was denn noch?"

„Präsident Grant hat sein Einverständnis zu dem zwischen der Union Pacific und der Central Pacific am 9. April geschlossenen Vergleich von einer Bedingung abhängig gemacht."

„Davon hat General Warren nichts gesagt."

„General Warren waren zu dieser Zeit auch noch nicht Dinge bekannt, die seit einigen Tagen ganz Amerika weiß."

„Was weiß denn Amerika?" schrie Durant. „Was denn, zum Teufel? Daß die Fertigstellung der Bahn für 1876 geplant war, und daß ich der Mann bin, der sie sieben Jahre früher fertiggebaut hat! Das weiß Amerika! Glauben Sie denn oder irgend jemand sonst, daß es in beiden Gesellschaften auch nur einen Mann gibt, der sich in dieses Abenteuer gestürzt hat, weil er aus Langeweile oder aus Patriotismus einfach nichts anderes mehr zu tun hatte?"

„Nein, Mister Durant, das wird niemand, der die verantwortlichen Männer kennt, glauben."

„Also gut, was ist das für eine Bedingung?"

„Ich darf sie vorlesen, wenn Sie erlauben."

„Nun machen Sie schon."

Und Tracy las: „Der Generalstaatsanwalt ist berechtigt, die Geschäftspraktiken beider Gesellschaften zu untersuchen und festzustellen, ob Anklage wegen Betrugs zu erheben ist und ob illegale Dividenden und Zuwendungen gezahlt worden sind, oder ob Vermittler oder Angestellte die Strafgesetze übertreten haben."

„Fein! Sehr fein!" rief Durant. „So ist es richtig! Jetzt ist die Bahn gebaut, das Unmögliche möglich gemacht, jetzt hat Amerika seinen nationalen Triumph, und jetzt sollen die Männer, die ihre Haut riskiert haben, auch noch angeklagt werden. Ich will Ihnen was sagen, mein lieber Freund: Wir haben Millionen gemacht. Das ist richtig. Und wir haben sie natürlich gerne und gründlich gemacht. Wir haben aber nicht nur die Millionen gewonnen, sondern auch ebensogut Millionen Schulden riskiert. Hätte der Präsident, wenn wir nun Millionen Schulden hätten, auch eingegriffen und sie aus dem Staatssäckel bezahlt? Nein! Also geht es ihn auch nichts an, wenn wir Profit gemacht haben. Die Regierung hat ihre Subventionen gezahlt. Sie hat sie der Central gezahlt, und die Central hat Schulden bis über die Ohren. Keiner sagt was. Niemand beschwert sich. Wir haben anders gewirtschaftet. Und das gefällt einigen Leuten nicht. Ich sage Ihnen, daß die Central und Huntington hinter diesen ganzen Intrigen stecken. Niemand sonst als Huntington, dieser schäbige Eisenwarenhändler."

„Mister Durant, als Anwalt der Union Pacific steht mir natürlich eine Kritik nicht zu", sagte Tracy langsam, „aber wenn Sie mich fragen . . ."

„Der Teufel fragt Sie!" schrie Durant.

Der Anwalt ging, und Durant wußte, daß nun innerhalb der wankenden Credit Mobilier und der Union-Pacific-Magnaten das Spiel um den Schwarzen Peter beginnen würde. Alle würden versuchen, ihn ihm zuzuschieben. Und er wußte, daß sein genialer Plan an einem geldgierigen kleinen Börsenjobber gescheitert war. Kurz vor der Vollendung. Der größte Skandal der amerikanischen Finanzgeschichte stand bevor. Aber eines wollte sich Durant noch gönnen: Er wollte sehen, wie die Central Pacific und Mister Collis Huntington sich vor ganz Amerika blamierten.

Zehn Meilen Schienenstrang an einem Tag. Und das mitten durch eine wasserlose, glühende Wüste, in der das Atmen allein schon eine unerträgliche Qual war.

☆

Durant berief eine Pressekonferenz ein und machte seine Wette mit Collis Huntington publik. Dann schlug er die Tür seines Sonderzuges hinter sich zu und ließ sich wieder in den Westen fahren.

Es war der 26. April 1869. Am 29. April sollte es beginnen. Zehn Meilen an einem Tag!

Und am 10. Mai sollte die Vereinigung der beiden Schienenstränge stattfinden.

Diesmal fuhr Dr. Thomas C. Durant ohne seine Kurtisane nach Utah. Helen hatte nicht mehr vom Heiraten gesprochen. Helen hatte Migräne

und sah sehr gelangweilt aus. Die Ratten verließen das sinkende Schiff. Der Spekulant ballte die Fäuste und trank mit dem Schaffner, der ihn in seinem Pullmanwagen bediente, roten Sekt aus Frankreich.
„Sollst nicht leben wie ein Hund", rief er betrunken. Dr. Durant hatte um Millionen spekuliert und mit Tausenden Menschenschicksalen gespielt. Und wenn man schon verlor, so mit rotem Sekt aus der Normandie.
Kurz vor Odgen, als die Lokomotive Wasser tankte, zersplitterten plötzlich die Scheiben des Wagens. Draußen ertönten rauhe Männerstimmen. Bärtige Burschen betraten den Wagen, in dem sich außer Durant noch einige Offizielle der Union Pacific und Reporter befanden. Die Bahnarbeiter hielten Gewehre in den Händen.
„Was soll das heißen?" schrie Durant sie an.
„Einen kleinen Aufenthalt, Mister Durant", sagte einer der Männer, während draußen der Wagen abgehängt wurde. „Sie haben uns versprochen, daß wir unseren Monatslohn bekommen. Wir haben ihn nicht erhalten. Jetzt bleiben Sie solange hier, bis das Geld da ist."
Die Reporter begannen zu schreiben. Durant ballte die Fäuste. Er ließ sich in seinem Sessel zurücksinken und dachte darüber nach, daß es meistens die kleinen Zufälle und Unberechenbarkeiten sind, die einen Großen zu Fall bringen.

☆

Als die Sonne am 29. April 1869 über dem Hügelplateau der Promontory-Vorberge aufging, war Jim Strowbridge mit seiner Organisation fertig. Fünfhundert chinesische Kulis, Unmengen von Schwellen, Schienen, Bolzen, Flanschen lagen bereit. Acht riesige irische Schienenträger warteten. Eine große Menschenmenge war versammelt. Reporter aus Amerika und Europa hatten Tribünen gebaut.
Abordnungen der Union Pacific standen steif und würdig da und sagten kein Wort.
Punkt sieben Uhr pfiff Jim Strowbridge auf seiner Trillerpfeife und das Rennen begann.
„Noch nie hat die Welt eine solch straff organisierte Arbeitskolonne gesehen", schrieb ein Reporter, „alles vollzog sich mit militärischer Exaktheit."

Die Chinesen rannten im Laufschritt und bewegten das gewaltige Depot Meile um Meile hinter den Iren her. Diese acht Iren hoben mit maschinenmäßiger Gleichmäßigkeit 60 Meter Schienen in 107 Sekunden auf die gelegten Schwellen. Auf dem Fuße folgten die Nagelschläger mit ihren Hämmern, dann die Laschenzieher. Nicht ein einziger falscher Schritt wurde getan. Gegen Mittag, als Mr. Durant auf einem schaumbedeckten Pferd die Szene erreichte, hatten die Iren sechs Meilen Strecke gelegt. Und genau sechs Meilen Telegraphenleitung waren ebenfalls fertig verlegt worden. Punkt 13.30 Uhr blies Strowbridge zum Mittagessen. Und, man mag es glauben oder nicht, die 848 Männer und 41 Pferdegespanne machten eine volle Stunde Mittagspause. Dann ging es weiter. Punkt sieben Uhr am Abend schoß Strowbridge unter dem Jubel der Menge seinen Revolver zum Zeichen der Beendigung des Rennens ab. Zehn Meilen und 200 Yards (16 Kilometer und 200 Meter) fertigen Schienenstranges waren gelegt worden. Die Schwellenleger hatten in zwölf Stunden 25 800 Schwellen gelegt, die irischen Schienenleger mehr als 2 Millionen Pfund Schienen gehoben und getragen, 3520 Schienen, die Nagelschläger hatten mehr als 55 000 Spikes festgeschlagen, und die Laschenzieher 7040 Laschen angeschraubt und 14 000 Bolzen vernietet. Am Schienenstrang entlang hatten 41 Wagen ununterbrochen Wasser gefahren, und schon zehn Minuten nach sieben jagte ein schwerer Güterzug mit siebzig Stundenkilometer Geschwindigkeit über die neue Strecke, um zu beweisen, daß sie gut und solide sei. Das ist ein Weltrekord im Bahnbau, den so leicht niemand nachmachen wird.“

Dieser Weltrekord ist bis auf den heutigen Tag noch nicht gebrochen!

Zehn Tage später fand die „Hochzeit der Schienen“ statt. Die beiden Lokomotiven der Central Pacific und der Union Pacific fuhren aufeinander zu. Thomas C. Durant trieb für die Union Pacific, und Leland Stanford für die Central Pacific je einen Nagel aus purem Gold in die Schwellen.

Und dann verursachte ein einziges simples Wort einen Freudentaumel in ganz Amerika, der nicht seinesgleichen in der Geschichte des Landes hatte:

„Fertig!“ rief Leland Stanford.

Präsident Grant empfing ein Telegramm mit diesem Wort im Weißen Haus. In Chicago formierte sich eine sieben Kilometer lange Triumphparade. In Philadelphia läutete in der Unabhängigkeitshalle die Freiheitsglocke. In der New Yorker Trinity-Kirche sangen Hunderte das „Tedeum". In San Francisco und Sacramento tanzten Tausende zwei Tage und Nächte lang auf den Straßen. In den Goldgräberstädten fielen sich Todfeinde um den Hals und feierten Versöhnung, und in San Antonio, dem Sammelpunkt der riesigen texanischen Viehherden, die seit 1866 nach Norden getrieben worden waren, um Texas vor einer Hungerkatastrophe zu bewahren, schossen Tausende halbwilder Cowboys ihre Revolver ab und ließen die Eisenbahn hochleben, die nicht nur zwei Ozeane miteinander verbunden hatte, sondern ohne die die besiegten Südstaaten wahrscheinlich in einer schrecklichen Katastrophe versunken wären.

Auch hier hatte es, wie beim Bau der Transkontinentalbahn, mit dem Idealismus und der Tatkraft eines Mannes begonnen, der von dem phantastischen Projekt eines Viehverladebahnhofes mitten in der Prärie sprach, der, mitten in einer wasser- und baumlosen Steppe, ein feudales Hotel errichten und den texanischen Cowboys den größten Rummelplatz der Erde bieten wollte.

X

Abilene, Prärie-Supermarkt

„Nachdem es bei den Viehzüchtern nichts mehr herauszuholen gab, raubten die Eisenbahnen ihre eigenen Partner aus."

CHICAGO DAILY NEWS vom 26. Juli 1877

Als 1865 der Bürgerkrieg zwischen den Nord- und den Südstaaten mit der totalen Niederlage des Südens endete, stand der vor dem Kriege reiche Süden vor dem wirtschaftlichen Bankrott.

Dieser Krieg war offiziell um die Freiheit der Negersklaven geführt worden. Aber inoffiziell ging es dabei weniger um die Millionen Sklaven, die das Rückgrat der riesigen Agrarwirtschaft des Südens bildeten, sondern um die riesigen Territorien des unbesiedelten Westens.

Sowohl der Norden als auch der Süden hatten erkannt, daß diese gigantischen Gebiete ungeheure wirtschaftliche Möglichkeiten boten. Deshalb trieben sowohl der Norden als auch der Süden ihre Besiedlungskeile mit immer größerer Vehemenz nach Westen. Für die Anhänger der Sklaverei bedeuteten die zahlreichen Indianerstämme ein riesenhaftes Reservoir an zukünftigen billigen Sklaven und neue große Gebiete, in denen die Feudalherren aus Texas, Virginia, Louisiana etc. neue gigantische Besitztümer errichten konnten. Für die Sklavenhändler ergaben sich daraus ungeahnte geschäftliche Möglichkeiten, Millionen neuer schwarzer Sklaven ins Land zu führen und zu verkaufen. Der Norden hingegen wollte nicht die Agrar-, sondern die industriellen Schätze der westlichen Territorien ausbeuten. Er besaß keine Sklaven und sah nun seine kommende Herrschaft in diesen Territorien gefährdet. Deshalb bedeutete für den Norden und für das technische Zeitalter, das er repräsentierte, die endgültige Lösung der Sklavenfrage eine absolute Lebensnotwendigkeit.

Eine friedliche Lösung auf dem Verhandlungswege gab es angesichts dieser lebenswichtigen Interessen nicht.

Der blutige Bürgerkrieg wurde also im Grunde nicht geführt, weil der Norden die Negersklaven in den Südstaaten befreien wollte, sondern einzig und allein um die Vorherrschaft in den Gebieten des Wilden Westens. Und darum, ob die zukünftigen Vereinigten Staaten von der Industrie und ihrer Lebensform des technischen Standardzeitalters oder

von der Landwirtschaft und einem alteuropäischen Feudalsystem beherrscht werden sollten.
Der Bürgerkrieg endete mit dem totalen Zusammenbruch des Südens. In den Materialschlachten war der patriarchalische Fürstenstolz des Südens im Feuer der Kriegsindustrie des Nordens zu Asche verbrannt worden. Das Schicksal der USA hatte sich entschieden: Alle jene gewaltigen Kräfte der unbesiedelten westlichen Territorien standen dem atemberaubenden technischen Fortschritt zur Verfügung. Es würde keine schwarzen, roten und gelben Sklaven geben. Die Feudalherrschaft wurde von der Demokratie abgelöst. Die Landwirtschaft mußte sich den Prinzipien industrieller Planwirtschaft beugen. Die Zukunft Amerikas und der Welt begann.
Aber noch standen die Menschenrechte und die demokratischen Gesetze nur auf dem Papier, das in Form von Gesetzesbüchern von vereinzelten Männern in ein Land getragen wurde, in dem Faustrecht und Gewalt herrschten. Der „Wilde Westen" war ein brodelnder Kessel der Leidenschaften, in dem Profitgier mit Humanität, Haß und Primitivität gegen Glauben und Geist, in dem jeder gegen jeden kämpfte.
Das Vordringen der Eisenbahnen beschleunigte den Vorgang der Zivilisierung. Der Schienenweg hob die Gesetze der Wildnis weitgehend durch seinen raschen Anschluß an Gesetz und Vollstreckung auf. Er beschleunigte die Besiedlung und schaffte den wirtschaftlichen Unterbau für neue ökonomische Möglichkeiten.
Der Krieg, der bis zur totalen industriellen, wirtschaftlichen und menschlichen Erschöpfung geführt worden war, hatte die Substanz des Südens aufgezehrt. Was zwischen den von den Armeen ausgeplünderten Agrargebieten und den schwelenden Trümmern der Städte und Feudalbesitze übriggeblieben war, fiel gewissenlosen Geschäftemachern in die Hände, die den Süden bis aufs Blut ausbeuteten. Die Armee schickte Negerregimenter zum Schutz dieser Ausbeutung nach Süden. Die Armee unterstützte die Millionen umherziehender freier Sklaven, die mit ihrer Freiheit nichts zu beginnen wußten. Überall entbrannten blutige Kämpfe um die simpelsten Fragen der Existenz und persönlichen Ehre. Der Haß gegen die schwarzen Bürger nahm unerträgliche Ausmaße an, und eine vollkommen hilflose Militärver-

waltung, die die Rassenschranken mit Pulver und Blei niederzukämpfen versuchte, verstärkte den Rassenhaß ins Maßlose.
Während der industrialisierte Norden von einer Hungersnot bedroht war und von den Schlachthäusern in Chikago und New York phantastische Preise für Fleisch gezahlt wurden, quollen die Fleischtöpfe von Texas über.
In den Kriegsjahren waren die Herden der 350 000 Longhorn-Rinder unbeaufsichtigt in riesige Wildnisgebiete abgewandert. Dort hatten sie sich zu einer 5-Millionen-Herde vermehrt. Die genügsamen und starken Rinder waren total verwildert und gefährlicher als Büffel geworden.
Die zurückkehrenden Viehzüchter und zerlumpten Cowboysoldaten hatten keinerlei Möglichkeit mehr, festzustellen, welche Rinder wem gehörten. Da es noch keine Eisenbahnverbindungen zwischen Texas und dem Norden gab, gab es auch keinen Markt für die Millionen Rinder. Und so kam es, daß die Nord- und Oststaaten hungerten und 90 Dollar für ein Rind zahlten, während in Texas ein Rind kaum seine Haut wert war. Texas besaß in diesen Herden ein ungeheueres finanzielles Potential, das den Staat vor dem Bankrott und die Viehzüchter und Cowboys vor dem Ruin hätte bewahren können.
Es gab für sie nur einen Weg, diesem Schicksal zu entgehen: Die Herden mußten über Tausende von Kilometern nach Norden getrieben werden. Dazu brauchte ein Rancher Geld, um seine Reiter löhnen und ausrüsten zu können.
Aber Geld hatten sie keins. Gerichtsvollzieher des Nordens pfändeten hohe Steuern, Viehhändler und Aufkäufer kauften das Vieh zum Preise von einem Dollar pro Stück ein. Zwischen den von ihnen angestellten Mannschaften, die Herden einfingen, und den Nachbarn der Gepfändeten entbrannten blutige Auseinandersetzungen. Arbeitslose Cowboybanden vegetierten in riesigen Lagern vor den Städten. Manche lebten vom Fleisch der Weide, manche von Überfällen auf Geldtransporte der Armee. Was immer auch an Verbrechen geschah, es fand im Namen des Patriotismus und der „Gerechtigkeit" statt.
Im Frühjahr 1866 machten sich die ersten großen Rinderherden auf den Treck nach Norden. Die Cowboys besaßen keine Erfahrung in solch

langen Trecks. Vor dem Kriege hatte man einige Herden nur nach New Orleans und St. Louis gebracht, wo sie verschifft wurden. Nach dem Krieg waren die Frachtkosten zu hoch. Viehhändler aus dem Norden rüsteten Mannschaften aus, und zwischen März und Juni 1866 setzten sich Tausende von „Steaks, die sich selber transportierten", in Marsch nach Norden.

☆

Unter den Viehhändlern aus dem Norden, die in Austin im März des Jahres 1866 vor gekühltem Whisky saßen, befanden sich George C. Duffield und Harvey Ray, Viehhändler aus Iowa.
Vor ihnen saß ein sonnenverbrannter Mann in einer zerfetzten hellgrauen Feldbluse und einer fadenscheinigen grauen Uniformhose der Texasbrigade. Als die beiden Yankees ihren Plan erklärt hatten, wiegte er bedächtig den Kopf.
„Eine Longhorn-Herde nach Iowa treiben, Gentlemen, wissen Sie, was das bedeutet? Die Tiere sind kaum zu bändigen. Die meisten von ihnen haben noch nie einen Menschen gesehen."
„Sagten Sie nicht, Mister Dillon, daß die Cowboys den Teufel aus der Hölle holen würden, wenn sie nur wieder eine richtige Sattelarbeit bekämen?" wendete Duffield ein.
Link Dillon nickte zustimmend und schlürfte genießerisch den roten Whisky. „Sicher, aber die meisten haben keine Pferde und Sättel. Unsere Rancher wissen überhaupt nicht mehr, wie ein Golddollar aussieht. Keiner von ihnen kann eine Ausrüstung kaufen."
„Wir kaufen alles ein, was notwendig ist. Gute Pferde, Sättel und Waffen."
„Alles in Ordnung, aber ..."
„Was aber?" rief Ray unwillig. „Sie haben gesagt, daß Sie mitmachen und eine Mannschaft zusammenstellen würden. Und jetzt haben Sie nichts als Einwände."
Dillon lächelte. „Alles in Ordnung, Gentlemen. Ich will Sie lediglich darauf vorbereiten, daß aus dem Geschäft unter Umständen alles andere werden kann als ein Geschäft. Es gibt viele Leute, die die Yankees hassen und Männer, die für Yankees reiten, noch mehr. Wir werden uns den Weg freischießen müssen."

„Ich habe einen ganzen Wagen voll Waffen und Munition", erklärte Duffield.
„Fein", lächelte Dillon. „Dann ist da noch das Geschäft. Sie wollen, daß wir die Rinder einfach zusammentreiben und losziehen. Ich möchte, daß der Rancher, auf dessen Land sie zusammengetrieben werden, einen Preis dafür bekommt."
„Dillon, in Texas weiß niemand mehr, welche Rinder ihm gehören. Es sind jahrelang keine Kälber gebrannt worden. Jeder nimmt sich, was er braucht. Wie heißt euer Gesetz hier? ‚Ein Rind gehört dem Manne mit dem längsten Lasso.' Wir bezahlen eure Lassos. Also sind es unsere Lassos."
„Und unsere Rinder", fügte Ray hinzu. „Wozu sollen wir teures Geld für Rinder bezahlen, die keinem gehören?"
„Einen Dollar pro Rind, Gentlemen. Das werden für den Rancher Columbus Carol genau die Abgaben sein, die ihn vor dem Gerichtsvollzieher bewahren. Sie pfänden ihm sonst die ganze Ranch für zweitausend Dollar. Eine Ranch, die vor dem Kriege eine halbe Million wert war."
Duffield strich mit dem Daumen über die Unterlippe. „Es ist eine Schweinerei, was sie mit euch machen, Dillon, das gebe ich zu. Wir gehören nicht zu denen, die schmutzige Geschäfte machen wollen. Es geht mich nichts an, wenn ein Rind hier nichts und in New York 90 Dollar kostet. Es ist mein Geschäft, sie hinzubringen und meinen Preis zu kassieren. So, wie es meine Sache ist, euch einen guten Lohn zu zahlen. Aber ich bin einverstanden. Einen Dollar pro Stück für Columbus Carol."
Link Dillon erhob sich. Er warf einen Blick über den großen Saal der Kneipe, in dem Offiziere und Beamte der Militärverwaltung, Grundstückshaie und Geschäftsmakler vor rotem Sekt und französischem Kognak saßen und sich darüber einig waren, daß das „Rebellentexas" so gründlich entmachtet werden mußte, daß es nie wieder Großgrundbesitzer und stolze Herrengeschlechter hervorbringen könne. Was diese Leute, die über die riesigen Besitztümer der alten Geschlechter herfielen, unter „Entmachten" verstanden, gewahrte man in Texas zu jeder Tages- und Nachtzeit an jedem Ort: Freie Neger, die mit ihrer Frei-

heit nichts anzufangen wußten, stolzierten in den Gehröcken ihrer Herren zwischen den Häusern umher, belästigten Frauen, stahlen Nahrungsmittel, rotteten sich zu rumorenden und betrunkenen Haufen zusammen und wurden argwöhnisch beschützt durch ... Negersoldaten der Nordarmee. Die Prokuratoren schickten Gerichtsvollzieher umher und ließen die wahnwitzig hohen Abgaben entweder kassieren oder einpfänden. Geschäftemacher nahmen armen Familien die letzten Milchkühe weg. Während in den Hotels und Kneipen geschlemmt und gepraßt wurde, während die Bankkonten der Carpetbagger und Beamten anschwollen, füllten sich die Gefängnisse mit „Rebellen", die gegen diese Willkür kämpften. Statt den Rassenhaß durch eine vernünftige und gemäßigte Militärgesetzgebung zu dämpfen, wurden die besiegten „Rebellen" provoziert, „entmachtet", beleidigt, betrogen, niedergeknüppelt. In den Gefängnissen starben Hunderte von Bauern und Rinderzüchtern an Hunger, weil die Lebensmittelrationen auf dem Verwaltungswege durch die Siebe von zahllosen hungrigen Beamtentaschen flossen.

Link Dillon rückte den großen Armee-Revolver an der Hüfte zurecht, schob seinen Majorshut in den Nacken und sagte, daß er beginnen würde. Er ging sporenklingend hinaus. Irgendwo in der Stadt fielen Schüsse. Ein Zug in Ketten geschmiedeter, zerlumpter Farmer wanderte im Straßenstaub am Hotel vorbei, bewacht von Negersoldaten. Auf den Gehsteigen folgten Frauen in derben Schuhen und geflickten Kattunkleidern mit Kindern, die große Hungeraugen hatten. Im Hotel knallten Sektpfropfen. Ein schwerer Mann mit dichten Bartkoteletten stemmte sich auf den Tisch der beiden Viehhändler.

„Na, Duffield, was habe ich gesagt? Dieses Texas mit seinem Vieh ist eine Goldgrube! Ich habe vier Herden zusammengetrieben. Ich werde mit diesen zehntausend Rindern beinahe eine Million machen. Ehe die einheimischen Rancher überhaupt Geld haben, um Pferde und Sättel für ihre Männer zu kaufen, haben wir die ganzen Herden in harte Dollars verwandelt. Kommen Sie, ich habe da eine Farm entdeckt, auf der es drei Töchter gibt, die uns die Zeit vertreiben können. Der Mann ist gefallen, die Frau muß dreihundert Dollar Abgaben zahlen. Das kann sie nicht. Wir nehmen den Gerichtsvollzieher mit. Wenn der die

Farm pfänden will, wird die Frau froh sein, wenn sie mit ihren Töchtern bezahlen kann."
Duffield und Ray standen auf und ließen den Carpetbagger stehen.
Draußen sagte Duffield: „Es ist nicht richtig, was man mit ihnen macht. Sie sind ein stolzes Volk hier im Süden. Der Teufel soll ihren Rassendünkel holen. Das werden sie nie vergessen. Und die armen Schwarzen sind die Leidtragenden. Man wird sie hier noch in hundert Jahren hassen."
In einem Laden kaufte Duffield ein kleines, dickes Taschenbuch und steckte es lächelnd in die Jacke. „Ich werde Tagebuch führen, Harvey. Ich sage dir, daß wir auf einigen soliden Millionen sitzen, wenn ich die letzte Seite beschrieben habe."
George C. Duffield tat, was er sagte. Er trug in dieses kleine Buch alles ein, was ihm im Verlauf des „Geschäftes seines Lebens" wichtig erschien. Tag für Tag.
Aber er beschrieb nur 37 Seiten des kleinen Buches. Mit seiner steilen Handschrift, die auch in seinen Geschäftsbüchern zu finden war. Er brauchte für diese 37 Seiten etwas mehr als fünf Monate. Nach diesen fünf Monaten sah das kleine Buch ganz anders aus. Die Blätter waren hundertmal von Nässe gequollen und hundertmal wieder getrocknet, von Schweiß und Blutflecken getränkt und einer Kugel durchbohrt, der Ledereinband zerfranst, die Schrift fast unleserlich, als er es am 1. September mit einem bitteren Schwur zuklappte.
Und die „soliden Millionen"?
Davon würde in diesem Tagebuch bald nicht mehr die Rede sein, sondern nur noch vom Überleben. Und von der größten Katastrophe seines Lebens. Kein noch so spannender Bericht wäre in der Lage, auch nur annähernd die Dramatik dieser nüchternen Tagebucheintragungen zu übertreffen. Deshalb sollen sie — in komprimierter Form — hier zitiert werden:
„29. April. Die Herde ist abmarschbereit. Diese texanischen Cowboys sind härter als Felsen. Wie konnten wir den Krieg gegen solche Männer gewinnen? Gegen Abend ging es vom Salt Creek aus los. Es regnet in Strömen ...
1. Mai. Gestern 18 Meilen, heute 10 Meilen getrieben. Grundloser

Morast. Beim ersten Blitzschlag stob die ganze Herde in Panik davon. Verlor etwa 200 Stück Rinder.

2. Mai. Hundemüde, den ganzen Tag nach Rindern gesucht. Nur 25 gefunden.

6. Mai. Vier Tage Suche nach Rindern. Gewitter. Wieder Panik. Verlor nochmals rund 200 Rinder.

8. Mai. Alle Lebensmittel durchnäßt. Fanden fast 30 Rinder wieder. Machten 20 Meilen, überquerten einen überschwemmten Fluß, acht Meter tief und reißend. Über 40 Rinder ertrunken.

13. Mai. Letzte Nacht schwerer Sturm. Panik. Verlor mehr als 100 Rinder. Sitzen seit rund 90 Stunden im Sattel. Reiben Tabak in die Augen, damit der Schmerz uns wachhält.

14. Mai. Der Rio Brazos ist kein Fluß mehr, sondern eine Hölle. 200 Rinder und ein Mann ertrunken. Bauen Seilwinde aus Lassos, um Lebensmittel rüberzubekommen.

16. Mai. Seilwinde gerissen. Alle Lebensmittel weg. Nichts zu essen. Suchen verlorene Rinder. Vier Männer verlassen uns.

29. Mai. Viele Meilen gemacht. Schwerer Regen und Wind. Erreichten Red River und schwammen hinüber. Wieder fast 100 Rinder verloren.

31. Mai. Drei Tage Flußüberquerung. Sind jetzt im Indianergebiet.

3. Juni. Am 1. 6. schwerer Sturm. Panik. Ganze Herde weg. Männer suchen sie im Umkreis von 50 Meilen wieder zusammen. Sind von Indianern angegriffen worden. Männer wollen aufgeben. 155 Rinder verloren.

6. Juni. Trafen auf andere Mannschaft, die ihre ganze Herde verloren hatte und verzweifelt mit Indianern kämpfte. Viele Cowboys tot, skalpiert und zerstückelt.

12. Juni. Viele Meilen gemacht. Sind mitten unter Indianern. Die Rothäute stahlen 150 Rinder. Wir holten uns 80 zurück. Zwölf Indianer erschossen, einen aufgehängt.

12. Juli. In der Nacht mein Pferd gestohlen. Ritt nach Baxter Springs, fand es und schoß den Dieb nieder.

18. Juli. 76 Rinder vom Hagel erschlagen, ein Mann Schädelbruch.

25. Juli. Nähern uns der Todeslinie von Kansas. Vor Jahren haben Texas-Rinder Fieber eingeschleppt, an dem einheimisches Vieh krepierte. Kansas-Behörden haben Todeslinie errichtet und verbieten Durchmarsch. Ich werde ihn erzwingen ...

16. August. Kämpfe mit Kansas-Siedlern. Rund 180 Rinder verloren und drei Männer. Dann waren wir durch.

31. August. Sturm und Regen. Männer sehr nervös und gereizt. Viel Streit, Panik. 35 Rinder verloren.

1. September. Haben in Nebraska den Missouri überquert und sind am anderen Ufer in Iowa gelandet, 161 Rinder und ein Mann ertrunken. Ich lebe wie durch ein Wunder ... und werde es nie wieder versuchen ..."

☆

Das Jahr 1866 war für die aus Texas nach Norden strebenden Viehherden zu einem unbeschreiblichen Katastrophenjahr geworden. Die unerfahrenen Viehhändler aus dem Norden ließen im folgenden Jahr die Hände davon. Das Risiko war zu groß. Aber die texanischen Rancher gaben nicht auf. Sie mußten Herden nach Norden treiben, um sich vor dem Bankrott zu retten.

1867 brachen in Texas im Frühjahr wieder Tausende von Longhorn-Herden auf, ritten Hunderte von Cowboys einem ungewissen Schicksal entgegen.

Die Viehzüchter aus Texas wollten ihre Herden direkt bis nach Chicago bringen und rechneten von vornherein mit mindestens 50 Prozent Verlusten an Reitern und Rindern.

Da brachte ein einziger Mann die Wendung.

Der schottische Viehhändler Joseph McCoy hatte im Herbst 1866 einen jener Texas-Rancher getroffen, die alles gewagt und alles verloren hatten. Dieser Mann, John Jacob Myers, saß auf einem Holzstoß am Rande der Stadt Junction City und betrachtete seine zerfetzte graue Uniformhose.

McCoy warf einen Blick auf die kleine Rinderherde, die in einer Mulde lagerte, und fragte: „Ist das alles, was übrigblieb, Mister Myers?"

„Alles", erwiderte der Rancher. „Zweihundertneun Stück von dreitausend. Ich nehme es Ihnen nicht übel, wenn Sie mir nichts abkaufen."

„Ich kaufe sie, Myers." McCoy stieg vom Pferd und blickte über das baumlose Land. „Myers, ich glaube, ich weiß, wie man es machen muß. Ich habe mit der Kansas-Pacific-Bahn verhandelt."
„Was haben wir mit der Bahn zu tun?" fragte der Rancher müde.
„Alles habt ihr mit der Bahn zu tun. Hören Sie zu, Myers: Ich möchte einen Platz bauen, an dem ihr euer Vieh verkaufen könnt. Einen Platz, an dem sich Rancher und Händler treffen. Wo genügend Gras ist, damit sich das Vieh erholt. Wo die Herden auf die Eisenbahn verladen und nach Chicago gebracht werden können."
Der Rancher hob den Kopf und starrte den Schotten an. „Das ist keine üble Idee, McCoy. Haben Sie solch einen Platz?"
„Ja. Bei Abilene in Kansas. Ein kleines Nest mit einem knappen Dutzend windschiefer Häuser. Tim Hersey führt dort die Postkutschenstation. Er will mir das Land verkaufen, das ich brauche."
„Und die Eisenbahn?"
„Sie baut sowieso in der Nähe von Abilene nach Westen. Myers, können Sie mir zusagen, nächstes Jahr 25 000 Stück Vieh zu bringen?"
„Wir können Ihnen eine Million bringen", sagte Myers. „Aber, Mann, wie wollen Sie denn das machen?"
„Es wird gehen. Ich baue einen großen Verladebahnhof. Die Weiden werden in Wartezonen aufgeteilt, wo sich die Herden erholen können. Ich baue ein großes Hotel mit hundert Betten, in dem die Rancher allen Komfort finden werden, den sie sich nach den anstrengenden Monaten wünschen. Für die Cowboys wird es Kneipen und Lagerhäuser geben."
„Hört sich gut an. Und wie wollen Sie das schaffen, mitten in der Prärie? Sie müssen jedes Stück Holz von weit herholen."
„Das ist meine Sorge, Myers. Wann können die Herden nächstes Jahr in Abilene sein?"
„Im August, spätestens September."
„Gut, bis dahin steht alles. Myers, ich will euch helfen, und ihr müßt mir helfen. Sie müssen in Texas für Abilene, für mich und die Eisenbahn werben."
„Gemacht."
„Ich werde in den Zeitungen inserieren und Händler herholen."

Der Rancher lächelte. „Ist Ihnen eigentlich klar, was passiert, wenn wir nächsten Sommer kommen und in Abilene steht kein Hotel, kein Eisenbahnwagen und keine Kneipe?"
„Vollkommen klar ..."

☆

John Jacob Myers ritt nach Texas zurück. Währenddessen verhandelte der Viehhändler Joe McCoy mit den Direktoren der Eisenbahn. Er schloß einen Vertrag mit ihnen, nach dem er für jeden beladenen Waggon 5 Dollar Provision erhalten sollte.
Während sich in Texas das Gerücht, in Abilene würde ein Eisenbahn-Verladebahnhof gebaut, wie ein Lauffeuer verbreitete, stampfte Joseph McCoy diesen Bahnhof förmlich aus dem Boden.
Es entstanden riesige Verladerampen, Nebengleise, Gatter und ein Hotel, das McCoy „Drovers Cottage" nannte.
Dieses dreistöckige Haus enthielt fünfzig Zimmer mit je zwei Betten, einen großen Speisesaal, mit roten Teppichen ausgelegt. Petroleum-Kronleuchter verbreiteten fast Tageshelle. Es gab einen feudalen Rauchsalon mit schweren Ledersesseln und Marmortischen, einen Billardsaal, ein Spielzimmer, Baderäume und Dampfbäder.
Eine Pumpenanlage versorgte alle Räume mit fließendem Wasser. Daneben gab es eine Kühlanlage für Getränke und eine Warmwasserheizung.
Die Schienenleger-Mannschaften der Eisenbahn erreichten im Sommer Abilene. Und mit dem ersten Zug kamen Wagenladungen mit Whisky, Lebensmitteln, Waren aller Art ... und Mädchen.
Innerhalb von drei Tagen entstand die Texas-Street mit ihren Kneipen, Spielhäusern, Friseurgeschäften, Warenhäusern, Banken. Sogar ein Juwelier richtete hier ein Haus ein.
Joseph McCoy hatte sein gesamtes Vermögen in das Projekt gesteckt. In Abilene warteten bereits Hunderte von Menschen auf den Reichtum, der erst noch kommen würde.
Einer der Bahndirektoren stand eines Tages mit Joseph McCoy auf dem Dach des riesigen Hotels. Die beiden Männer schauten nach Süden über die endlose Prärie, über die der heiße Wind strich.
„Hoffentlich haben Sie sich nicht übernommen", sagte der Direktor.

„Ich habe gehört, daß Sie finanziell am Ende sind. Das Hotel ist viel zu elegant. Sie hätten es billiger bauen sollen."

„Unsinn. Wenn die Texaner ihren Marsch über 1000 Meilen hinter sich haben, sind sie durch eine Hölle gegangen. Gerade dieser Komfort wird den Namen von Abilene im ganzen Westen bekanntmachen. Die Cowboys werden ihre gesamte Löhnung hier lassen. Sie werden in Texas von Abilene sprechen wie vom Himmel auf Erden."

„Na gut. Meine Aufgabe ist es, daß die bereitgestellten Waggons auch beladen werden."

„Sie werden zu wenig Waggons haben, glauben Sie mir."

„Ich glaube nur, was ich sehe . . ."

Woche um Woche verging in der Sonnenglut des Sommers. Abilene wartete auf die Herden aus dem Süden. Viehaufkäufer saßen im Hotel und schlürften eisgekühlte Getränke.

Endlich kamen die von McCoy ausgesandten Späher zurück. Im Galopp jagten sie durch die Bretterbudenstadt und schrien: „Sie kommen!"

Weit am Horizont sah man am nächsten Tag eine riesige Staubwolke auftauchen. Alles, was ein Pferd besaß, strebte der Wolke entgegen. Die Mädchen schwangen sich auf Wagen, und in halsbrecherischem Tempo ging es jener die Sonne verdunkelnden Staubwolke entgegen.

Auf dem Bahnhof standen vier Lokomotiven unter Dampf. Die Verladegatter waren geöffnet. Auf Nebengleisen warteten Hunderte von Waggons. In den Straßen begannen Menschen zu tanzen und Revolver abzuschießen.

Im Hotel waren alle Bottiche voll heißen Wassers. Seife und Bürsten lagen bereit. Auf den Küchenherden brutzelte es in Pfannen und Töpfen.

Dann kamen die Herden. Riesige, zottige Longhorn-Stiere mit Hörnern, deren Spitzen zwei Meter auseinander standen. Mit grünem Moos auf dem Rücken.

Der Boden begann zu zittern und zu dröhnen. Das Gebrüll von Tausenden von Rindern erfüllte die Luft.

In Abilene standen die Leute auf den Dächern und bekreuzigten sich, als es wie ein Erdbeben heranraste. Schießend und schreiend, Mädchen im Arm, galoppierten Hunderte von braungebrannten Cowboys durch die Straßen.

„Heiliger Himmel", murmelte einer von McCoys Vorarbeitern, der mit seinen Männern die Herden in die Gatter einzuweisen hatte. „Ich frage mich, was aus Abilene wird, wenn diese Teufel Geld in die Hände kriegen, um Whisky und Pulver zu kaufen."

Am 5. September verließen die ersten Wagenladungen mit Texas-Vieh den Bahnhof. Täglich folgten mehr.

John Jacob Myers, dem das linke Ohr abgeschossen worden war, eilte Joseph McCoy entgegen und rief: „Dieses Jahr sind es nur 35 000 Rinder, die ich bringe. Viele in Texas haben mich für einen Phantasten gehalten und nicht mitgemacht. Aber nächstes Jahr kommen mehr."

Während rund um die Stadt unzählige Lagerfeuer aufflackerten, im Hotel zwischen Händlern und Ranchern schwere Beutel mit Gold die Besitzer wechselten, erzitterte Abilene unter den Jubelrufen und Schüssen der Cowboys.

Der erste Rindermarkt Amerikas war eröffnet. Er sollte Texas vor dem Staatsbankrott bewahren.

Abilene wuchs zum „Mekka der Prärie". Hier wurde der Grundstein für die gesamte Viehzucht der Vereinigten Staaten gelegt. Hier trugen die späteren Rinderkönige von Texas ihr erstes Gold nach dem Süden.

☆

Als jedoch die Eisenbahnverwaltung sah, welch gewaltiger Reichtum im Rindermarkt lag, verweigerte sie Joseph McCoy die Auszahlung seiner Prämien. Andere Geschäftemacher aus dem Norden hintergingen den Schotten und führten Geschäftsmethoden ein, die den großen Pionier völlig ruinierten.

Innerhalb eines einzigen Jahres verlor Joseph McCoy alles, was er aufgebaut hatte. Er mußte das Hotel verkaufen, die Verladerampen an seinen Partner abtreten, gegen die Bahn prozessieren, sich mit Händen und Füßen gegen den Ruin wehren.

Als 1873 John Jacob Myers von McCoys tragischem Schicksal erfuhr, mitten auf dem Marsch nach Abilene, ließ der Rancher seine Herde stoppen. Er hörte sich den Bericht des Mannes, der die Nachricht brachte, aufmerksam an und wurde dunkel im Gesicht.

Er rief seinen Vormann zu sich. Kurz darauf schwärmten seine Reiter aus und hielten alle Herden an.
In diesem Jahr warteten die Geschäftemacher, die Joseph McCoy ruiniert hatten, vergeblich auf das Vieh aus Texas. Statt dessen kam nur John Jacob Myers in die Stadt.
Er kletterte auf eine Kiste und sagte: „Wir haben gehört, was ihr mit dem Manne gemacht habt, dem ihr euren Reichtum verdankt. Ihr werdet in dieser Stadt kein einziges Stück Vieh mehr zu sehen bekommen! Die Rancher von Texas haben Abilene zum Tode verurteilt . . .“
Über Nacht starb Abilene dahin. Kein Rind betrat mehr die Gatter. Die Geschäftemacher waren auf einen Schlag ruiniert.
Die Kansas-Pacific-Eisenbahn lenkte jetzt ein und zahlte McCoy, was ihm zustand. Abordnungen der Bürger und Geschäftsleute, der Banken und Schlachthöfe suchten die Texas-Rancher auf. Obgleich diese nun keinen Markt mehr hatten und ihre Herden viele Meilen nach Norden weitertreiben mußten, hielten sie ihr Wort.
Die Bahn baute weiter nach Westen. Neue Städte entstanden. Neue Viehmärkte mit neuen Verladegattern und Hotels, mit neuen Spielhöllen und Kneipen.
Abilene war tot . . .

☆

Einer der wenigen Texas-Rancher, die zum gleichen Zeitpunkt, da die Viehaufkäufer aus dem Norden die ersten Viehtrecks nach Norden wagten, eine Herde trieb, war Charles Goodnight. Aber Goodnight trieb nach Westen. Er hatte eine kleine Ranch im Palo-Pinto-Canyon, mitten im Herzen von Texas. Als die Comanchen ihn schwer bedrängten, so daß er ständig mehr Männer und Rinder verlor, entschloß er sich, das ihm verbliebene Vieh nach Fort Sumner in New Mexiko zu bringen. Dort hatte die Armee nach langen Kämpfen etwa 8500 Apachen in einer vegetationslosen Reservation zusammengetrieben und brauchte dringend Fleisch, um sie zu ernähren. Charles Goodnight sammelte kurzerhand seine Herde und begann mit dem Treiben nach Westen. Noch nie war eine Viehherde durch die wasserlose Steppe der „Staked Plains“ getrieben worden, und Goodnight erwartete auf seinem Weg ein 140 Kilometer langer Streifen dieser Wüste. Im Frühling brach er vom Rio Brazos auf und erreichte bald ohne Schwierigkeiten den Rio Concho. Dort wurde die große Herde zum letztenmal getränkt, und der bärtige Rancher stand auf einer Uferhöhe und blickte nach Westen über die Wüste mit ihrem rostbraun verbrannten Gras, Dornbüschen, Kakteen und heißen Steinen. Jenseits des Horizonts lag der Rio Pecos. Er wußte, daß Rinder nur drei Tage ohne Wasser leben können. Aber er hatte keine Wahl. Der Marsch durch die Wüste wurde zum Todesmarsch. Zuerst starben die Kälber. Nach drei Tagen hatte er die Hälfte der Herde sterbend im heißen Staub zurückgelassen. Nur noch die stärksten Tiere hielten sich auf den Beinen, unerbittlich angetrieben von Goodnights Männern. Wasserlöcher waren so alkalisch, daß sich ein Großteil des Restes daran vergiftete. Dann ging den Männern das Wasser aus. Sie schnitten die Schlagadern ihrer Pferde auf und tranken ihr Blut. Das, was endlich den Rio Pecos erreichte, war ein kläglicher Rest. Kaum hatten sich Männer und Vieh auf das Wasser gestürzt, griffen Comanchen an. Kämpfend zog Goodnight den Rio Pecos hinauf in Richtung Fort Sumner. Sein Partner Oliver Loving wurde von Indianern getötet. Als die mit grauem Glimmerschieferstaub bedeckte Herde vor dem Fort auftauchte, glaubten die Soldaten ihren Augen nicht zu trauen. Goodnight erzielte einen hohen Preis und hatte bewiesen, daß die Durchquerung der Wüste mit einer Herde möglich war. Wenig später würde die Eisenbahn die Wüste durchqueren und der Transport einer Herde nur noch eine Frage von zwei Stunden sein.

XI

Die Morgendämmerung des modernen Verbrechens

„Das Kardinal-Prinzip meines Detektiv-Systems ist folgendes: Die wirkliche Kraft und Überlegenheit über einen Verbrecher kann nur aus einem reinen und ehrlichen Herzen kommen, und nur der perfekt funktionierende sachliche Verstand ist in der Lage, jedes Verbrechen zu entdecken und aufzuklären.“

Allan Pinkerton, 1880

Die bittere Kälte des Indiana-Winters wurde an diesem Morgen des 12. Dezember 1868, drei Stunden vor der Dämmerung, von einem Sturm durch die Straßen von New Albany geblasen.
Langsam rollte eine Lokomotive mit gelöschten Lampen über die eisbedeckten Schienen in den kleinen Bahnhof. Als die Lokomotive vor einem Schuppen zum Stehen kam, sprangen aus dem einzigen Wagen hinter dem Tender ein paar Dutzend Männer. Jemand zündete sich eine Zigarre an. Im Schein des Streichholzlichtes sah man, wie sich die Männer rote Kapuzen über die Köpfe streiften. Eine Stimme sagte: „Also los."
Es war nur ein Wächter im Gefängnis. Sheriff Fullenlove schlief in seinem Quartier. Der Außendienstbeamte Luther Whitten hatte gerade seine Runde beendet. Er betrat das Gefängnisbüro und streckte die Hände wärmend gegen den bullernden Kanonenofen aus. Als er vor der Tür ein Geräusch hörte, dachte er, daß man ihm einen heißen Trank bringe und öffnete.
Ein Haufen Männer quoll herein, rote Kapuzen über den Köpfen. Ein Revolver wurde in seine Seite gedrückt und eine rauhe Stimme forderte:
„Hände hoch, Mund halten, zurücktreten!"
„Üüüüberfall!" schrie Whitten, daß es schrill durch das Gebäude gellte. Ein Revolverlauf traf ihn quer über den Kopf, Fäuste hämmerten ihn in eine Ecke hinein, wo er zusammenbrach.
„Die Schlüssel, rasch", befahl die rauhe Stimme.
Sheriff Fullenlove, der den Schrei des Wächters gehört hatte, fuhr aus dem Bett hoch und stürzte in Unterhosen aus seinem Zimmer, um sich plötzlich den Kapuzenmännern gegenüberzusehen. Er begriff sofort die Situation und flog die Treppe hinunter, die zur Diele seiner Gefängniswohnung führte, um dort den Alarm auszulösen. Aber unten standen ebenfalls die Kapuzenmänner mit Revolvern in den Händen.

Da ließ der Sheriff die Schultern sinken und gab auf. „Gentlemen, nicht schießen", rief er bitter. „Ich bin der Sheriff."
Ein Schuß krachte. Die Kugel riß ihm den Arm auf. Der Sheriff schrie um Hilfe. Ein Schlag auf den Kopf beruhigte ihn.
„Wo ist der Schlüssel, Sheriff?" forderte die rauhe Stimme den Mann auf, nachdem ihn ein Guß eiskalten Wassers wieder zu sich gebracht hatte.
„Niemand wird von mir den Schlüssel bekommen", erwiderte der Sheriff stöhnend. Als Fausthiebe und die Drohung, ihn zu erschießen, nichts halfen, sagte die Stimme, daß man die Schlüssel von seiner Frau bekommen würde. Einige Männer stürzten zum Schlafzimmer hinauf.
„Verrate ihnen nicht, wo die Schlüssel sind", rief der Sheriff. „Laß dich lieber erschießen!"
Nach einer Weile kamen die Männer zurück und zuckten die Schultern. Die Frau war standhaft geblieben.
Schon zerrten zwei der Kapuzenmänner den blutenden Sheriff hoch, als eine junge Stimme rief: „Hier in der Waschtischschublade!" Er hielt einen Schlüsselbund in der Hand.
„Das ist Mord!" rief der Sheriff. „Ihr dürft sie nicht lynchen! Ihr Blut wird über euch kommen. Seid vernünftig, Männer. Sie kommen vor ein ordentliches Gericht!"
Der große Mann mit der dunklen Stimme trat vor ihn hin, und durch die Schlitze der Kapuze funkelten Fullenlove blitzende Augen an.
„Salus populi suprema lex!" sagte der Mann mit schwerer Betonung.
Die Tür zum doppelstöckigen Zellengang wurde aufgeschlossen. Die Kapuzenmänner gingen an den Stahlgitterkäfigen vorbei. Dahinter standen die zitternden Häftlinge mit aufgerissenen Augen. Sie sahen, wie als erster Frank Reno aus seiner Zelle gezerrt wurde, wie man eine Schlinge um seinen Kopf legte, das Seil über einen eisernen Streben warf und den schreienden Mann von der oberen Gangway warf. Frank Reno fiel wie ein Stein, es gab einen häßlichen Laut, als sich das Seil jäh straffte. Im Schein einer hochgehaltenen Laterne zuckte der Körper noch ein paarmal und war dann still.
„Der nächste", sagte die dunkle Stimme hart, und man zerrte William Reno aus seiner Zelle.

„Gentlemen ... mein Vater ... oh, beschützt ...", stammelte William Reno. Die sich um seinen Hals zuziehende Schlinge erstickte seine Worte. Sekunden danach hing er still neben seinem Bruder.
Simeon Reno hatte mit der Kraft eines vor Angst Wahnsinnigen einen Eisenhaken aus der Zellenwand gerissen und hieb nun mit der schweren Eisenkette an seinem Fuß um sich. Die ersten Kapuzenmänner brachen stöhnend zusammen. Dann wurde Simeon Reno überwältigt und bewußtlos geschlagen. Man streifte dem Bewußtlosen die Schlinge über den Kopf, befestigte sie und warf ihn in die Zellenschlucht hinunter. Charlie Anderson schluchzte und weinte und wand sich in Krämpfen. Die Kapuzenmänner steckten seinen Kopf in eine Schlinge und warfen ihn hinunter. Das Seil riß, Anderson stürzte schwer zu Boden und flehte kniend um Gnade.
„Ein neues Seil", sagte die dunkle Stimme. Erneut wurde Andersons Kopf in die Schlinge gesteckt, das Seil über die Gangbrüstung geschlungen und Anderson hochgezogen.
„Wie ist es mit den anderen?" fragte jemand. „Am besten hängen wir sie alle."
Der Mann mit der dunklen Stimme schüttelte den Kopf. „Nein, wir haben vollbracht, was wir uns vorgenommen haben. Das genügt."
Die Vigilanten verschlossen das Staatsgefängnis und nahmen die Schlüssel mit sich. Sie gingen durch die stillen Straßen zum Bahnhof, wo die Lokomotive unter Dampf stand.
Sie stiegen in den Wagen. Dampf wurde in die Kolben gepreßt, die Räder drehten sich, im Gefängnis vernahmen die Gefangenen das durch die Mauern gedämpfte Zischen und Stampfen der Maschine und ein hämmerndes Rollen, das sich rasch entfernte.
Die Lampe hing im großen Zellengang und beleuchtete die vier Gehenkten. Mit hervorquellenden Augen sahen die Gefangenen, wie Simeon Reno, dessen Fußspitzen den Boden leicht berührten, am Seil hängend, zu sich kam und die Augen öffnete. Sein Körper begann zu zucken wie der eines Fisches an der Angel. Nun begann das ganze Gefängnis zu schreien. Fäuste hämmerten gegen die Zellenwände, schreiend preßten sich die Männer gegen die Gitterstäbe der Außenfenster. Die Stadt erwachte. Halbangezogene Menschen erschienen auf den Straßen. Eine

riesige Menge ballte sich vor dem verschlossenen Tor. Mit Rammbalken versuchte man das Tor einzudrücken. Wie Kanonenschüsse hallten die Rammschläge durch die Nacht. Fackeln und Lampen beleuchteten die Szene. Der blutende Sheriff erschien in einem Militärmantel. Er hatte soviel Blut verloren, daß er umhertaumelte und nicht gleich angeben konnte, wo sich die Reserveschlüssel befanden. Als endlich nach einer halben Stunde die Menge ins Gefängnis stürmte, hauchte Simeon Reno gerade sein Leben aus.

Eines der blutigsten Dramen in der amerikanischen Rechtsgeschichte war beendet. Lyncher hatten die ersten Eisenbahnräuber der amerikanischen Geschichte hingerichtet.

☆

Die Lynchjustiz an den Reno-Brüdern war der Höhepunkt in einem blutigen Krieg, der seit Ende des Bürgerkrieges zwischen den Bürgern Indianas und dem brutalen Verbrechen ausgetragen wurde, das den blühenden Staat zu einer Hölle der Gesetzlosigkeit und Furcht gemacht hatte.

Wie so oft in Kriegen, waren auch im Bürgerkrieg Charaktere zu Orden und Ehren gekommen, indem sie im Namen des Vaterlandes schrankenlos ihre niedrigen Instinkte abreagieren konnten. Und wie nach allen Kriegen der Menschheitsgeschichte, konnten zahllose dieser dekorierten Schläger sich entweder nicht mehr in eine Ordnung einfügen, die ihnen nicht straflos gewährte, was sie sich nahmen, oder sie waren so primitiv, daß sie gar nicht erst begriffen, daß nun ein Verbrechen sein sollte, wofür man noch kurz vorher Orden erhalten hatte.

Die Vereinigten Staaten mit ihren unermeßlich großen unbesiedelten Gebieten, mit einer Entwicklung, die gleich einem Sturzbach in die Zivilisation schäumte, boten solchen Männern geradezu ideale Möglichkeiten. Die Bürger, die Amerika und seine Zukunft aufbauten, mußten oft nach einem harten Vigilantenkodex handeln, um anarchistische Zustände radikal zu beseitigen.

Am 22. März 1866 traute der Lokführer des Abendzuges der Jefferson Madison & Indianapolis-Eisenbahn seinen Augen nicht, als zwei maskierte Männer auf den Holzscheiten des Tenders auftauchten und ihm Revolver entgegenhielten.

„Dort hinten an dem dritten Telegraphenmast hältst du an“, sagte John Reno, „oder du bist ein toter Mann, und ich halte den Zug selber an.“ Der Lokführer warf einen Blick auf seinen Heizer und hielt den Zug an. An dem Telegraphenmast warteten Frank und William Reno, die den Zug bestiegen. Aus dem Zug kamen Simeon und Clinton Reno. Sie überwältigten den Beamten des Adams-Express-Company-Gepäckwagens. Der Tresor wurde aus dem Wagen gestoßen und rollte die Böschung hinunter.

Die Banditen sprangen ab, John Reno schoß seinen Revolver in die Luft ab.

„Abfahren!“ rief er, und der Lokführer öffnete das Ventil. Er wußte jetzt, daß er den ersten Eisenbahnraub der Geschichte erlebt hatte.

Stundenlang versuchten die Renos, den Tresor mit schweren Hämmern und Meißeln zu öffnen. Aber der Stahl widerstand allen Bemühungen, und schließlich mußten sie es aufgeben, an die 100 000 Dollar zu kommen, die der Tresor enthielt. Mit einer Beute von 16 000 Dollar, die sie aus einem kleinen Safe geraubt hatten, machten sie sich endlich kurz vor dem Morgengrauen aus dem Staube.

Wenige Tage nach dem Raub behauptete ein Mann namens Gordon Kinney, daß er in der Morgendämmerung in der Nähe des Raubüberfalles die beiden Brüder John und Simeon Reno erkannt habe.

Am Abend des gleichen Tages wurde Kinney vor der Tür seines Hauses erschossen.

Die Reno-Brüder begannen die Stadt Seymour zu terrorisieren. Nach einigen brutalen Schießereien gehörte sie ihnen, und niemand wagte sie in ihrer „Burg“ aufzustöbern.

Inzwischen hatte die Adams Express Company die Detektei-Agentur Allan Pinkerton mit der Aufklärung der Eisenbahnüberfälle beauftragt. Unter den Augen seiner Männer entführten die Pinkertons John Reno mit einem Sonderzug und brachten ihn nach Missouri vor den Richter. Der verurteilte ihn zu 20 Jahren Zwangsarbeit. Wenige Monate später beraubten die Reno-Brüder die Grafschaftskasse des Davies County um 22 065 Dollar und noch im gleichen Jahr die Kasse des Gallatin County um ebenfalls 22 000 Dollar. Kaum war die Druckerschwärze dieser Nachrichten trocken geworden, wurde die Kasse einer Bank in

Magnolia um 14000 Dollar beraubt. Im April 1868 ging die Bande den Pinkerton-Detektiven in die Falle. Alle wurden verhaftet und eingesperrt. Am nächsten Morgen waren sie durch ein Loch in der Wand verschwunden. Am 22. Mai 1868 überfielen sie einen Zug bei Marshfield und erbeuteten 96000 Dollar. Nun eröffnete Allan Pinkerton die Großjagd auf die Renos. Beim nächsten Zugüberfall fanden die Banditen nicht nur eine unverschlossene Expreßwagentür, sondern auch ein schwerbewaffnetes Aufgebot. Bei der wilden Schießerei wurde ein Mann der Bande verwundet. Er verriet später die anderen, und diese wurden von Pinkerton gehetzt, bis er die letzten hatte. Die ersten drei Gefangenen waren bereits auf dem Transport ins Gefängnis von Vigilanten gelyncht worden.

Als Vigilanten versprachen, die restlichen vier Banditen im Staatsgefängnis zu lynchen, drohten die anderen Banden, daß sie Seymour in Schutt und Asche legen würden. Um dieser Drohung Nachdruck zu verleihen, wurden Dutzende von Männern in der Nacht aus den Häusern geholt, gefoltert, geschlagen, erstochen oder erschossen. Steine flogen durch Fenster, um die Zettel gebunden waren: „Wenn die Renos hängen, werden für jeden zehn sterben."

Als die Vigilanten in der Nacht des 11. Dezember den Sonderzug nach New Albany entführten, befand sich der ganze Staat in einem Zustand blutigen Terrors.

„Kein christlicher Mensch kann Blutvergießen gutheißen", sagte ein Priester, als er den Vigilantenzug davondampfen sah, „aber wenn Frieden und Ordnung nur mit Blut zu erkaufen sind, so muß es fließen!"

Kurz nach Sonnenaufgang an diesem Tage nach der „Blutnacht von New Albany" wurden die Leichen der Reno-Brüder für ihre Verwandten freigegeben und nach Jackson gebracht.

John Reno kam als alter Mann aus dem Gefängnis und verschwand spurlos.

Die fast generalstabsmäßige Planung der Eisenbahnüberfälle der Reno-Brüder wurde in dem folgenden halben Jahrhundert von allen anderen Banditen bis ins Detail nachgeahmt. Aber sie alle erlitten mehr oder weniger das Schicksal der Renos. Teils durch ordentliche Gerichtsverfahren, die mit öffentlichen Hinrichtungen endeten, teils durch Vigilanten, die immer dort, wo der Arm des nominellen Gesetzes zu schwach oder zu korrupt war, um Abhilfe zu schaffen, unter der Parole der Indiana-Vigilanten Verbrecher kurzerhand aufhingen: „Salus populi suprema lex".

☆

Wie immer sich auch das Schicksal eines Verbrechers im Schatten unvorhergesehener Zufälle zur Zeit seiner Erfüllung niederschlagen mochte, es gelang nur einer verschwindend geringen Zahl von ihnen, dem gewaltsamen Tode zu entgehen. Einen der legendären Bahnräuber, der heute noch an Lagerfeuern besungen wird, ereilte sein Schicksal durch die Hand eines Kindes.

Der kleine Knabe Sam Houston Hill berichtete später über den abenteuerlichsten Tag in seinem Leben, den 19. Juli 1878, an dem in Round Rock, Texas, die berüchtigste Eisenbahnräuberbande im Feuer der Texas-Rangers vernichtet wurde: „Eines Tages sattelte ich mein Pony ‚Blitz' und ritt nach Round Rock. Ich war an diesem Tage ganz genau zwölf Jahre, fünf Monate und drei Tage alt. Ich kann diesen Tag nie vergessen. Irgend was zog mich wie ein Magnet nach Round Rock an diesem Tag. Ich hatte natürlich mein neues Gewehr, eine englische Randfeuer-Patronen-Sportbüchse, Kaliber 7,62 mm, bei mir, mit der ich das Fleisch für unsere Familie schoß. Oh, ich war ein verteufelt guter Schütze damals als Junge. Es gab kaum einen, der mich zwischen dem Rio Colorado und dem Rio Brazos geschlagen hätte.

Als ich die Höhe mit den Lebenseichen erreichte, von der aus man die Stadt überblicken konnte, bemerkte ich eine Aufregung, wie es sie nie vorher dort gegeben hatte und nie mehr danach geben sollte: Reiter jagten in Staubwolken hin und her, als ob sie hinter was her seien, das ich nicht sehen konnte. Es sah aus, als ob sie ununterbrochen in den Himmel schossen. Dann sah ich einen Mann aus dem Tumult herausgaloppieren. Er leerte sein Gewehr auf einen, der ihm folgte. Aber der blieb ihm auf den Fersen, und ich sah einen Stern an seinem Hemd glänzen, das sagte mir, daß der Fliehende ein gefährlicher Verbrecher sein mußte, und es meine Pflicht war, zu versuchen, ihn aus dem Sattel zu schießen. Als ich den Mann durch ein mannshohes Maisfeld dahinjagen sah, riß ich mein Randfeuergewehr aus dem Sattelschuh. Während ich auf ‚Blitz' saß, zielte ich genau auf die Stelle im Rücken des Mannes, wo sich seine Hosenträger kreuzten. Ich war sehr ruhig und drückte dann ab. Ich sah, wie der Mann vornüber auf den Hals seines Pferdes fiel, versuchte, sich an der Mähne festzuhalten und dann in den Mais stürzte. Ich brauchte gar nicht nach ihm zu sehen, um zu wissen, daß seine Reise zu Ende war."

Soweit die Worte eines Zwölfeinhalbjährigen, der „seinen ersten Mann" erschoß, und später von dem amerikanischen Historiker Dr. Frank Dobie entsprechend „gewürdigt" wurde.

Als Sam Houston Hill in die Stadt ritt, begegnete er einem großen Mann mit scharfen Zügen, der an der Stirn blutete und den Texas-Ranger-Stern auf dem Hemd trug.

„Was ist denn hier los?" wollte der Junge wissen. Texas-Ranger-Major John Jones antwortete: „Der Teufel, mein Junge, der Teufel. Sam Bass hat versucht, die Bank zu überfallen."

Der Junge sah, wie man drei Tote in einen Schuppen schaffte. „Ist das die Bande, Major?" Der Texas-Ranger vergrub grimmig die Zähne in die Unterlippe. „Das sind Sheriff Grimes und Texas-Ranger Henry Harreil."

„Und der dritte, Major?"

„Das ist nichts für dich. Wenn du nicht hier wohnst, reite zurück und komm mit deinem Vater wieder. Der dritte ist Seaborn Barnes, einer der drei Banditen."

Ein staubbedeckter Ranger rief dem Major zu, das Sam Bass entkommen sei. Da sagte Sam Houston Hill mit seiner hellen Stimme: „Das glaube ich nicht. Da oben in dem Maisfeld liegt einer, auf den ich geschossen habe."

„Was?" schrie Jones. „Was sagst du da? Los, zeige mir die Stelle!"

Man fand den 27 Jahre alten Sam Bass schwer verwundet in dem Maisfeld. Major Jones ließ ihn zu Dr. Cochrane bringen. Der Doktor untersuchte Bass und sagte dann leise zu Jones: „Komisches Kaliber, diese Kugel, die er im Leib hat. Es geht bald zu Ende mit ihm."

„Haben Sie es ihm gesagt, Doc?"

„Ja. Er ist sehr höflich und hat die Sprache eines Mannes, der viel gute Bücher gelesen hat."

„Bass ist ein sehr gemütvoller und weichherziger Bursche gewesen, bis er sich hier wie ein Tiger wehrte."

„Ich habe gehört, daß er noch nie einen Menschen erschossen hat und streng darauf achtete, daß auch die Mitglieder seiner Bande nicht Menschen töteten."

„Das ist richtig. Ich möchte ihn jetzt verhören." Major Jones ging mit dem Arzt zum Bett.

Das schmale Gesicht des Banditen war grau geworden. Die Nase hatte einen seltsam scharfen Rücken bekommen. Die schwarzen Augen waren mit einem Ausdruck hilfloser Freundlichkeit auf den hochgewachsenen Major gerichtet.

„Wollen Sie einen Drink, Sam?" fragte Jones.

„Nein, danke, ich trinke nie Alkohol, auch jetzt nicht, Mister Jones."

„Gut. Sam, Sie können viele Ihrer Sünden wiedergutmachen, wenn Sie mir jetzt Hinweise geben, wo ich Jackson finde."

Bass schüttelte den Kopf.

„Ich verrate meine Kameraden nicht, Jones, geben Sie sich keine Mühe."

„Gut, Sam. Wollen Sie mir andere Fragen beantworten?"

„Gern. Aber beeilen Sie sich, es geht mit mir zu Ende."

„Wie fing es mit Ihnen an?"

Ein vages Lächeln huschte über die Züge von Bass.

„Im Sommer 1876. Ein Rancher hatte mir ein paar hundert Stiere anvertraut, die ich mit einem Freund nach Deadwood in Colorado trieb. Ich verkaufte sie und verspielte das Geld. Kann ich ein Glas Wasser haben?"

Der Doktor brachte Wasser und flößte es ihm ein.

„Ich bin in Indiana geboren. Die Renos habe ich immer als Junge so bewundert. Ich kam auf die Idee, das Geld wieder zu beschaffen."

Jones nickte.

„Sie überfielen Postkutschen der Deadwoodlinie. Ein Kutscher wurde erschossen."

„Der Mann, der es tat, wurde sofort von mir verstoßen."

„Und warum haben Sie dann dem Rancher das Geld nicht zurückgebracht und wieder ein vernünftiges Leben geführt, Sam?"
Sam Bass lächelte bitter.
„In den ersten beiden Kutschen saßen Leute, die noch ärmer waren als wir. In der dritten kassierten wir 30 Dollar, davon gab ich dem Manne einen Dollar für ein Frühstück zurück."
„Und die anderen? Sie haben doch mehr als drei überfallen?"
„Sechs in Colorado, Jones. Alles andere ist gelogen. Wir erbeuteten einmal eine goldene Uhr und 3 Dollar, und dann 6 Dollar. In der letzten Kutsche saß eine Dame. Sie hielt mir eine Tasche mit zehntausend Dollar entgegen."
„Na also."
„Sam Bass beraubt keine Frauen!" rief Bass. „Ich habe nichts genommen."
Der Doktor warf dem Ranger-Major einen Blick zu. „Aber dann ging es los, Sam. Der Zugüberfall in Big Springs brachte 60 000 Dollar ein."
Bass nickte. „Dafür wurden von meinen fünf Männern in einer Woche vier erschossen."
„Nur Tom Nixon und Sie überlebten. Wo ist Nixon geblieben?"
„In Kanada. Er war klüger als ich. Das Leben eines Banditen ist hart, Jones. Der Einsatz steht in keinem Verhältnis zum Einkommen." Bass lächelte bitter. „Im Dezember 1877, die Kutsche nach Forth Worth, da erbeuteten wir zu fünf Mann ganze 11 Dollar."
Jones hatte ein Notizbuch hervorgeholt und las nun vor: „1. 2. 1878, Kutsche nach Forth Worth, Beute 70 Dollar — 23. 2. 1878 Zug des Central Texas Express, Beute 1280 Dollar — 20. 3. 1878 Zugüberfall, Beute 400 Dollar — 14. 4. 1878 zwei Züge in zwei Tagen, Beute zusammen 200 Dollar. Das ist mager, Sam. Mit deiner Klugheit und deiner Kraft hättest du als Viehtreiber mehr und sicherer verdient."
„Bestimmt. Aber ich habe mir einmal ein paar Kühe in die Taschen gesteckt, die nicht mir gehörten. Ich wurde das nicht mehr los, Jones. Ein Mann läuft seinem Schicksal nicht davon."
„Ihr habt zwei Beamte erschossen, Sam", sagte Jones mit rauher Stimme.
„Das tut mir leid. Sie haben mich in die Enge getrieben."

Als Dr. Cochrane sah, daß Bass nicht mehr viel Zeit blieb, mahnte er rasch: „Bass, erleichtern Sie Ihr Gewissen. Helfen Sie den Beamten, daß nicht noch mehr Unheil angerichtet wird. Verraten Sie den Schlupfwinkel ihrer Komplicen."

„Nie. Laßt mich gehen", sagte Sam Bass, „die Welt geht unter." Sein Kopf fiel zur Seite.

Sam Bass war tot.

Und noch während die Texas-Ranger die letzten beiden Mitglieder seiner Bande jagten und niederritten, entstanden an den Lagerfeuern und Kneipentheken die ersten Balladen und Legenden um den jungen Banditen, der das Leben und das Geldausgeben, melancholische Lieder und Kinder so geliebt hatte.

Eine dieser Balladen überdauerte die Jahrzehnte. Als ein Regiment der Marine-Infanterie im letzten Krieg am Strand von Okinawa landete, hörten die Japaner inmitten einer Hölle aus berstenden Granaten, zerfetzt durch die Luft fliegender Leiber ein rauhes Lied, von dem sie hin und wieder nur einen Namen verstanden: SAM BASS!

☆

Die Manager in den Hauptbüros der Bahngesellschaften kamen in diesen Dekaden vor der Jahrhundertwende nicht aus den Aufregungen heraus. Immer neue Bahnlinien bohrten sich in die unbesiedelten Territorien von Oklahoma, Colorado, Nevada, Arizona. An ihren Dämmen strömten Siedler ins Land, entstanden Städte, Farmen, Ranches.

Überall in den Bergen Colorados, Wyomings und Montanas waren Goldfelder entdeckt worden. Täglich transportierten die Züge in den Tresoren ihrer Expreßwagen Unsummen von Geld von Küste zu Küste. Zahllose Nebenlinien verbanden sich mit den Hauptlinien zu einem immer dichter werdenden Netz von Schienensträngen. Der Wilde Westen hatte sich als ein unerschöpfliches Reservoir an Naturschätzen erwiesen. In Kansas entstand die „Kornkammer" Amerikas, in Colorado die riesigen Erzbergwerke. Wyoming wurde zum Rinderzuchtstaat und Texas größtem Konkurrenten. In den endlosen Prärien entstand Amerikas vorbildliche Landwirtschaft mit Besitzen von der Größe europäischer Herzogtümer. Das Maschinenzeitalter mit seiner Rationalisierung und Vollautomatisierung kündigte sich an. Es hatte nicht alte Traditionen zu entjäten. Es gab keinen Stand der Kleinbetriebe, die eine Chance gegen die Großen hatten. Die Entwicklung fegte wie ein Sturm über das Land und krallte sich an jedem Hügel fest. Städte von phantastischen Dimensionen wurden über Nacht aus dem Boden gestampft. Die Regierung gab riesige Ländereien frei.

Es wurden Unsummen benötigt, Unsummen verdient und Unsummen investiert. Geld und Güter transportierte allein die Eisenbahn. Sie war das Netz lebenswichtiger Arterien und Venen in diesem Riesenkörper amerikanischer Ökonomie. Die Organisation des Gesetzes folgte dieser Entwicklung hintan, weil hier keine phantastischen Gewinne, sondern nur feste, aber bescheidene Gehälter zu verdienen waren.

Eisenbahnraub wurde in diesen Tagen zum fest einkalkulierten Passivposten in den Bilanzen der Bahngesellschaften und Transportversicherungen, die beide eine eigene Armee von Detektiven zur Bekämpfung der Banden unterhielten. Mit Erfolg. Von Jahr zu Jahr wurden mehr Banden vernichtet. Da es in vielen der kleinen Orte im Westen kaum Gefängnisse gab, und wenn, so waren es sehr unsolide Gelasse, galt fast überall der Wahlspruch: Nur ein toter Bandit macht keinen Ärger mehr.

Sehr oft waren die Richter und Polizeibeamten der einzelnen Staaten gezwungen, Männer als Gesetzesbeamte zu verpflichten, deren sichere Revolverhand besser war als ihr Charakter. Oft geschah es, daß nur ein geringer Anlaß genügte, solche „Beamte“ umfallen zu lassen. Wie im Falle der Daltons.

Die Daltons waren in den Jahren der Besiedlung mit ihrer ganzen Sippe nach Oklahoma gekommen, hatten sich dort niedergelassen, bebauten einige Stücke Land und ernährten sich recht und schlecht von den Früchten ihrer harten Arbeit. Im Laufe der Zeit lernten die Söhne Grat, Bill, Bob, Emmett und Frank Dalton das wüste Gebiet Oklahomas kennen wie den Inhalt ihrer Taschen. Frank trat in die Polizeimannschaft des Todesrichters von Arkansas, Parker, ein. Als er erschossen wurde, stellten sich Grat, Bob und Emmett Parker als Ersatz zur Verfügung. Richter Parker heftete ihnen den Stern des Gesetzes an und hatte Grund, sich in den ersten Monaten zu seinen neuen Beamten zu beglückwünschen. Die Daltons waren unbarmherzige Menschenjäger. Wenn sie einmal auf der Spur eines Mannes waren, entging er ihnen nie. Bis Richter Parker erfuhr, daß die Geldgier der Daltons begann, ihre Liebe zum Gesetz zu überwuchern. Sie machten krumme Geschäfte, Bob erschoß einen Mann, ohne in Notwehr zu sein, es wurde Vieh gestohlen, und die Daltons brachten es zurück, nachdem ihnen der Besitzer einen Anteil am Wert der Herden versprochen hatte. Der Verdacht wurde akut, daß sie das Vieh selber stahlen, um es gegen Belohnung wieder zu „finden".

Richter Parker nahm ihnen die Sterne ab. Kurz danach waren Beweise da, daß die Daltons getan hatten, dessen man sie verdächtigte. Sie flohen nach Kalifornien zu ihrem Bruder Bill, der dort eine Ranch erworben hatte. Kurz darauf wurde dort der Southern-Pacific-Zug Nr. 17 überfallen, der Heizer George Radcliff erschossen.

Das war der Beginn einer haarsträubenden Geschichte, nach der später Hollywood den Film „Als die Daltons ritten" drehen würde. Zugüberfall reihte sich an Zugüberfall. Die Daltons entwickelten eine völlig neue Taktik: Sie überfielen einen Zug, erstickten sofort jeden Widerstand in Blut, und jagten dann, jeder einzeln und in verschiedenen Richtungen, in ununterbrochenen Tages- und Nachtritten Hunderte von Kilometern davon. Wenn ein Aufgebot zusammengestellt war, befanden sich die Bandenmitglieder überall, nur niemals in der Nähe des Überfalls.

Am 6. Februar 1891 hatten sie in Kalifornien den ersten Zug überfallen. Achtzehn Monate versetzten die Daltons die Polizeiaufgebote einiger Staaten, die Eisenbahngesellschaften, Detektive und Transportversicherungen in helle Aufregung und den Staat Oklahoma in Angst und Schrecken. Dann vollzog sich auch ihr Schicksal mit der Unausweichlichkeit eines Naturgesetzes:

Am 3. Oktober 1892 stand Bob Dalton, der junge und intelligente Führer der Bande, vor seinen Brüdern und Kumpanen und verkündete triumphierend:

„Wir werden etwas machen, was vor uns noch nie jemand gemacht hat. Wir werden zwei Banken auf einmal berauben. Am hellichten Tag, Jungens. Ganz Amerika wird von uns sprechen."

Der kühle Rechner Bill Doolin schüttelte den Kopf. „Das ist Wahnsinn", sagte er, als er den Plan gehört hatte. „Das Risiko ist zu groß."
Bill Doolin wurde überstimmt. Die Bande setzte sich in Marsch. Am Morgen des 5. Oktober, wenige Kilometer vor Coffeyville, Kansas, stieg Bill Doolin vom Pferd, weil es lahmte. „Reitet langsam voraus. Ich hole mir ein neues Pferd bei einem Farmer in der Nähe, den ich kenne."
Der ungestüme Bob wartete aber nicht auf ihn, sondern drängte zur Stadt. Als sie die Straße hinunterritten, die zu den gegenüberliegenden Banken führte, hatte Coffeyville gerade begonnen, sich die Nacht aus den Augen zu reiben.

Die fünf Banditen verteilten sich auf die Condon Bank und auf die First National Bank.

Die Überraschung gelang. Sie waren gerade dabei, die mitgebrachten Säcke voll Geld zu stopfen, da ging es los. Schüsse krachten. Die Daltons stürzten zu den Pferden. Eine wilde Schießerei entbrannte. Sie dauerte kaum zwei Minuten. Als sich die Pulverschwaden verzogen, lagen die Banditen im Staub. Bob und Grat Dalton waren tot, Bill Powers und Dick Broadwell starben auf der Stelle. Emmet Dalton war schwer verwundet. Lucius Baldwin, ein Bankangestellter, war tot. George Cubine, ein Schuhmacher, und Charles Brown, sein Partner, waren tot. Der Kassierer Ayres war tot. Stadt-Marshal Charles T. Connally war tot.

„The Journal", die Zeitung der Stadt, schrieb an diesem Tage:

„An diesem Morgen erhielt die Straße ihren neuen Namen, den sie behalten wird, solange Coffeyville besteht: Todes-Allee. Unsere kleine Stadt stand im Blut. Starke Männer vergossen bittere Tränen, während Frauen und Kinder ihre Hände rangen und schrien. Coffeyville hat fünf gute Bürger verloren und zwei wurden schwer verwundet. Auf der anderen Seite starben vier Verbrecher, und einer wird ihnen hoffentlich noch folgen."

Diesen Gefallen tat Emmet Dalton der Redaktion nicht. Er hatte achtzehn Kugeln im Leib, aber er genas. Fünf Monate danach war er fähig, vor den Richter zu treten. Am 23. März 1893 trat er seine lebenslängliche Strafe im Staatsgefängnis Lansing, Kansas, an. Er war gerade 21 Jahre alt geworden.

Er lernte im Gefängnis das Schneiderhandwerk. Und etwas, was noch wichtiger für ihn war. Er schrieb an seine Mutter:
„Eine Zelle ist die Hölle. Aber es ist auch ein Ort, der einen dazu zwingt, über Dinge nachzudenken, über die man früher nie nachgedacht hat. Man bekommt Krämpfe davon, aber auch diese Krämpfe dienen dazu, zu einer gültigen Meinung zu kommen, daß Verbrechen etwas Dummes ist, wenn man es schon nicht aus gutem Geschmack verabscheut."
Der Mann, der 1907 als Begnadigter das Gefängnis verließ, war ein Kirchengänger, ein Moralist, der gegen das Verbrechen wetterte und sich für eine Gefängnisreform einsetzte. Seine „Räuberbraut" aus den wilden Tagen, Julia Johnson, hatte fünfzehn Jahre lang auf ihn gewartet. Als sie im Jahre seiner Entlassung heirateten, waren die Eisenbahnüberfälle vorbei, die Legende und der Film bemächtigten sich ihrer mit mehr oder weniger Phantasie. Tausende Autoren in aller Welt lebten von den Vorstellungen, die sie sich von diesen Männern machten, welche im Schatten feurigen Rauches auf ihre Art am Reichtum des Westens teilhaben wollten. An einem Sommertage im Jahre 1931 besuchte Emmet Dalton den Friedhof in Coffeyville und stand lange schweigend vor den Gräbern seiner Brüder, seiner Kumpane und ihrer aller Opfer. Ein Reporter der gleichen Zeitung, die gehofft hatte, daß man ihn bald daneben lege, fragte den Bauunternehmer Dalton, der es kraft seiner Intelligenz und Energie zum reichen Manne gebracht hatte:
„Was soll ich über Ihren Besuch schreiben, Mister Dalton?"
„Beantworten Sie mir zuerst eine Frage, die mich schon seit vielen Jahren interessiert. Haben die beiden Banken Geld verloren?"
Der Reporter grinste breit und antwortete:
„Die Condon Bank vermißte genau 20 Dollar."
„Ich werde den Betrag ersetzen. Und die First National Bank?"
Der Reporter grinste noch breiter.
„Die hatte 1,98 Dollar zuviel!"
„Schreiben Sie folgendes: Ich fordere die Welt auf, mir einen Verbrecher zu nennen, der von seinem Tun mehr erhält als dieses da." Er deutete mit der Hand auf die Gräber. „Oder in eine Gefängniszelle eingesperrt zu werden, was noch viel schlimmer und erbärmlicher ist.

Das gilt für die modernen Banditen unseres Wolkenkratzerzeitalters genauso wie für uns. Eine Maschinenpistole mag ihnen helfen, etwas schneller zu entkommen, und ein Auto mag der Grund sein, warum sie schneller fliehen können, als wir es mit Pferden vermochten. Der größte Narr auf dieser Erde ist ganz bestimmt der, der glaubt, daß er das Gesetz überlisten kann, der glaubt, daß sich Verbrechen lohnt. Es hat sich nie gelohnt und es wird sich nie lohnen, und das ist die große Lektion, die der Coffeyville-Überfall lehrt.“

XII

Audienzen am Lagerfeuer

„Ben Holladay war der erste Mann, der diesem Staat Impulse des Fortschritts gab, und selbst jene, die oft seine Methoden und sein Vorgehen heftig kritisierten, kommen nicht umhin, zuzugeben, daß Oregon diesem ‚Napoleon des Wilden Westens' mehr als ihnen schuldet."

THE OREGONIAN vom 14. Juli 1887

„Dieser Krieg zwischen Palmers ‚Denver & Rio Grande' - Schmalspur-Eisenbahn und der finanzstarken Atchison, Topeka & Santa Fé - Bahn ist nicht nur ein simpler Krieg um Dollars und Macht gewesen, sondern mehr noch eine Auseinandersetzung zwischen dem Großen und dem Kleinen, gleichzeitig vor den Gerichten und im Schatten der Bergtäler mit Gewehren und Revolvern."

Henry Kaynard Commager, Denver,
am 25. 1. 1881

Der sogenannte „Wilde Westen“ prägte einen Menschentyp, den es bisher in der Geschichte noch nicht gegeben hatte: den Eroberer. Jeder, der mit einem Planwagen den Mississippi überquerte, der mit einem Treck oder allein nach Westen ging, war sein eigener Eroberer. Trapper eroberten die Wildnis, Satteltaschenpriester eroberten neue Königreiche des Glaubens, eine Handvoll verwilderter Soldaten die Indianer, Landvermesser unerforschte Gebiete, der Siedler eroberte eine neue Zukunft, Frauen eroberten zum ersten Mal in der Menschheitsgeschichte die Gleichberechtigung, Cowboys einen Ozean aus Gras, verwegene Abenteurer eroberten, was sie wollten.

Mit der Eroberung der Entfernungen durch die Eisenbahnen brach ein Zeitalter der „Könige“ an. In den Goldgräberstädten Nevadas legte Hearst den Grundstein für sein Zeitungsmonopol, auf den Ölfeldern machte sich Rockefeller zum Ölkönig der Welt, die Rinderbarone Richard King, John S. Chisum, Abel „Shanghai“ Pierce und Columbus C. Slaughter errichteten Imperien von gewaltigen Ausmaßen, William Ralston machte sich zum ungekrönten Finanzkönig Kaliforniens, Silber, Kupfer- und Kohlekönige entfalteten mittelalterlichen Pomp, „Big Ben“ Holladay wurde zum „Wikinger“ des Transportwesens, William Palmer erkämpfte ein „Königreich der Schmalspur“. Jedoch, sie alle konnten zwar erobern, aber nur selten das Eroberte erhalten. Deshalb gingen viele von ihnen unter und wurden vergessen.

Die strahlende Morgensonne, die am 18. September 1873 über den Mauerschluchten New Yorks aufging, war ein Hohn auf das, was in diesen frühen Morgenstunden in der Wall Street geschah:

Als die Investitionsbank Jay Cooke & Company ihre Tore schloß, weil sie kein Geld mehr hatte, das sie auszahlen konnte, brach eine allgemeine Panik aus. Aktionäre, große und kleine, Bankdirektoren, Geschäftsleute, Börsenjobber, sie alle wurden leichenblaß, als der erste Stoß des Finanzerdbebens durch die New Yorker Börsenkurse ging.

Jay Cooke & Company, die Stützen der Northern-Pacific-Eisenbahngesellschaft, konnten nicht mehr zahlen!
Ein Sturm brach los. Männer begannen schreiend umherzurennen, stolperten und fielen übereinander vor den Schaltern der Börse zu Boden. Die Kurse sanken ins Bodenlose. Millionäre wurden über Nacht zu Bettlern. Man rang die Hände, man weinte, man brach zusammen. Mit der sinkenden Sonne lief eine Welle des Ruins nach Westen. Durch die Telegraphendrähte jagten pausenlos die Nachrichten. Und an ihrem Ende, in San Francisco, saß „Big Ben" Holladay, der ungekrönte Transportkönig Amerikas, der „Zar des Westens", der Gigant unter den Eroberern, und preßte die Lippen zusammen.
Dieser schwarze Freitag hatte mit einer Nachricht begonnen, die den starkknochigen Mann bis ins Mark erschütterte: Seine Frau Ann war gestorben. Aber ihm blieb keine Zeit zu trauern. Die Grundlagen seines mächtigen Transportreiches wankten. Er hatte, als es noch keine Eisenbahnen gab, den Westen mit seinen Butterfield- und Overland-Postkutschen-Linien erschlossen und ein lückenloses Transportsystem aufgezogen. Aber, kaum, daß die Investitionen begannen, sich zu amortisieren, hatte sich dieser „Napoleon der Prärie" schon wieder auf neue Projekte geworfen. Er gründete eine Dampfschiffgesellschaft, investierte Millionen, die ihm nicht gehörten, ließ in Oregon Eisenbahnen bauen, wieder mit Millionen, die ihm nicht gehörten. Ruhelos stürmte er vorwärts. Immer neue, gewaltigere Unternehmungen. Immer neue Millionen.
„Ängstliche Kaninchen, die ihr seid!" schrie er mit seiner gewaltigen Stimme die Vorsichtigen an, die ihn vor zu vielen Unternehmungen warnten. „Was ich nicht erobere, nehmen sich andere! Man muß investieren, wenn man verdienen will. Immer wieder investieren!"
Und „Big Ben" investierte. Kaum begannen sich die Postkutschen zu lohnen, kaum hatte seine eigene Armee von Scharfschützen den Weg durch räuberische Indianerstämme freigeschossen, trat das Feuerroß seinen Siegeszug durch den Westen an. Die Postkutsche war hoffnungslos veraltet, noch bevor sie sich selber bezahlen konnte. Um nicht hinter der Entwicklung herzuhinken, baute Ben Holladay selber Eisenbahnlinien und grub damit seinen Postkutschen ein unbezahltes Grab.

Als er hörte, daß die Northern-Pacific-Eisenbahn dabei war, Oregon zu erschließen, trieb „Big Ben“ selber Geld auf. In England und in Deutschland. Millionen harter Dollars, die er in die gewagtesten Unternehmungen pumpte, bevor er sie genügend abgedichtet hatte. Überall lief daher das Geld wieder heraus.
Und nun ging der „schwarze Freitag“ von 1873 zu Ende.
Im Schein der Petroleumlampe saß Paul Schulze, sein deutscher Assistent, neben ihm.
„Eine Katastrophe“, murmelte Schulze immer wieder.
„Big Ben“ sprang auf und schrie mit gesträubtem schwarzem Bart: „Quatsch, Schulze! Die Kurse werden sich wieder fangen. Die Regierung kann die Northern Pacific nicht im Stich lassen. Dazu hat sie viel zuviel Geld investiert.“
„Es geht nicht um die Northern Pacific, Sir“, antwortete der ehemalige deutsche Journalist in seinem harten Englisch düster. „Es geht um die deutschen Aktionäre Ihres Empires, Mister Holladay!“
„Na und?“ Holladay wanderte mit harten Schritten in der riesigen Marmorhalle seiner schloßähnlichen Villa umher. „Was wollen sie denn, die Deutschen? Geld verdienen wollen sie. Und wer macht für sie die Millionen? Ich, Ben Holladay.“
„Sir, Sie sind ein gewaltiger Eroberer“, sagte Schulze mit schwerer Betonung. „Aber meine Landsleute interessiert nur, daß das investierte Geld so sicher wie möglich angelegt wird und Dividenden trägt.“
„Sicher anlegen!“ röhrte Holladay. „Wenn ich so was höre! Sicher anlegen!“ Er riß aus einer kostbaren Kristallglasvitrine eine Flasche roten Sekt, schlug ihr an einem Marmorengel den Hals ab und setzte sie an den Mund. Der perlende Wein rann schäumend über sein Hemd.
„Was denken die sich eigentlich, wie man hier im Westen sicher Geld anlegen soll! Wenn man an Sicherheit gedacht hätte, gäbe es nicht eine einzige Schiene hier, und man säße heute noch wie Urwaldaffen auf den Bäumen. Sicher anlegen! Zum Schreien ist das!“
„Sir, ich fürchte, daß sie jemand herschicken werden, der von ihrem Recht Gebrauch machen wird, eine Prüfung vorzunehmen.“
„Prüfung! Mich überprüfen? Überprüfen, was ich für richtig halte? Sind Sie wahnsinnig, Schulze?“

„Sir, meine Landsleute haben die Majorität am Aktienkapital der Bahnlinien. Sie sind keine Abenteurer, sondern nüchterne Kaufleute, für die ein Geschäft eine mathematische Gleichung ist, die aufgehen muß.“

„Der Teufel soll diese Federfuchser holen. Schulze, wissen Sie was?“

„Sir?“

„Lassen Sie doch dieses verdammte Sir weg! Schulze, Sie fahren nach Frankfurt. Ich kann jetzt keinen Ärger im eigenen Hause vertragen, verstanden? Sagen Sie ihnen das!“

☆

Zwei Tage später saß Schulze auf einem Schiff nach Europa. Die Aktionäre hörten ihm in Frankfurt aufmerksam zu. Dann wurden ihm zwei Männer vorgestellt. Den einen, Heinrich Hilgard, kannte er. Seit Jahren arbeitete Hilgard unter dem Pseudonym Henry Villard für deutsche und amerikanische Zeitungen als Korrespondent im Westen Amerikas. Er war dabei, als in Colorado Gold gefunden wurde, er hatte über den Bürgerkrieg berichtet und über die Transkontinental-Eisenbahn. Der Bau der amerikanischen Eisenbahn hatte Villard fasziniert. Es gab keinen besseren Amerika-Kenner in Deutschland als ihn.

„Ich bin von den Aktionären beauftragt worden, in Oregon eine deutsche Hypothekenbank zu gründen und diesem sorglosen ‚Napoleon der Prärie‘ auf die Finger zu schauen“, sagte er zu Schulze. „Das hier ist Herr Richard Koehler, Eisenbahnfachmann und Ingenieur. Herr Koehler wird die Betriebsleitung des weiteren Bahnbaus in Oregon übernehmen.“

„Um Gottes willen, das macht Holladay nicht mit“, stieß Schulze hervor.

„Er muß mitmachen“, erwiderte Villard kühl. „Für uns stehen 11 Millionen Dollar auf dem Spiel. Die Aktionäre sind nicht gewillt, diese Summe einem Napoleon zu überlassen, damit er sie in Oregons Moskau anzündet.“

„Das wird ihm das Rückgrat brechen“, murmelte Schulze erschüttert.

„Herr Schulze“, sagte Villard ernst, „ich habe eine gewaltige Hochachtung vor Ben Holladay. Ich habe erlebt, wie er eine Unmöglichkeit nach der anderen verwirklichte. Ein großer Mann. Ein wahrer Napoleon. Aber hier geht es um Geld, und Sie wissen genau, daß unseren Banken der Blick auf ein lebendes Denkmal als Dividende nicht genug ist."

„Aber müssen Sie ihm denn gleich so rigoros zusetzen?"

„Ich muß Holladay das Rückgrat brechen. Wenn er klug ist, kommt er als reicher Mann aus dem Spiel heraus. Aber ich fürchte, daß ihm das nicht genügt."

„Geld ist für ihn etwas, das er im Grunde verachtet."

„Deshalb wird er am Geld auch zugrunde gehen. Gehen wir, meine Herren, der Zug wartet."

Es war ein kalter Winterabend auf dem Frankfurter Bahnhof, an dem die drei Herren den Zug bestiegen, und Schneeflocken zerschmolzen auf ihrer Haut, als sie über die Gangway in Hamburg den amerikanischen Holladay-Dampfer der Oregon Steamship Company bestiegen.

„Die Zeit der Eroberer des amerikanischen Westens geht vorbei", sagte Villard im Rauchsalon, als die Maschinen zu stampfen begannen. „Sie erleiden das Schicksal aller Eroberer, Schulze, die kämpfen, aber nicht regieren können." Er zündete sich eine Zigarre an. Richard Koehler nippte an seinem Whiskyglas. Durch die Bullaugen hörte man rauhe Kommandos. Das große Schiff begann, sich in der hochgehenden Elbe-Strömung zu wiegen. „Unsere Aktionäre werden froh sein, wenn sie ihr Geld zurückerhalten. Ich nehme an, daß ich ein gewaltiges Imperium und ein noch gewaltigeres, finanztechnisches Chaos vorfinden werde. Es wird Jahre dauern, um hier vorsichtig die Gelder zu sichern. Da es nun kaum noch etwas, als gesunde Bilanzen zu erobern gibt, muß Ben Holladay vernichtet werden."

„Mir ist nicht wohl dabei", bemerkte Schulze bitter.

„Mir auch nicht. Aber Ben Holladay ist in seiner ganzen großartigen Art schon die Reliquie eines Zeitalters, das zu Ende geht. Die Geschichte hat ihn bereits zugedeckt. Wir werfen nur die letzten Schaufeln Erde auf seinen Sarg."

☆

In einem Hotel in San Francisco trafen Wochen später einige Herren zusammen:

Der gewaltige Ben Holladay brachte seinen Anwalt Barlow und den kalifornischen Senator Mitchell mit. Henry Villard stellte auf seiner

Seite nur Professor Thayer von der Juristischen Fakultät der Universität Harvard vor.

„Big Ben“ steuerte gleich auf sein Ziel los und schien nichts anderes zu erwarten, als daß der Deutsche der Macht seiner Persönlichkeit genauso unterliegen würde, wie alle Männer, die jemals in seinen Schatten getreten waren. Aber Villard blieb kühl und sachlich. Er hatte sich in wenigen Tagen einen gültigen Überblick über Holladays finanzielles Chaos verschafft.

„Ich brauche Luft“, rief Holladay. „Der Börsenkrach war ein schwerer Schlag für ganz Amerika, nicht nur für mich. Ich renne alle Schwierigkeiten nieder. Ich baue eine neue Bahnlinie. Es müssen mehr Einwanderer nach Oregon. Das werde ich organisieren.“

„Mister Holladay“, sagte Villard leise, „was gebaut wird, bestimmen die deutschen Aktionäre, deren Repräsentant ich bin. Wie gebaut wird, bestimmt Mr. Koehler. Hier habe ich alle Fakten aufgeführt. Die Bilanz ist erschütternd.“

„Als meine ersten Postkutschenbesatzungen niedergemacht wurden, war das auch erschütternd“, schrie Holladay. „Das sieht nach einer bedingungslosen Kapitulation aus. Ich will verdammt sein, wenn es so etwas gibt! Ich habe dieses Empire aufgebaut! Mit meinen beiden Händen und mit Blut und Schweiß, den ihr nie gekannt habt! Es ist meines! Aufgeben? Nie! Verstehen Sie das nicht, Sie Federfuchser?“

„Ich habe nur den Standpunkt meiner Auftraggeber zu verstehen“, sagte Villard kühl. „Leider ist die Rechtslage so, daß ich nicht sofort Ihre Kapitulation erzwingen kann. Aber so, wie ich die Situation überblicke, werden Sie selber in wenigen Jahren diese Rechtsgrundlagen schaffen, Mister Holladay.“

Ben Holladay lachte dröhnend und wölbte die mächtige Brust. „Den Teufel werde ich. Für meine Indianerkämpfe habe ich einen Anspruch auf eine Summe, die mich zum reichsten Manne Amerikas machen wird! Das Geld werde ich jetzt von Washington verlangen. Und dann zahle ich euch aus und jage euch alle zum Teufel, verstanden?“

Die Herren trennten sich. Während Henry Villard Holladays Gegner um sich versammelte und vorsichtig die deutschen Investitionen beschützte und Holladays Untergang vorbereitete, stürzte sich der

Monarch in ein aussichtsloses Abenteuer. Er riß immer neue Löcher auf, um damit alte zu stopfen. Nach zwei Jahren war es soweit. Holladay war am Ende. Zuletzt hatte er in seiner Bedrängnis Manipulationen vorgenommen, die alles andere als rechtmäßig waren.

Villard stellte ihm erbarmungslos ein Ultimatum: Entweder bedingungslose Kapitulation oder Gericht und Gefängnis!

An einem sonnigen Tage des Mai 1876 trafen die beiden erbitterten Feinde, die zwei neue Welten verkörperten, zusammen.

Big Ben Holladay erschien mit sorgfältig gestutztem Bart. Über der dunklen Seidenweste spannte sich die schwere goldene Uhrkette.

„Hallo, James!" rief er lärmend dem Oberkellner zu und drückte ihm einen Zehndollarschein in die Hand, „warum zuckst du so mit den Augen? Macht dich dieses Leben nervös? Würdest du lieber wieder auf einer Kutsche sitzen, mit einer Flinte zwischen den Knien?"

„Entschuldigung, Boß", murmelte der Mann bedrückt. „Mister Villard wartet im Konferenzzimmer."

„So, Mister Villard!" Big Ben lächelte mit blitzenden Zähnen. „Er sieht krank aus, der Mister Villard, hat man mir gesagt. Zitronengelb. Die Galle. Armer Bursche. Das sind die vielen Zahlen. Das ist die Tinte. Akten und Staub, gebohnerte Schreibtische und zuviel Sitzen. Grüß deine Frau, James."

Die Absätze Big Bens hallten über den Boden. Villard saß an einem langen Tisch. Big Ben erzählte ihm lärmend eine wilde Geschichte aus der Goldgräberzeit. Villard schob ihm grimmig ein paar Papiere über den Tisch. Im sonnengebräunten Gesicht Big Bens verzog sich kein Muskel, als er die Übereignungsurkunden überflog. Der Bart verbarg seine bebenden Lippen.

Er nahm den Federhalter, tauchte die Feder in Tinte und begann, seinen Namen unter die Urkunden zu setzen. Mit ernergischem Schwung, steile, spitze Buchstaben. Dann warf er den Federhalter in die Tischplatte, wo er schwingend in einem schwarzen Klecks steckenblieb.

„So", sagte er und erhob sich, „fertig! Leben Sie wohl, Mister Villard!"

Mit festen Schritten ging Big Ben auf die Tür zu und riß sie auf. Die Halle des Hotels stand voll schweigender Menschen, die ihm wie einem zum Rücktritt gezwungenen Monarchen nachblickten.

Aber noch lebte der alte Löwe. Er hatte sein Eisenbahnreich und seine Dampfschifflinien verloren. Aber er besaß zahllose Anteile in anderen Geschäften und große Grundstücke im Westen. Die vertraute er seinem Bruder Joe an, während er mit seiner zweiten Frau Ester den Westen bereiste, dem er den Stempel aufgeprägt hatte.
Als er zurückkam, teilte ihm sein Anwalt mit, daß sein Bruder ihn betrogen hatte.
Es schien, als ob der Rest seines Vermögens verloren sei. Big Ben eilte nach Portland zurück, stürmte in das Haus seines Bruders Joe und riß ihn am Kragen hoch.
„Was bedeutet das?“ schrie er. „Was mir gehört, bleibt mir! Ich nehme dich auseinander, wenn es sein muß. Und, beim Donner, ich werde dich vernichten, wenn du diese Schweinerei nicht rückgängig machst!“
Der schmächtigere Joe entwand sich dem harten Griff und lächelte kühl. „Du machst mir keine Angst, Bruder“, sagte er. „Jetzt habe ich dich endlich. Darauf habe ich gewartet, seit du mir in Kentucky das neue Gewehr abgenommen hast, weil du stärker warst als ich. Du warst immer oben, im Beruf, im Reichtum . . . und bei den Frauen. Ich hatte nie viel. Was ich aber jetzt habe, das behalte ich!“
„Du glaubst, ich bin erledigt, was?“ schrie Big Ben. „Weil mich meine Kinder hassen und gegen mich kämpfen, weil ich noch einmal geheiratet habe! Der Teufel soll sie holen! Die Ratten beginnen am Löwen herumzunagen, noch bevor er tot ist! Warte, Joe, du wirst was erleben!“
Zwischen den Brüdern brach erbitterte Feindschaft aus. Dem Kämpfermut Big Bens war Joe nicht gewachsen. Er starb. Aber die Prozesse hatten Big Ben den letzten Rest seines Vermögens gekostet. Er besaß nun nur noch eine jährliche Rente von 5000 Dollar.
Eines Tages fand man seinen Sohn Ben Holladay jr. betrunken in der Gosse vor einem Hotel. Der haltlose Mann, der im Schatten des väterlichen Ruins zum Säufer geworden war, starb. Seine Tochter starb und verfluchte ihn auf dem Sterbebett.
Nun legte sich der alte Löwe endlich zur Ruhe.
In einem kleinen Haus in Portland schloß er sich ein. Ester Holladay gebar einen Sohn und dann eine Tochter. Der gewaltige Mann hatte ohne Bitterkeit zugesehen, wie das deutsche Finanzgenie Henri Villard

sich zum Eisenbahnkönig Oregons machte, neue Linien baute, die Leitung der Nord-Pacific-Bahn übernahm, Banken gründete und die Scherben des Holladay-Empires zum Fundament eines Riesenkonzerns zusammenfegte.

Big Ben wurde müde. Immer öfter starrte er abwesend vor sich hin. Seine Schultern sanken herab. Er war ein vergessener Mann geworden. Er wußte das, und es war ihm egal. Er hatte einen Sohn und eine Tochter, die das kleine Haus mit Leben erfüllten. Ihnen gehörte die Zukunft. Sie hatten sein ungestümes Blut in den Adern. Ihm war die Vergangenheit geblieben.

Big Ben wurde krank. Big Ben begann zu träumen, während sich neben seinem Stuhl die Medizinflaschen stapelten.

Dann verlor er das Bewußtsein. Wenn er erwachte, erkannte er niemand mehr. Er verlor jeden Sinn für Raum und Zeit. Dann, während eines plötzlichen, kurzen Augenblicks kehrte seine Kraft zurück und er erinnerte sich der ganzen Macht, die er einmal in den Händen hatte. Er sah sich hoch auf dem Kutschbock einer wild dahingaloppierenden Kutsche sitzen, die lange Peitsche schwingen. Er hörte seine mächtige Stimme die dahindonnernden Pferde anschreien. Der Kutschbock verwandelte sich in den glühendheißen Führerstand einer Lokomotive, die er über eine himmelhohe Brücke dahinrasen ließ. Dann stand er vor dem Ruder eines seiner Ozeandampfer. Ladebäume knirschten, Maschinen stampften und die Schraube wirbelte weißen Gischt am Heck auf. Und endlich sah er sich vor dem Kongreß stehen und hörte den Sprecher sagen: „Der Kongreß hält Ihren Anspruch für zu hoch. Vier Millionen! Gewiß, Sie haben durch die Indianerkriege ein Vermögen verloren, aber, wie gesagt, das ist vorbei. Wir bieten Ihnen hunderttausend an, Mister Holladay."

Big Ben bäumte sich im Bett auf und schrie das, was er damals dem Senator gesagt hatte:

„Wenn die Vereinigten Staaten nicht in der Lage sind, ihre Schuld ganz zu bezahlen, so verzichte ich auf eine Teilentschädigung"

„Harpers Weekly" schrieb zu seinem Tode: „Dieser Gigant, dieser großartige erobernde Barbar hinterließ Amerika das Andenken an haarsträubende Abenteuer und phantastische Gründungen, welche sei-

nen Namen mit der Geschichte der USA untrennbar verschmelzen als einen der größten und verwegensten Industriemonarchen, den wir je hervorgebracht haben." Aber „Harpers Weekly" irrte: Big Ben Holladay wurde von der Geschichtsschreibung vergessen!
Die Zeitung konnte damals noch nicht wissen, daß dieses großartige Amerika, dieser Gigant unter den kommenden Nationen, viele gute und beispielhafte, aber auch eine sehr, sehr schlechte Eigenschaft entwickeln würde: Amerika pflegt die Gescheiterten zu vergessen. Es gibt keine größere Sünde, als erfolglos zu sein!

☆

Während „Big Ben" Holladay im Westküstenstaat Oregon um die Säulen seines Eisenbahnempires kämpfte, war in Colorado, das Holladays Postkutschen und Transportwagenlinien erst für die Besiedlung erschlossen hatten, ein anderer Mann dabei, ein neues Königreich aufzubauen: Der ehemalige General William J. Palmer hatte sein Leben lang Eisenbahnen auf fremde Rechnung gebaut. Vor dem Bürgerkriege, während und nach dem Bürgerkriege. Nun, da Colorado im Fieber der Gold- und Silberfunde kochte, sah er seine Chance, den Traum seines Lebens zu verwirklichen: ein dichtes Netz von Schmalspureisenbahnen, die besser als die Breitspurbahnen in der Lage waren, das wild zerklüftete Bergland zu überwinden und den Transport des Erzes und der Güter von und nach den zahllosen Boom-Städten abzuwickeln.
Genau wie Ben Holladay, so begann auch Palmer sein waghalsiges Unternehmen mit dem Geld von Leuten, die gedachten, durch die Verwegenheit des Generals rasch an Reichtümer zu kommen. Aber bald stellte es sich heraus, daß die Überwindung der Berge mehr kostete, als alle Beteiligten erwartet hatten. Die Investoren begannen ungeduldig zu werden.
Palmer versammelte kurzerhand seine Geldgeber, lud sie in einen Wagen und fuhr mit ihnen zum Schienenende. Dort empfing sie Jim McMurtrie, ein grimmiger riesiger Mann, der den Bahnbau leitete. McMurtrie nahm Palmer zur Seite.
„Warum haben Sie diese Leute ausgerechnet jetzt mitgebracht, Mister Palmer?" sagte er unwillig. „Wir sind gerade fertig, um zur Royal-Gorge-Schlucht zu reiten."

„Das kann man doch um eine Stunde verschieben, nicht wahr!?“
„Denken Sie. Die Santa-Fé-Bahn hat in Canon City eine neue Gesellschaft gegründet. Die Canon City & San Juan-Eisenbahn. Merken Sie was?“
„Was?“ rief Palmer erschrocken. „Sie wollen doch wohl nicht auch nach Leadville bauen!?“
„Doch, Mister Palmer. Genau das wollen sie. Sie haben das Ergebnis unserer Vermessungen abgewartet und einen der Vermesser bestochen. Gestern habe ich aus El Moro die Nachricht bekommen, daß sie Ray Moreley verpflichtet haben. Das ist ein verdammt harter Bursche, mit dem ich schon manchen Kampf hatte, aus dem ich nicht immer als Sieger hervorging.“
„Schön, und was ist mit diesem Moreley?“
„Er wollte einen Sonderzug nach Canon City haben, um dort Bahnarbeiter anzuwerben. Mit denen will er die Royal-Gorge-Schlucht besetzen. Wenn ihm das gelingt, hat die Santa Fé den einzigen Zugang zum Tennessee-Paß und zur Bergwerkregion. Und Sie kommen mit Geldleuten!“
General Palmer wischte sich über den Schnurrbart.
„Können Sie Moreley schlagen, Jim?“
„Wenn ich sofort losreite, vielleicht. Die Männer sind fertig.“
„Bewaffnet?“
McMurtrie grinste breit und klopfte gegen den Revolver, der an seinem Schenkel hing. „Schwer, Mister Palmer. Diesmal geht es uns nicht mehr wie damals auf dem Raton-Paß, als die Santa-Fé-Männer eine halbe Stunde früher da waren als wir!“
Palmer seufzte.
Vor zwei Jahren hatte er eine Linie nach Neu-Mexiko bauen wollen, um eine Verbindung zwischen der Bergwerkindustrie Colorados und der Landwirtschaft Neu-Mexikos herzustellen. Der Raton-Paß war der einzige Weg über die Grenzberge. Die Atchison, Topeka & Santa Fé-Bahngesellschaft hatte gewartet, bis er mit seinen Plänen fertig war. Als McMurtrie mit seinem Bautrupp am Paß ankam, waren die Santa-Fé-Männer bereits da und hielten ihnen Gewehre entgegen. Für Palmer war alles umsonst gewesen.

„Gut, Jim. Marschieren Sie sofort ab. Wir müssen die Royal-Gorge-Schlucht unbedingt in Besitz nehmen, sonst bin ich bankrott, und diese Männer da werden mich in Stücke reißen."
„Wird gemacht", antwortete McMurtrie. Er zog seinen Revolver und schoß ihn ab. Aus den Baracken kam ein halbes Hundert schwerbewaffneter bärtiger Männer, die sich auf Pferde schwangen und davonjagten.

☆

Als McMurtrie am nächsten Tag, spät am Abend, den Eingang der Schlucht erreichte, traten ihm hundert schwerbewaffnete Männer entgegen.
Ray Moreley trat hervor und tippte grüßend an den Hutrand.
„Pech, Jim."
„Das sieht so aus", sagte McMurtrie düster. Er zog sich mit seinen Männern zurück. Er ließ Lassos aneinanderknoten und führte seine Männer in die Berge. Hoch am Rande eines Knicks der Schlucht ließen sie sich hinunter.
An der 20-Meilen-Meßstange ließ er aus den Steinen des Arkansas-Flusses einige kleine Forts bauen. Vor diese Forts rammte er einen Pfahl in den Boden und schrieb darauf:
„Todeslinie — wer sie überschreitet, wird erschossen."
Wenig später kam ein Reiter den Canyon hinunter. Vor dem Pfahl hielt Ray Moreley sein Pferd an. Der Blick seiner dunklen Augen glitt über die Steinwälle, die Gewehre und die entschlossenen Männer hinter ihnen.
„Pech, Ray", sagte McMurtrie lachend und stellte sich auf einen Wall.
Morely zündete sich eine Zigarette an und meinte: „Das ist eine gute Position. Aber bist du dir darüber im klaren, daß ihr ganz schön in der Falle sitzt? Ihr werdet Nachschub brauchen. Und was den Kampf angeht, wir sind dabei, uns eine Garde erstklassiger Schützen zuzulegen. Sagt dir der Name Bat Masterson etwas?"
„Sicher. War Sheriff in Dodge City. Ein harter Mann."
„Schön. Palmer hat vielleicht gerade noch das Geld, die Strecke zu legen. Kämpfer kann er nicht bezahlen."
„Braucht er auch gar nicht. Er hat ja genug, wie du siehst."
„Also, dieser Pfahl gilt, Jim?"
„Witze erzähle ich nur in Kneipen, Ray."

EISENBAHNKRIEG
ZWISCHEN DENVER & RIO GRANDE RAILROAD und
ATCHISON, TOPEKA & SANTA FÉ RAILROAD

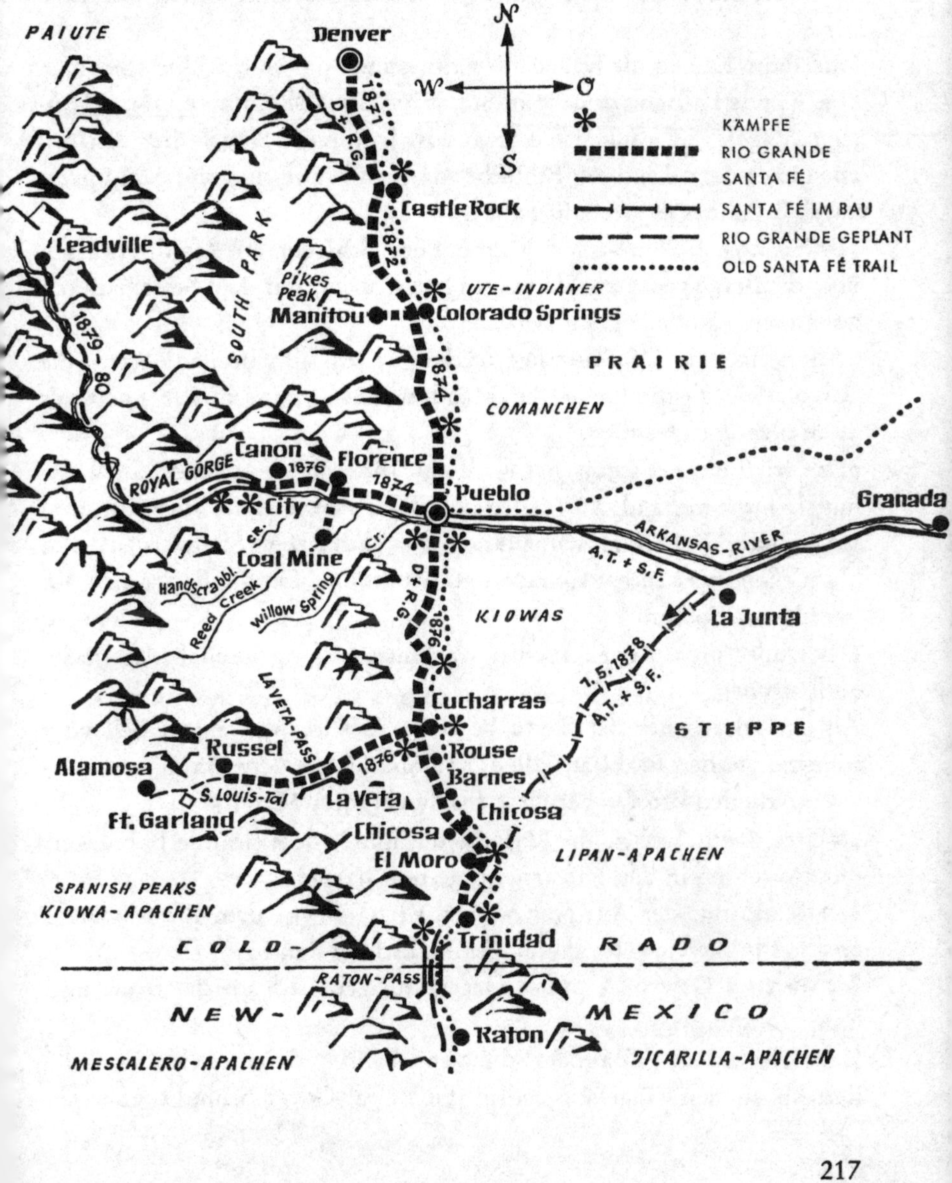

„Gut, also werden wir kämpfen. Viel Glück, Jim."
„Viel Glück, Ray", rief McMurtrie seinem ehemaligen Freund nach, und Moreley kehrte zurück.
Tage später hörte man das Hämmern des Schienenlegertrupps der Santa Fé näher kommen. Jim McMurtrie stand mit seinen Männern bereit.
Und dann kamen die Schienenlegerkolonnen um eine Schluchtbiegung. Die Wände hallten wider vom Stampfen der Lokomotive, vom Hämmerschlagen und rauhen Kommandos. In diesem Augenblick erschien oben über dem Rand der Schluchtwand ein Mann und rief McMurtrie zu, daß Palmer es geschafft habe.
„Er hat zwei Lokomotiven, Material und Schienen auf Maultierkarren über die Berge gebracht. Sie fangen heute abend mit dem Schienenlegen am anderen Ende der Schlucht an."
„All right", rief McMurtrie zurück. „Er soll sich beeilen! Wenn die Advokaten die Sache in die Hand nehmen, müssen wir mehr als 20 Meilen gelegt haben."
„Das wird Palmer schon, hat er gesagt. Ihr sollt sie nur aufhalten, damit sie nicht mehr als 20 Meilen bauen können. Das ist alles. Ich muß weg, Jim. Hier oben wimmelt es von Schützen. Sie werden alles abschießen, was euch Proviant und Munition besorgt. Es werden ein paar harte Wochen."
Das wußte McMurtrie. Aber er war entschlossen, diesmal nicht mehr nachzugeben.
Als ein Vorarbeiter der Santa Fé einen Arbeiter mit einem Beil vorschickte, um den Pfahl zu fällen, rief McMurtrie dem Mann zu:
„Wenn du den Pfosten berührst, bis du ein toter Mann!"
„Weiter, Benn!" schrie der Vorarbeiter, hinter dem sich die Bahnleger, mit Gewehren in den Fäusten, aufgestellt hatten.
Der Mann mit der Axt ging weiter. Er stand vor dem Pfahl, starrte unsicher in die Gewehrmündungen und schlug dann zu.
McMurtries Gewehr krachte. Der Mann griff sich an die Brust und brach zusammen.
Der Krieg zwischen Palmers Schmalspurbahn und der großen Santa Fé hatte begonnen. Tagelang hallte die Royal-Gorge-Schlucht von den

Schüssen wider. Immer wieder schlug McMurtrie die anstürmenden Männer der Santa Fé zurück. Schließlich waren Ray Moreley die Verluste zu hoch. Er stellte den Kampf und die Arbeiten ein.

☆

Inzwischen waren vor dem obersten Gericht von Colorado wütende Schlachten entbrannt. Hinter beiden Bahnbauern standen Aktionäre, die ihre Einlagen und Gewinne gefährdet sahen.

Der Richter schlug einen Kompromiß vor.

„Es gibt keinen Kompromiß, Euer Ehren", rief Palmer. „Die Schlucht ist so eng, daß nur eine Linie dort bauen kann."

„Entweder alles, oder nichts", sagte der Anwalt der Santa Fé. Die Entscheidung zog sich hin. Der Kampf in der Schlucht entbrannte aufs neue. Einmal am Tage wurde das Feuer eingestellt, damit die Verletzten abtransportiert werden konnten. Endlich erschienen Palmer und der Anwalt der Santa Fé in der Schlucht.

„Das Gericht hat entschieden, daß wir die Linie bauen und sie für 30 Jahre an die Santa Fé ausleihen", sagte Palmer düster.

„Ja, ist der Richter denn verrückt geworden?" rief McMurtrie. „Eine Bahnlinie ist doch kein Hut, den man verleihen kann."

„Es ist ein Haken dabei, an dem sich die Santa Fé aufhängen wird", antwortete Palmer. „Es ist ihr zur Auflage gemacht worden, daß sie der Stadt Denver Selbstkostenfrachtraten zu gewähren und die Anlagen in Ordnung zu halten hat. Verstehen Sie, Jim: Wenn die Stadt Denver, die hinter mir steht, also laufend allen Verkehr ausschließlich über diese Linie abwickelt, ist jeder Zug ständig fest engagiert. Zum Selbstkostenpreis. Ein riesiges Verlustgeschäft, das sich die Santa Fé nicht erlauben kann. Also wird sie versuchen, die Auflagen zu umgehen. Wir passen auf, ertappen sie dabei, und gehen in die zweite Runde."

„Boß, das sind Dinge, die mir nicht passen. Ich bin für glatte Tatsachen. Wenn sich zwei im Wege stehen, schießen sie so lange, bis einer umfällt. Fertig. Das ist eine reelle Sache. Aber so was mit Gericht und Akten und Schreibern, das ist mir unheimlich."

Palmer lachte.

„Aber nur so wird man in Zukunft etwas aufbauen können, Jim. Ich habe den Großen vor den Richter geschleppt. Und vor dem Gesetz sind wir plötzlich gleich groß. Verstehst du, Jim, praktisch habe ich eine Schlacht gewonnen."

Der alte Kampfhahn schüttelte den Kopf und ging murmelnd zu seinen Männern. Er konnte nicht verstehen, wieso eine Bahn, die man baute und gleich an einen anderen abgab, eine gewonnene Schlacht sein sollte.

Aber William Palmer behielt recht. Seine Anwälte machten eine Eingabe an das Gericht, in der sie behaupteten und bewiesen, daß die Santa Fé die Frachtraten für die Stadt Denver erhöht hatte, und das Einsatzmaterial der Schmalspur vernachlässigte. Richter Brown studierte sorgfältig die Beweise und Gutachten und ordnete die Rückgabe der Bahnlinie an William Palmer an.

Mit dem Urteil des Richters in den Händen, stürmte Palmer los. Die Sheriffs von Denver, Colorado Springs, Pueblo und Canon City bewaffneten große Aufgebote und vollstreckten den Urteilstitel für Palmer. Telegraphenstationen, Bahnhöfe, Wassertürme und Stellwerke wurden überrumpelt, entwaffnet und von Palmers schwerbewaffneten Männern übernommen.

In Pueblo fand Palmer eine große Lokomotivwerkstatt verbarrikadiert. Hinter der Barrikade standen ein paar Dutzend Scharfschützen aus Texas und Dodge City. Bat Masterson, der berühmte Dodge-City-Sheriff und Marshal, der die wilde Cowboystadt gezähmt hatte, schwang sein Gewehr.

„Wer näher als hundert Yards herankommt, wird erschossen!" rief er. McMurtrie wollte sofort stürmen, aber Palmer winkte ab.

„Sie werden mit ihren Männern hier warten. Das Urteil eines Gerichts ist stärker als Bat Mastersons Gewehr und die Revolver seiner Scharfschützen."

„Ich schmeiße sie in einer Stunde aus dem Schuppen, Mister Palmer. Ich jage sie in die Luft, daß sie erst in zehn Jahren wieder runterkommen!"

Palmer holte aus Denver den Gouverneur von Colorado. Der Gouverneur trat vor die Barrikade und richtete den Blick auf den hochgewachsenen Barkley „Bat" Masterson.

„Ich möchte mit Ihnen sprechen, Mister Masterson."
„Nicht nötig. Ich werde von der Santa Fé für diesen Job gut bezahlt, und ich gedenke ihn genausogut auszuführen."
„Wie Sie wollen."
Gouverneur Hunt forderte die Colorado-Miliztruppen an. Die Soldaten marschierten vor dem großen Schuppen auf. Der Gouverneur rief zu Masterson hinüber: „Sie haben eine Minute Zeit, Mister Palmers Eigentum zurückzugeben. Nach Ablauf dieser Frist gebe ich Befehl zum Angriff. Es werden keine Gefangenen gemacht!"
Da gab Bat Masterson auf, und niemand tadelte ihn wegen seiner Hartnäckigkeit.
Kaum hatte Palmer seine eigene Bahn wieder übernommen, ging es in die dritte Runde. Sein Anwalt trat spät abends in Palmers Büro.
„Das Bundesgericht hat der Berufung der Santa Fé stattgegeben. Sie müssen die Bahn zurückgeben, Mister Palmer."
„Was?" schrie Palmer, aufspringend. „Wie ist das möglich?"
Der Anwalt brauchte vier Stunden, um es zu erklären. Dann ging Palmer in die vierte Runde. Er appellierte an das Oberste Bundesgericht und erreichte, daß die Bahn einem Treuhänder unterstellt wurde.
Nun besaß keine der beiden Gesellschaften sie mehr. Während Palmer neues Geld auftrieb, schlugen die Anwälte weitere Schlachten vor dem Gericht. Dann waren beide müde, ihre Substanz in wahnwitzigen Kosten zu verzehren, und schlossen einen Vergleich. Palmer erhielt seine Bahn zurück und mußte die 20 Meilen der Santa Fé für 1,4 Millionen Dollar kaufen.
Der Kleine hatte den Großen besiegt. Zum ersten Mal in der Geschichte des Wilden Westens hatte ein Schwächerer bewiesen, daß Faustrecht und Gewalt kein sicherer Garant mehr für einen endgültigen Sieg waren. Sein starrsinniges Beharren, einen Kampf Mann gegen Mann nur dann aufzunehmen, wenn das Gesetz sein Tun deckte, hatte letzten Endes die Santa Fé ins Unrecht gesetzt. Palmer hatte nicht nur für sich und sein kommendes Reich der Schmalspur-Gebirgseisenbahnen einen Sieg erfochten, sondern vor allem für das Gesetz, das damals noch auf sehr schwachen Füßen stand und, wie alles Schwache, verachtet wurde.
An dem Tage, an dem die erste Lokomotive der neuen Schmalspurlinie

William Palmers die Gold- und Silberbergwerkstadt Leadville erreichte, waren mehr als 30 000 Menschen auf den Beinen.
Der ehemalige General und Präsident der USA, Ulysses Grant, ritt neben Palmer durch die Straßen zum Schienenkopf.
Vor Journalisten aus aller Welt legte Grant Palmer die Hand auf die Schulter und sagte:
„Dies ist das größte Werk, das die Eisenbahn jemals vollbrachte . . . das gigantischste Unternehmen, seit in Amerika Schienen gelegt werden: Ein Schienenweg durch die rauhesten Berge der Welt, mit den engsten Kurven und größten Steigungen der Welt. Wir stehen vor einer neuen Ära der technischen Wunder, die hier an dieser Stelle begonnen haben. Niemand weiß, wo und ob diese Wunder überhaupt enden werden. Ich halte vom heutigen Tage an alles für möglich. Selbst, wenn mir jemand sagen würde, daß eines Tages Lokomotiven zum Mond fliegen werden, so halte ich das für möglich."

☆

William J. Palmer war einer der furchtlosen Eroberer, die begriffen hatten, daß sich mit der veränderten Zeit auch die Methoden ändern müssen. Deshalb blieb er, was er war: Der König der amerikanischen Schmalspur.

XIII

Massenmord im Fahrpreis einbegriffen

Sandringham
Norfolk, 30. Dez. 1891

An
Herrn Charles Jesse Jones
Garden City
Kansas, USA

Mein lieber Herr Jones!

Im Auftrage Seiner Königlichen Hoheit, des Prinzen von Wales, danke ich Ihnen für Ihr Schreiben vom 8. des Monats und für die schöne Decke, die Seine Königliche Hoheit mit großer Freude empfangen hat. Der amerikanische Büffel hat stets das große Interesse Seiner Königlichen Hoheit erregt, und er bedauert mit Ihnen die unmenschliche Ausrottung dieser noblen Tierrasse.

Seine Königliche Hoheit wünscht Ihnen bei Ihren Versuchen, den Büffel vor dem völligen Untergang zu bewahren und eine Wiederaufzucht herbeizuführen, allen Erfolg.

Ich verbleibe, mein lieber Herr,
hochachtungsvoll Ihr
D. M. Probyn, Schatzminister

Die Geschichte der Eroberung und Zivilisation des amerikanischen Westens ist eine einzige Aneinanderreihung von fieberhaften Eruptionen.

Was sich in alten Kulturen in einem langsam schwelenden Prozeß von Jahrtausenden vollzog, fand in der Neuen Welt in einem halben Jahrhundert statt.

Das Goldfieber lockte Millionen in die weglose Wildnis. Die Eisenbahn stürzte Millionen in ein gigantisches Abenteuer. Die verwegenen Trecks von Millionen Rindern aus Texas nach Norden machten aus einem knappen halben Jahrhundert ein mythologisches Heldenzeitalter von antiker Prägung. Der phantastische Landhunger rief eine weitere Völkerwanderung hervor. Die siedenden Leidenschaften machten vor keinem Hindernis halt. So gigantisch wie die Erfolge, so gigantisch waren aber auch die Tragödien.

Als Schienenstränge die endlosen Ozeane der Prärie durchstießen, verurteilte das Feuerroß 30 Millionen Büffel zum Tode, setzte ein in der Geschichte beispielloses Gemetzel ein. Von 30 Millionen Büffeln blieben nach zehn Jahren noch tausend übrig. Für zehn Jahre verwandelte sich die Prärie in den gewaltigsten Tierfriedhof der Erde. Die Büffeljagd wurde für ein knappes Jahrzehnt zur organisierten Massenschlächterei vom Abteilfenster aus.

Die sich mit der Schnelligkeit eines Erdbebens entwickelnde Technisierung der Neuen und Alten Welt brauchte Unmengen von Treibriemen. Die in der ganzen Welt wachsende Mode, sich in Leder zu kleiden und sich mit lederbezogenen Möbeln zu umgeben, hatte auf dem Welt-Ledermarkt einen Engpaß hervorgerufen, den Rinderhäute allein nicht decken konnten.

Büffelleder war schwammiger und poröser als Rindleder, also außergewöhnlich elastisch und ungemein stark. Solange es keinen anderen Transportweg gab als Planwagen, war die Büffeljagd eine lebensge-

fährliche und beschwerliche Sache gewesen, die einen eisenharten Mann gerade ernährte.
Mit der Eisenbahn änderte sich das schlagartig. Als die New Yorker Großgerbereien Bates und Durfee für jede gute Büffelhaut zwischen 2 und 4 Dollar boten, setzte ein unvorstellbarer Sturm auf die Büffel ein. Um an einem Tage hundert Büffel zu schießen und soviel zu verdienen wie an einer Ladentheke oder an einem Bankschalter in vier Monaten, dazu brauchte man nur eine Sharpsbüchse und einen Sack voll Patronen. Die Eisenbahn sorgte für den schnellen Abtransport der Häute.
Ein in der Geschichte beispielloser Massenmord begann.
Militärische Kreise gaben diesem Mord aus Langeweile, Nervenkitzel oder Profitgier auch noch eine vaterländische Version: Da die Indianer vom Büffel lebten, empfahl General Sherman den organisierten Büffelmord mit dem Hinweis, daß jeder tote Büffel einen verhungerten Indianer bedeute.
Tausende und Abertausende von Jägern fielen über die vier großen Herden her. Manche Jäger schossen 200 Büffel pro Tag. Und das jahrelang. In wenigen Wochen entstand im Westen der USA der größte Lederfabrikant der Erde. An den Schienen erheben sich riesige Depots, in denen Häute und Knochen gesammelt wurden.

☆

Große Firmen organisierten diesen Massenmord, wie große Firmen die Ausbeutung der Gold- und Silberfunde, des Rindergeschäftes, des Eisenbahnbooms und des Landfiebers organisiert hatten.
Die Prärien verwandelten sich in unübersehbare Kadaverfelder, auf denen die verwesenden Büffel so dicht lagen, daß man kilometerweit von einem zum anderen springen konnte, ohne den Boden zu berühren. Halb Amerika ertrank in einem Meer von Blut und erstickte in Wolken von Verwesungsgeruch, der sich mit verbranntem Pulver und Schmierölgestank der Eisenbahnen zu einem makabren Gemisch totaler Vernichtung vermengte.
Die noch bis vor kurzem lebensgefährliche Büffeljagd wurde zum Service der Eisenbahngesellschaften. Neben eiskalten Drinks und Sandwiches wurden Sharpsgewehre gereicht. Jeder Fahrgast erhielt zum

Nachtisch kostenlos sein Dutzend Büffel, bequem und sicher aus dem Abteilfenster heraus zu schießen.
Die Attraktion war vollkommen. Zehn Jahre wüteten Büffeljäger, Soldaten, Eisenbahner, Buchhalter, Friseure und Bankbeamte aus dem Osten, Ladies und Gentlemen aus New York und Boston, Großfürsten, Industriebarone und Auswanderer aus Europa im Rausch des Tötens. Dann waren 30 Millionen Büffel ausgerottet.

☆

„Ein Ausflugszug wird Leavenworth um 8 Uhr und Lawrence um 10 Uhr des 27. Oktober 1868 in Richtung Sheridan verlassen und am Freitag, dem 31., wieder zurückkehren.
Die Büffel am Schienenweg sind so zahlreich, daß sie nahezu in jeder Stunde der Fahrt vom Abteilfenster aus geschossen werden können. Den Fahrgästen stehen ausgezeichnete Sharpsbüchsen, Kaliber 50 (13 mm), und besondere Patronen mit großer Pulververladung zur Verfügung.
Während der Fahrt und der Jagd werden Erfrischungen gereicht. Wir haben die besten und berühmtesten Büffeljäger der Prärie, Mr. James Butler, ‚Wild Bill', Hickock und Mrs. Raymond sowie den berühmten ‚Doc' Carver, zur Unterweisung ungeübter Schützen verpflichtet Unter ihrer Anleitung haben Ladies, die zum ersten Mal ein Gewehr in der Hand hielten, beim letzten Trip in einer Stunde sechzig Büffel geschossen.
Fahrkarten für die gesamte Rundreise kosten 10 Dollar. Nebenkosten sind nicht eingeschlossen. Kansas Pacific Railway Company"

Das war der Tenor der Anzeigen und Plakate, in denen die amerikanischen Eisenbahnen, noch bevor sie die gesteckten Ziele erreicht hatten, bereits den allmächtigen modernen Werbebegriff des „Service" einführten. Noch vierzig Jahre vorher hatte der amerikanische Chronist Dr. Edwin James in Übereinstimmung mit der Meinung der ganzen Welt verkündet, daß die USA niemals großes Interesse an der wüsten und unfruchtbaren Wildnis des Westens haben werden und man sie wohl für ewige Zeiten dem Indianer und dem Büffel überlassen werde. Die drei großen Eisenbahnlinien trennten die Büffel zwischen Kanada und Mexiko in vier gewaltige Herden, die nie wieder miteinander verschmolzen. Und zwischen den Schienensträngen wurden sie unter dem Triumphgeschrei der Zivilisation in stinkende Kadaver verwandelt.

⋆

Der Zug war an den verlassenen Quartieren des alten Forts Riley vorbeigedampft, hatte das rumorende Abilene hinter sich gelassen und erreichte kurz nach Mittag Fort Hays. Während sich die Gentlemen aus New York und Boston mit den herumlungernden Soldaten, die zerlumpten Galeerensträflingen glichen, über Büffel unterhielten, tranken die Ladies im Salonwagen frischen Kaffee.

Fünfzehn Meilen hinter Fort Hays tauchten die ersten Büffel auf. Schwerfällige, zottige braune Riesen, die mit gesenkten Köpfen durch das Gras trotteten, gewaltige Stiere, die mit ihren kurzen Hörnern durch das hohe Gras wischten, mächtige Kühe, die die Köpfe wendeten und aus kleinen glänzenden Augen den Zug anstarrten, blökende Kälber mit kurzhaarigem Fell und unsicheren langen Beinen, die neugierig auf die Lokomotive zuliefen.

Ein Wäschereibesitzer aus New Jersey riß das Fenster auf, legte kurz die schwere Sharps auf den Rand, zielte kurz und schoß.

Die schwere Kugel traf den Stier hoch in den Hinterlauf. Man sah, wie er stehenblieb und langsam den verletzten Lauf hob. Eine zweite Kugel zerschmetterte ihm die Nieren, und Fontänen hellen Blutes schossen aus dem dichten Haarpelz. Nun wurden überall Fenster aufgerissen. Eine wasserstoffblonde Lady schrie nach Mr. Hickock.

Schüsse krachten. Die Büffel begannen dicht neben dem langsamer fahrenden Zug dahinzurasen, die kleinen Schwänze steil aufgerichtet, die mächtigen Schädel gesenkt.

Wild Bill Hickock, der berühmte Späher der Armee, Marshal von Hays City, Büffeljäger, Revolvermann, Spieler, Goldsucher, angehimmelter Held zahlloser Harpers-Magazingeschichten und Überlebender mancher Kneipenschlacht, trat ans Fenster zu der Lady.

„Sie ist so schwer", klagte die Lady. „Warum machen sie keine leichteren Gewehre: Sehen Sie nur, wir überholen sie, und ich habe noch keinen geschossen!"

Wild Bill hob die schwere Büchse auf die Fensterbrüstung und erklärte der Lady, wie sie es machen müsse. Der Schuß krachte, und die Kugel riß einem Kalb die halbe Lunge aus dem Leib. Das Tier stolperte noch ein paar Meter und blieb dann mit zuckenden Läufen liegen. Zahllose Kugeln trafen die stur dahinrasenden großen Leiber. Manche brachen sofort zusammen, andere rannten mit spritzenden Wunden weiter, einige stolperten, stießen hustend brüllende Schreie aus und blieben dann mit zitternden Muskeln stehen.
„Da vorne", rief der Heizer, der sich weit aus dem Fenster des Führerhauses reckte und mit seinem Armee-Colt auf die Büffel, die immer zahlreicher wurden, schoß. „Das sind Millionen, Ned!"
Die Passagiere stießen Schreie des Entzückens aus, als sie den unendlichen Teppich aus braunen Leibern erblickten, der beiderseits des Schienenstranges bis zum Horizont reichte.
Langsam ließ der Lokführer den Zug in die Herde hineinfahren. Der Räumer erfaßte Stiere, Kühe und Kälber, warf sie um, brach ihnen die Knochen, schob sie zur Seite. Die Fenster zu beiden Seiten der Wagen verwandelten sich in feuerspeiende Schlünde.
Mrs. Reynold, die seit Monaten pro Tag durchschnittlich hundertzwanzig Büffel erlegt hatte, stand hinter einem Bankdirektor aus Cincinnati. Der Bankdirektor wurde mit jedem Schuß, den er auf einen alten Bullen abgab, zorniger. Dieser Bulle war stehengeblieben und drehte sich nun wütend im Kreise. Man sah, wie die Kugeln des Bankmannes in seinen Körper einschlugen und Ströme von Blut durch das lange Haar sickerten.
„Sie müssen dicht hinter die Schulterblätter halten", riet Mrs. Raynold. „Ich tue nichts anderes als das. Diese Gewehre sind nichts wert. Ich werde mich bei der Direktion beschweren." Er schoß. Die Kugel riß dem Bullen den Unterleib auf. Rings um ihn herum schlug heißes Blei in taumelnde Körper hinein. Ein Teil der Herde kam in Bewegung. Die Büffel begannen hin- und herzurennen.
„Ober! Patronen!" rief ein kleiner Buchhalter mit Nickelkneifer. Der Negerschaffner kam mit einer Kiste, und der vor Erregung glühende kleine Mann stopfte sich die Taschen voll und stürzte ans Fenster.
„Sechzig Stück, Sir", sagte der Schaffner und zückte sein Buch, um es

einzutragen. Der Wind wehte den Pulverrauch in die Wagen zurück, und bald waren die Wagen von dichten, beißenden Schwaden erfüllt. „Getroffen!“ jubelte eine ältere Dame. „Mit einem einzigen Schuß! Haben Sie's gesehen, Mister Brown!?“

Die Büffelherde war in Panik geraten. Sie stürmte mit gesenkten Köpfen blindlings in irgendeine Richtung. Viele der Tiere prallten gegen die Lokomotive. Ihre Hörner zersplitterten an dem harten Stahl, sie brachen Rippen und Läufe und wurden von Kugeln durchsiebt, bis sich ihre zuckenden Körper streckten. Andere bohrten ihre Hörner in die Leiber ebenfalls fliehender Tiere. Man sah, wie die Eingeweide aus den Leibern quollen.

Die Kellner gingen mit Tabletts durch die Wagen und riefen Erfrischungen aus. Ganz Mutige waren aus den Wagen gesprungen und kauerten schießend am Bahndamm. In das Krachen der Gewehre mischte sich das Brüllen, Schreien und Ächzen der getroffenen Tiere. Ein alter Bulle, dessen Hinterläufe zerschossen waren, schleppte sich auf den Gepäckwagen zu. Eine Kugel nach der anderen riß die Haut auf und prallte von dem harten Knochen ab. Blut lief ihm in die Augen und Nüstern. Doc Carver tötete ihn durch einen wohlgezielten Schuß. Ned Miller, der Lokführer, hockte auf seinem Sitz und starrte angestrengt eines der Manometer an.

Eine Stunde dauerte das Gemetzel. Dann waren die Büffel wie ein zähflüssiger brauner Teig vom Schienenstrang weggeflossen und kamen in vierhundert Meter Entfernung von den Schwellen wieder zum Stehen. Auf eine Entfernung von dreihundert Metern rings um den Zug war der Boden mit braunen Leibern bedeckt. Viele der angeschossenen Tiere lebten noch und schleppten sich taumelnd umher. Blökende Kälber liefen klagend und hilflos um ihre toten Mütter herum. Ein Dutzend erfahrener Jäger lief mit blitzenden Bowiemessern in das Schlachtfeld hinein. Die schwarzen Zugschaffner und Kellner folgten ihnen mit großen Körben.

Den erlegten Büffeln wurde die Zunge herausgeschnitten.

Niemand hatte den schweren Bullen beachtet, der sich nun in einer Bodenrinne aufraffte. Er blutete aus zahllosen Wunden. Die Nüstern waren mit blutigem Schaum bedeckt. Er stand einen Augenblick auf zitternden Läufen und schwang den mächtigen Kopf hin und her. Sein langer Bart war blutgetränkt, die Augen von Schmerz und Zorn angeschwollen. Es schien, als lausche er dem Blöken der Kälber und dem röchelnden Husten der Verendenden. Dann sah er die Männer, die den Toten die Stiefelspitze ins Maul schoben, mit einer Hand den Oberkiefer hochrissen und mit der anderen die Zunge herausschnitten.

Der Bulle wehte schnaubend den Blutschaum vom Maul, sein Schwanz stieg steil auf, und dann rannte er plötzlich auf einen der Männer los.

„Aufpassen, John!" kreischte eine heisere Stimme, und der Mann fuhr empor, riß seine beiden Revolver heraus und begann auf den Bullen zu feuern. Man sah, wie die Kugeln in die mächtige Brust, in Nacken und Schultern des Bullen klatschten, aber er stürmte weiter. Da warf der Mann die Revolver weg und lief um sein Leben.

Drei Dutzend Gewehre krachten. Dem Bullen wurden mitten im Lauf die Beine förmlich unter dem Leib weggerissen. Er stürzte, überschlug sich, raffte sich blutüberströmt auf, stand einen Augenblick auf den Beinen und brach dann wie vom Blitz getroffen zusammen.

Der Mann, der vor ihm geflohen war und schrill um Hilfe geschrien hatte, kehrte um und schnitt dem noch zuckenden Bullen die Zunge aus dem Maul.

In diesem Augenblick betätigte Ned Miller die Dampfpfeife, streckte den bleichen Kopf zum Führerhausfenster heraus und rief: „Einsteigen! Die Fahrt geht weiter!"

Aus dem Salonwagen sprang ein Gentleman, der in einem grauen Gehrock steckte und eine graue Melone über dem Kneifer trug.

„Sind Sie verrückt geworden, Miller!" herrschte er den Lokführer an. „Sehen Sie nicht, daß die Büffel langsam wieder zurückkommen? Nur etwas vorziehen. Hundert Yards, mehr nicht. Sie sind auf dem Weg nach Süden. Sie laufen uns in die Gewehre."

„Ich fahre, Sir!" schrie Miller. „Und das ist meine letzte Fahrt."

„Was ist denn in Sie gefahren, Mann?"

„Mir ist zum Kotzen übel, Sir! Wenn Sie nicht einsteigen, gehen Sie zu Fuß!"

„Sie sind entlassen!" schrie der Manager, und er sprang mit einem Satz auf den sich in Bewegung setzenden Salonwagen.

Der Zug rollte an über dreihundert Kadavern vorüber. Während kläglich blökende Kälber zurückblieben, diskutierten Ladies und Gentlemen ihre „Abschüsse". Der Zahlschaffner warf einen gleichgültigen Blick aus dem Fenster und zählte die ausgegebene Munition. Zweitausendachthundertzwanzig Schuß für etwas mehr als dreihundert Büffel. Er trug die Zahlen in sein Buch ein und zählte dann sein Trinkgeld. Hundertzehn Dollar.

Der Schaffner hatte keinen Grund den Büffeln übelzunehmen, daß es sie gab.

Während der Koch des Speisewagens die ersten Büffelzungen mit Essig abrieb, setzten sich von Hays City aus bereits die ersten Häutermannschaften in Bewegung. Ein guter Abdecker zog einem ausgewachsenen Büffel in einer Minute die Haut über die Ohren. Wölfe, Geier und Coyoten brauchten nur wenige Wochen, um die Gerippe blank zu nagen. Dann kamen die Knochensammler mit ihren stinkenden Karren.

☆

Die zivilisierte Welt war eine Welt der Hygiene. Man brauchte Millionen Tonnen Knochen, um Seife herzustellen. So war der Kreislauf des Vergnügens, des Service, der Arbeit, des Geldverdienens und der Notwendigkeit geschlossen.

Schon 1876 erhoben Tierfreunde und Philanthropen in England ihre wetternde Stimme: Die Zeitung „London Field" schrieb: „Die Ausrottung des Büffels in Amerika ist der größte Skandal unserer Zivilisation, und sie wird das Andenken der Kinder dieser Männer, die den Massenmord begingen, und jener, die keine Hand rührten, um ihn zu verhindern, mit ewiger Scham belasten."

Worauf der „American Cultivator and Country Gentleman" lakonisch erwiderte, daß man beim Vergießen von Krokodilstränen beachten möge, daß gerade, was die Ausrottung der Büffel angehe, die englischen „Sportler" eine sehr beachtliche Rolle spielten.

Die ganze Welt strömte nach Amerika, um den Büffel zu jagen. 1872 geleiteten Buffalo Bill und General Custer den russischen Großfürsten Alexander durch die Prärie und unterhielten ihn mit der Abschlachtung zahlloser Büffel. Die Sioux-Häuptlinge „Gefleckter Schwanz" und „Zwei Lanzen" steuerten die indianische Version der Büffeljagd

zu diesem Spektakel bei, indem sie vor den Augen des zukünftigen Zaren eine ganze Büffelherde über einen Abhang in eine Schlucht trieben.
Knapp zehn Jahre später wurde derselbe Buffalo Bill von der Regierung damit beauftragt, seine ganze fürsorgliche Tierliebe den letzten 1000 Büffeln angedeihen zu lassen, um sie und ihre Nachkommen der Welt als zoologische Raritäten zu erhalten. Die „Amerikanische Bison-Gesellschaft" wurde gegründet, der Kongreß legte die letzten Büffel an seine Brust und schnitt aus Amerika für sie eine „Nationale Bison-Reservation" heraus.
Der Büffel, Amerikas größte Schande, wurde auf den Tränen der ganzen Nation in den friedlichsten und sorglosesten aller Tierhimmel gehoben. Amerikas Wiedergutmachung an der Schöpfung rief die gleiche Begeisterung hervor, wie vorher ihre Schmähung.
Als im Frühling des Jahres 1933 eine Gruppe Sioux-Indianer Einfamilienhaus und Radio verließ und in aller Ruhe dem Schweigen der Berge entgegenritt, fragte ein Weißer:
„Wohin reitet ihr, Jungens?"
„Es ist die Zeit der Büffeljagd", antwortete Fred Echohawk.
„Aber, es gibt doch keine mehr."
„Nein, wir wissen es."
„Ja, warum macht ihr denn so etwas Närrisches?"
„Oh", erwiderte der braunhäutige Textilingenieur lächelnd unter seinem Federschmuck, „wir reiten immer zu dieser Zeit; vielleicht finden wir mal einen."

XIV

Der „Baron von Arizona"

„Der größte und raffinierteste Landschwindel der amerikanischen Geschichte, die persönliche Bestleistung eines Hochstaplers, der es fertigbrachte, den Kongreß, den Präsidenten zu täuschen, gekrönte Häupter der Alten Welt bei sich zu Gast zu sehen, sich mitten im Wilden Westen mit einem Hofstaat aus indianischen Lakaien zu umgeben, ein Märchen aus der Neuen Welt, das den Geschichten aus Tausendundeiner Nacht in nichts nachsteht und sich nur durch eins von diesen unterscheidet: daß es wahr ist!"

CHICAGO TRIBUNE vom 17. Februar 1895

Leidenschaft und Ideale, Gier und Glauben, tollkühne Verwegenheit und starrsinnige Beständigkeit hatten die Wildnis zwischen dem Mississippi und dem Pazifischen Ozean unter unvorstellbaren Strömen von Blut und Schweiß erobert. Aber die Wildnis blieb wie sie war, und sie formte die Menschen, die sich ihr verschrieben hatten, nach ihrem Willen.

Erst die Eisenbahn veränderte sie und nahm ihr mit jeder Schienenlänge mehr von ihrem Schrecken. Sie schuf neue Lebensformen, öffnete Schatzkammern der Natur, krönte die Mutigen zu Königen, verbrannte krankhafte Übertriebenheiten zu Asche. Sie zauberte aus Wüsten blühendes Leben und begann die Zukunft Amerikas zu durchbluten.

Ein Beispiel, wie der Bau der Southern-Pacific-Bahn das Gesicht Arizonas veränderte, gibt der „Arizona Citizen" vom 15. März 1880:

Die Eisenbahn kommt!

„Im Augenblick hat die Bahn den Colorado-Fluß im Westen überschritten und durchquert die Wüste. Als es mit verschickten Fahrplänen und Zeitungsanzeigen begann, wurde man sich darüber klar, was diese Schienenverbindung zwischen Arizona und der Welt bedeutete. Leitende Zeitungen schickten ihre Korrespondenten hierher. Ohne die Eisenbahn wären sie nie gekommen. Ihre Artikel berichteten über den großen Reichtum, mit dem die Natur Arizona gesegnet hat. Noch während die Bahn baute, kamen schon die Kapitalisten. Ihre Investitionen riefen neue Zeitungsartikel hervor, besonders in Europa. Noch mehr Kapitalisten kamen nach Arizona und investierten noch mehr Geld. Währenddessen eroberte die Bahn Meile um Meile. Sie beförderte Frachten und Fahrgäste sicherer und schneller und billiger. Schlafende Orte, die von ihren Schwellen berührt wurden, erwachten zu jähem Leben. Es gibt einfach nichts, das man bisher unterlassen hatte, was sich jetzt nicht lohnte zu tun. Der großartige Einfluß der Bahn veranlaßte die Legislatur, die Gesellschaft für sechs Jahre von jeder

Steuerzahlung zu befreien. Und das ist nicht mehr als recht; denn die Eisenbahn ist es allein, die das Arizona-Territorium und seine Bevölkerung aus der Anonymität absoluter Unwichtigkeit zu Reichtum, Wohlergehen und Wichtigkeit führen wird."

☆

Der Bau der Eisenbahn durch Arizona, die den Süden der Vereinigten Staaten aufschloß und miteinander verband, die von San Francisco am Pazific nach New Orleans am mexikanischen Golf führte, veranlaßte viele Menschen, Dinge zu tun, die sie sonst sicherlich nie getan hätten. Der Bürgermeister von Tucson, einer für amerikanische Verhältnisse uralten Kleinstadt, stürzte, närrisch vor Freude und voller Whisky, in das Telegraphenbüro. Der Telegraphist, selber betrunken, starrte blinzelnd auf den Text eines Telegramms nieder und rieb sich die Augen.

„Wawawas, das soll ich — hicks — wirklich abschicken?" stotterte der Mann verblüfft. „An . . . dededen Papst? Bist du . . . verrückt, Rob?"

Der Bürgermeister lief rot an, holte seinen Revolver hervor und begann dem Telegraphisten brüllend zu erklären, warum ein Telegramm an den Papst geschickt werden müsse. Dann stürmte er hinaus, um die festlichen Vorbereitungen für den Empfang der Eisenbahner zu treffen. Inzwischen drängten sich im Telegraphenbüro Männer der Stadt.

„Sosososowas kann ich . . . hicks . . . doch nicht abschicken!" rief der Telegraphist. „An den Papst! Der ist verrückt geworden."

„Und was passiert, wenn du es nicht abschickst?" fragte jemand grinsend.

„Dadadann bringt er mich um! Ihr müßt mir helfen, Männer."

„All right", meinte ein anderer mit breitem Lächeln. „Ist doch ganz einfach. Gib mal her das Telegramm." Er las laut vor:

„Tucson, Arizona, 17. März 1880

An Seine Heiligkeit den Papst in Rom, Italien. Der Bürgermeister von Tucson erbittet die Ehre, Ihre Heiligkeit daran zu erinnern, daß dieses ehemalige Pueblo, das vor dreihundert Jahren von den Spaniern unter dem Segen der Kirche gegründet wurde, nun durch eine Eisenbahn von San Francisco mit der christlichen Welt verbunden ist.

gezeichnet R. N. Leatherwood, Bürgermeister.

Ich erbitte Ihren Segen, J. B. Salpointe, Bischof."

Dröhnendes Gelächter erfüllte das Telegraphenbüro. Und schließlich hatte man die Lösung gefunden:
Der Bürgermeister wartete auf eine Antwort des Papstes. Also mußte er eine bekommen. Die Antwort wurde dem feixenden Telegraphisten diktiert.
Einen Tag später eilte der Telegraphist zum Bürgermeister und gab ihm die Antwort. Mister Leatherwood starrte mit hervorquellenden Augen auf das Stück Papier nieder, las, las noch einmal, warf seinen Hut zu Boden und tanzte vor Freude darauf herum. Dann lief er zur Lokalzeitung. Der Redakteur, der gerade über die durch die Eisenbahn kommenden Millionen und unbegrenzten Möglichkeiten brütete, um sie in einen unsterblichen Artikel zu schmieden, begann zu lesen:
„Seine Heiligkeit der Papst weiß zu würdigen, was es für die ehrenwerte Stadt Tucson bedeutet, nun durch Schienen mit der Außenwelt verbunden zu sein ... Donnerwetter, Rob“, unterbrach sich der Zeitungsmann und sprang auf. „Das bringe ich groß auf der ersten Seite. Die Lügner vom ‚Enterprise‘ (Konkurrenzzeitung in Florence, mit der der ‚Arizona Citizen‘ in unerbittllicher Fehde lag) werden sich vor Wut die Fingernägel abbeißen.“ „Lies weiter, Mensch!“ schrie Leatherwood ungeduldig, und der Zeitungsmann las:

„Der Papst sendet seinen Segen, er würde aber zu seiner eigenen Befriedigung gerne wissen, wo, zum Teufel, liegt Tucson? — Antonelli.“
„Na, was sagst du jetzt?“ rief der Bürgermeister triumphierend.
„Hm, weißt du, Rob, ich ...“
Der Bürgermeister riß ihm das Telegramm aus der Hand und stürmte hinaus. Am 20. März erreichte der Schienenstrang die kleine Stadt. Die Eisenbahner wurden mit Blaskapelle, Bankett und Ball begrüßt. Der Bürgermeister las das Telegramm vor. Die Auslandskorrespondenten kabelten an ihre Redaktionen. Wenige Stunden später lachte ganz Amerika. Es gab diplomatische Rückfragen im Vatikan. Und dann lachte auch ganz Europa über Mister Leatherwood in Tucson, Arizona.

☆

Unter denen, die sich vor Lachen bogen, war auch Collis Potter Huntington, der Präsident der Southern-Pacific-Bahn, der ehemalige Eisenwarenhändler aus San Francisco, der damals vor 20 Jahren im St.-

George-Hotel zu dem Feuerkopf Ted Judah gesagt hatte, daß er sich mit ihm über Eisenbahnen unterhalten wolle.
Der gleiche Huntington, der als erster Lobbyist Amerikas die Interessen der Central-Pacific-Bahn über die Sitzungsstühle des Kongresses geboxt und aus dem Dunkel heraus den Finanzskandal der Union Pacific enthüllt hatte.
Huntingtons körperliche Fülle hatte in diesen Jahren noch mehr zugenommen, sein Hals war fleischiger geworden, und unter den listigen Fuchsaugen hatten sich schwere Tränensäcke gebildet.
Als er einen hageren Mann durch die Tür des Hinterzimmers treten sah, die ihn und einige Reporter von der jauchzenden Menge im Ballsaal trennte, rief er: „Gut, daß Sie kommen, Kruttschnitt! Sie werden gleich den größten Witz dieses Jahrhunderts zu hören bekommen."
„Kann ich Sie unter vier Augen sprechen, Huntington?" fragte Julius Kruttschnitt, der Finanzmanager der Southern Pacific.
Huntington konnte durch nichts so abgelenkt werden, daß er kein Auge mehr für ein ernstes Gesicht hatte.
Er bat die Reporter um Entschuldigung und fragte dann, als er mit Kruttschnitt allein war: „Was ist los? Haben wir wieder Ärger mit den Apachen gehabt?"
„Das ist nicht wichtig. Geronimas Bande hat versucht, die Schienen aufzureißen. Es gab ein paar Tote. General Crook ist unterwegs und wird ihn und seine Apachen diesmal jagen, bis er sie zusammengetrieben hat. Nein, das ist es nicht."
„So. Hm, setzen Sie sich erst mal. Hier ist Whisky. Echter Bourbon. Verdammt teuer, das Zeug, aber man muß ab und zu mal was Vernünftiges trinken, damit einem nicht von dem Brandy, den sie hier trinken, Flammen aus dem Mund schlagen."
Kruttschnitt öffnete seinen Gehrock, und ein Revolver in einem Schulterhafter wurde sichtbar. Er schenkte sich ein Glas ein und trank es aus. Er wischte sich mit dem Handrücken über die schmalen Lippen und sagte: „Sie kennen doch den Baron von Arizona, nicht wahr?"
„Diesen verrückten Burschen, dem halb Arizona und Neu-Mexiko gehören soll?"
„James Addison Peralta Reavis", Kruttschnitt nickte zustimmend.

„Was ist mit ihm?“
„Er verlangt von uns fünf Millionen Dollar für die Wegerechte durch sein Gebiet.“
„Was?“ schrie Huntington und wurde rot im Gesicht. „Wieviel? Fünf Millionen? Sind Sie närrisch, Kruttschnitt?“
Kruttschnitt holte eine zusammengefaltete Ledermappe aus dem Rockschoß und reichte sie Huntington. Der überflog die wenigen Papiere und hieb mit der Faust auf den Tisch.
„Was bildet sich dieser Kerl eigentlich ein? Wir haben ihm vor zwei Jahren eine Abfindung von fünfzigtausend Dollar gezahlt.“
„Das streitet Reavis auch gar nicht ab. Aber er versteht darunter nur die Genehmigung zum Bau durch sein Gebiet. Nicht die Abtretung eines Landstreifens, wie wir ihn brauchen. Für das Land will er einen Preis von fünf Millionen haben.“
„Das ist eine Schweinerei!“ brüllte Huntington wütend und marschierte mit hölzernen Schritten um den Finanzmann seiner Bahn herum. Aber dann beruhigte er sich rasch wieder und wurde kühl. Es ging um Geld. Immer, wenn es um Geld ging, war Huntington von den Zehen bis zu den Haarwurzeln eiskalt.
„Schön, Kruttschnitt. Wie ich Sie kenne, haben Sie bereits alle Möglichkeiten geprüft.“
„Genau. Wir können nichts anderes machen, als zahlen.“
„So. Fünf Millionen. Ich will Ihnen was sagen, wenn er Fünfhunderttausend verlangt hätte, so hätten wir sie ihm gezahlt. Aber fünf Millionen, das kommt nicht in Frage.“
„Es ist ein Ultimatum. Wenn wir in einem Monat nicht gezahlt haben, tritt er mit seiner Privatarmee gegen uns an.“
„Privatarmee?“
„Reavis hat aus seinem Anspruch gegen die USA inzwischen Unsummen gemacht. Farmer, Rancher, ja, ganze Städte, haben Entschädigungen an ihn gezahlt. Er nimmt den letzten Cent, den er bekommen kann. Er hat sich eine regelrechte Residenz in der Nähe von Florence gebaut. Zweihundert livrierte Indianer bedienen ihn.“ Kruttschnitt nahm noch einen Schluck. „Hundertdreißig texanische Scharfschützen sind seine Leibgarde. Sie lungern herum, nehmen sich Mädchen und

Frauen, wie sie wollen, veranstalten den ganzen Tag Revolverschießen und warten ungeduldig darauf, daß sie was zu tun bekommen."
„Sie sind ja prächtig informiert", meinte Huntington anerkennend.
„Je besser man seinen Gläubiger kennt, desto eher gibt sich eine Möglichkeit, ein Übereinkommen mit ihm zu treffen", erwiderte der deutschstämmige Finanzmann listig.
„Richtig, vollkommen richtig. Weiter — wie sieht denn das überhaupt mit seinem sogenannten Anspruch aus? Ich weiß das nicht mehr. Damals hat mir ein Kongreßmann geraten zu zahlen, das ist alles, was ich weiß, und deshalb habe ich gezahlt."
„Die Sache ist einfach, Huntington", sagte Kruttschnitt und nahm die Ledermappe vom Tisch, schlug sie auf. „Die spanischen Könige haben ihren Heerführern und Offizieren für jeden Dienst Ländereien der ihnen wertlos erscheinenden Kolonien Neu-Spaniens geschenkt."
„Weiß ich. Diese Idioten."
„Die Vereinigten Staaten haben sich im Gadsen-Purchase-Vertrag von 1853 verpflichtet, solche Schenkungen anzuerkennen."
„Das muß man sich einmal vorstellen! Wie kann man so etwas anerkennen? Dann kann ja jeder schmierige Mestize daherkommen und irgendein uraltes Stück Papier vorzeigen und behaupten, der spanische König habe seinem Urahnen New York vermacht."
„New York kommt nicht in Frage, aber im Grunde stimmt das genau. Reavis hat in Washington seinen Anspruch angemeldet."
„Was ist denn das überhaupt für ein Gebiet?"
„Der größte private Landbesitz der USA!" gab Kruttschnitt zurück. „Er umfaßt in Arizona die Städte Phoenix, Maricopa, Florence, Globe, Clifton und Solomonsville . . ."
„Wie bitte?"
„Das ist noch nicht alles. In Arizona gehören die Grafschaften Gila, Graham und Phinal dazu. In Neu-Mexiko Silver City, Fort Bayard und das ganze Socorro County. Die Weißen Berge, die San-Carlos-, Pima- und Maricopa-Indianer-Reservationen."
„Bff, daraus machen sie in Europa drei Königreiche."
„Ganz sicher, Huntington. Reavis fordert von den USA für Ländereien, die die Regierung bereits verkauft hat, fünfzig Millionen Dollar.

Und wissen Sie, was Washington ihm jetzt angeboten hat? Fünfundzwanzig Millionen. Bar auf die Hand, Huntington."
„Dann ist also sein Anspruch bewiesen?"
„Sicher. Einwandfrei."
Huntington stürzte einen Whisky hinunter.
„Teufel noch mal. Was wissen Sie noch?"
„Nicht mehr viel. Aber das genügt. Vor zehn Jahren hat Reavis einem Abenteurer, George Willing, den Schenkungstitel für 30000 Dollar abgekauft. Willing soll sie für 1000 Dollar von einem verarmten Mexikaner, Miguel Peralta, erworben haben, der ihn gleichzeitig adoptierte."
„Das stinkt, Kruttschnitt", sagte Huntington wachsam. „Wir müssen diesen Willing ausfindig machen. Mit 30000 Dollar hat er sich keine Weltreise gegönnt."
„George Willing wurde kurz nach dem Kaufvertrag vergiftet." Nun stand Huntington auf und ging geduckt wie ein Raubtier auf den Finanzmann zu. „Sieh einmal an", sagte er gepreßt. „Vergiftet. Das stinkt noch mehr."
„Die Regierung hat alle Dokumente ganz genau prüfen lassen. Es stimmt alles. Reavis hat anschließend eine geborene Peralta geheiratet. Direkte Nachkomme des betreffenden Peralta."
„Und die ist ihm sozusagen direkt aus heiterem Himmel vor die Füße gefallen! Nein, Kruttschnitt, das ist mir zu faul! Entweder hat der Bursche irgendeine schwache Stelle in seiner Forderung, dann mußte er krampfhaft nach einer richtigen Nachkomme dieses ominösen Peralta suchen, oder diese Peralta ..."
„Carmelita Peralta, Chef."
„Zum Teufel noch mal, woher wissen Sie eigentlich alle diese Einzelheiten? Sie haben doch den Brief dieses Kerls höchstens eine Woche gehabt."
„Vier Tage habe ich ihn in San Francisco ausgebrütet. Am vierten Tage traf ich Senator Messmer. Der war in dem Ausschuß, der Reavis' Dokumente geprüft hat. Sie haben Rechercheure nach Mexiko geschickt. Die Schenkung ist in Ordnung. Es gibt alte Eintragungen in Registern und Kommunalberichten. Reavis hat seine Frau als vierzehnjährige Waise auf einer Ranch in Nordkalifornien gefunden. Im Geburtenregister

der San-Salvador-Mission ist ihr Name, Carmelita Peralta, eingetragen. Er hat sie nach Südkalifornien in eine Konventschule geschickt und zur Dame erziehen lassen."

„Das alles will mir nicht in den Kopf."

„Es wollte dem Kongreß auch nicht in die Köpfe. Aber sie erkennen an und werden zahlen. Übrigens, Reavis wird laufend von europäischen Königshäusern eingeladen. Er hat feudale Villen in St. Louis, New York, Chihuahua City und ein Schloß in Madrid. Er ernennt Prinzen, Herzöge und Grafen und hält in seiner Casa Grande regelrecht Hof."

„Zum Schreien! Und das mitten im wildesten Arizona. Gerade da unten soll doch fast täglich die Postkutschenlinie überfallen werden."

„Seit die texanischen Revolvermänner des Barons da sind", bemerkte Kruttschnitt lakonisch. „Reavis unterhält sein eigenes Gericht, dem er vorsitzt. Die Silver-King-Mine hat ihm vor zwei Wochen als Abfindung von bereits abgelaufenen Schürfrechten rückwirkend 100 000 Dollar bezahlt. Er ist jetzt laufend am Gewinn beteiligt."

„Ein Märchen aus Tausend und einer Nacht", sagte Huntington murmelnd. Dann blieb er stehen und strich seine Weste glatt. Sein Kinn straffte sich.

„So. Fünf Millionen will er also von uns. Ich will Ihnen was sagen, Kruttschnitt, bevor ich mich überhaupt mit dem Gedanken beschäftige, diesem Burschen Geld in den Rachen zu stopfen, muß für mich vollkommen klar sein, daß das nicht alles ein aufgelegter Schwindel ist. Und wenn es kein Schwindel ist, dann werde ich mit ihm Fraktur reden, darauf können Sie sich verlassen. Ab morgen wird die irische Abteilung schwer bewaffnet."

„Tausend Mann?"

„Tausend Mann! Und wenn es sein muß, zweitausend Mann! Sobald einer eine Waffe hebt, wird geschossen. Dann lege ich vor der Öffentlichkeit meine Karten auf den Tisch und zeige den Amerikanern, daß wir die Southern Pacific immer gerade mit dem letzten Cent weiterbauen. Ich will doch einmal sehen, wie die öffentliche Meinung mit einem Burschen umspringt, der aus reiner Profitgier eine Lebensader Amerikas gefährdet! Ich breche einen Aufstand vom Zaun, darauf können Sie sich verlassen. Ich stelle den Bau ein und erkläre den Leuten in

Arizona und Neu Mexiko, daß sie es ihrem Baron zu verdanken haben, daß sie weiter vegetieren müssen wie die Wilden. Sie werden einmal sehen, wie schnell sich Reavis aus dem Staube machen wird, wenn um ihn herum der Zorn losbricht. Und dann wird er nicht weit kommen."
„Das ist gefährlich, Huntington", warnte Kruttschnitt.
„Ach was! Sie sind eine Untertanenseele. Euch Deutschen braucht man nur einen gestempelten Wisch vor die Nase zu legen, und ihr zieht gleich Schlafanzüge an. Das hier bedeutet Kampf. Bis aufs Messer. Ich lasse mir meine Bahn nicht von einem hergelaufenen Verrückten ruinieren! Kruttschnitt, telegraphieren Sie Mallet Prevost, daß er Untersuchungen aufnimmt. Egal, was es kostet. Wir brauchen den besten Spanienkenner, den es in den USA gibt."
„Wozu?"
„Dieser Mann wird in Spanien die Archive auf den Kopf stellen und so lange suchen, bis er das Ende des Seils gefunden hat, an dem ich diesen Baron aufhängen werde! Stone soll sich hier und in Mexiko umsehen. Er ist der richtige Mann für so eine Aufgabe. So, das wär's. Ich werde diesem Reavis zeigen, was es bedeutet, die Eisenbahn zu provozieren!"

☆

Einen Monat später traf Wilbur T. Stone in Huntingtons Hauptquartier ein. Der drahtige Mann, der sich als einsamer Sheriff und Texas-Ranger-Captain in zahlreichen wilden Städten den Namen eines erbarmungslosen Verfolgers des Verbrechens gemacht hatte, war inzwischen Bezirksrichter geworden. Er hörte sich die Ausführungen des Finanzstabes der Eisenbahn schweigend an. Dann fragte Huntington:
„Nun, Stone? Sie werden den Burschen aufs Kreuz legen, nicht wahr? Kosten spielen keine Rolle."
Der junge Richter blickte den Eisenbahngewaltigen ernst an.
„Ich werde Untersuchungen anstellen, Mister Huntington. Aber, wenn Sie von mir erwarten, daß ich Schuld bei einem Schuldlosen finde, so wäre es besser, wenn Sie einen anderen beauftragen würden. Wenn Reavis im Recht ist, werden Sie diese Angelegenheit vor einem Zivilrichter auszufechten haben."
„Ja, ja, schon gut. Nehmen Sie mir meinen Zorn auf den Mann nicht übel. Wie lange werden Sie brauchen, Mister Stone?"

„Das kann ich nicht sagen. Ich kann nur eines sagen, Mister Huntington: Ich werde, wenn ich begründete Verdachtsmomente entdecke, nicht eher den Fall aus der Hand geben, bis ich den Mann einwandfrei überführt habe. Und wenn es bis an mein Lebensende dauern sollte."
Huntington lachte.
„Das kann unter Umständen sehr bald eintreten, Stone. Reavis kennt keinen Pardon. Mir ist es egal, was er außerhalb meiner eigenen Interessen macht. Aber ich habe Berichte, daß seine Revolvermänner erbarmungslos Siedler von ihrem Land vertreiben, die das verlangte Geld nicht aufbringen können."
„Wenn ich einen solchen Fall erlebe, werde ich den Baron einem unvoreingenommenen Richter vorführen", erklärte Stone kalt.
Man sah den großen Mann mit dem schwarzen Gehrock, den engen gestreiften Röhrenhosen, unter denen an hochhackigen Reitstiefeln handtellergroße Chihuahua-Sporen hervorschauten, und dem breitrandigen schwarzen Calispellhut auf sein Pferde steigen und davonreiten.
Am gleichen Abend fuhr Huntington mit der Kutsche nach Osten. Er setzte sich in St. Louis auf die Bahn und traf in New York den Historiker und Spanienforscher Mallet Prevost.
Der kleine lederhäutige Gelehrte putzte unentwegt seinen Nickelkneifer und hörte zu, stellte Zwischenfragen, nahm ein Paket Papiere entgegen und warf einen langen Blick auf den Scheck, der vor ihn auf den Tisch gelegt wurde.
„Sie sind sehr großzügig, Mister Huntington", sagte er mit leiser Stimme.
„Quatsch! Sie werden Unkosten haben, also machen Sie, so viele Sie wollen. Ich will Sie nicht eher wieder in Amerika sehen, bis ich genau weiß, was los ist."
„Und wenn der Schenkungstitel inzwischen von Washington anerkannt wird?"
Huntington lächelte breit.
„Washington ist froh, daß ich meinen Löffel in diese Suppe gesteckt habe. Solange ich nicht aufgebe, wird nichts anerkannt, das steht fest."
Mallet Prevost fuhr nach Spanien, Stone ritt nach Kalifornien zur San-Salvadore-Mission. Huntington trieb seine Eisenbahn weiter nach Osten. 1892 erreichte sie die texanische Grenze und El Paso del Norte

am Rio Grande. 1893 empfing ihn ein triumphales Fest in New Orleans. Vor den schwerbewaffneten Iren war der Baron zurückgewichen. Als er bei der Regierung protestierte, teilte ein ihm sehr gewogener Senator mit, was Huntington gegen ihn unternommen habe.
Drei Jahre lang liefen spärliche Berichte von Stone aus Kalifornien und Mexiko ein. Mallet Prevost war mit einem Stab spanischer Historiker und Wissenschaftler dabei, alte Archive zu durchstöbern.
Nichts geschah. Die Besorgnis des Barons schlief ein. Aber als eines Tages im Jahre 1885 ein Bescheid aus Washington bei ihm eintraf, in dem es hieß, daß seine Angelegenheit so lange nicht geregelt werden könne, als noch „gewisse" Untersuchungen liefen, da begann der stolze Mann zu bereuen, daß er jemals die Eisenbahn angegriffen hatte.
Er beauftragte Detektive, den Aufenthalt von Wilbur Stone herauszufinden. Als er ihn wußte, suchte er Stone auf.
Der Mann, der seit fünf Jahren mit der Präzision einer Maschine jeder Spur des Barons in die Vergangenheit gefolgt war, musterte James Addison Reavis scharf und forderte ihn auf, Platz zu nehmen.
James Addison Reavis war mittelgroß. Er hatte ein schmales, etwas eckiges Gesicht, das von einem altertümlichen Backenbart halb eingerahmt wurde und ihm Strenge und Würde verlieh. Die Haare trug er kurz gestutzt. Vor Stones Hotel stand eine weiße Kutsche mit sechs prachtvollen Schimmeln. Auf dem Bock saßen regungslos zwei livrierte Mescalero-Apachen, die Winchestergewehre zwischen den Knien stehen hatten.
„Mister Stone", begann Reavis mit sanfter Stimme. „Ich bin gekommen, um Ihnen zu sagen, daß ich meine Forderung gegen die Southern Pacific fallen lasse. Ich habe 50 000 Dollar für die Wegerechte erhalten, und dabei soll es bleiben."
„Und was erwarten Sie jetzt von mir, Mister Reavis?"
„Baron, wenn ich bitten darf."
„Mister Reavis", widerholte Stone scharf.
„Ich erwarte, daß Sie Ihre nutzlosen Nachforschungen einstellen, damit ich endlich von der Regierung die mir zustehende Entschädigung erhalte."
„So nutzlos sind meine Nachforschungen gar nicht. Ich habe zum Bei-

spiel festgestellt, daß Ihre Frau wahrscheinlich gar nicht Peralta heißt."
„Wie bitte? Was erlauben Sie sich?"
„Mister Reavis, es war leicht herauszufinden, daß sie einen Monat in der Mission San Salvadore gewesen sind. Ich konnte nicht nachweisen, daß die Eintragung im Geburtsregister gefälscht war. Aber es ist sehr merkwürdig, daß sich diese Eintragung nur in einem Buch findet. Die Mission führt nämlich noch ein zweites Buch. Die Eintragungen beider Bücher stimmen genau überein. Bis auf den Namen Peralta in einem Buch."
„Was sagen Sie da?" rief Reavis bestürzt.
„Das ist noch nicht alles, Mister Reavis. Sie sind im Henry County als Sohn armer Tagelöhner geboren worden."
„Ist das ein Verbrechen?" rief Reavis bleich.
„Nein. Aber, als Sie im Krieg Soldat wurden und desertierten, das war ein Verbrechen", erwiderte Stone kalt. „Und wie nennen Sie es, wenn man als junger Buchhalter in einer Maklerfirma in St. Louis bei Fälschungen erwischt und aus der Stadt gewiesen wird? Übrigens, diese Fälschungen waren ganz hervorragend, Mister Reavis."
„Stone, ich habe es natürlich nicht gerne, wenn meine Vergangenheit bekannt wird. Sie ist nicht sehr rühmlich. Wie bei vielen Männern, die heute groß geworden sind. Ich biete Ihnen eine Summe, die Sie bestimmen können, wenn Sie ihre Nachforschungen nicht an die große Glocke hängen."
„Das tue ich sowieso nicht. Ich bin nicht zu bestechen, Mister Reavis. Wir wollen deshalb von dieser Version gar nicht reden. Aber . . . es gibt eine Möglichkeit, mich zu veranlassen, Schluß zu machen."
„Welche?" fragte Reavis schwitzend.
„Geben Sie zu, die Dokumente gefälscht zu haben. Zahlen Sie den von Ihnen Geschädigten ihr Geld zurück."
„Ich habe einen berechtigten Anspruch. Ich habe den Titel gekauft."
„Mister Reavis, ist es nicht merkwürdig, daß Sie ausgerechnet in Santa Fé drei Jahre lang Archivar der alten spanischen Dokumente waren, die dort von der Verwaltung aufbewahrt werden? Ich kann mir vorstellen, daß ein Mann mit Ihrer Intelligenz und Ihren lithographischen Talenten dort auf die Idee gekommen ist — aus reiner Liebhaberei —,

solche Dokumente zu fälschen. In diesen drei Jahren kann man sich die damalige Redeweise aneignen und wird mit vielem vertraut."

„Das ist eine Unverschämtheit!" schrie Reavis.

„Das sind nackte Tatsachen. Ich habe bis jetzt Ihre Spuren über ganz Kalifornien und Mexiko verfolgt. In kurzer Zeit werde ich die genaue Herkunft Ihrer Frau bewiesen haben. Dann wäre die Fälschung des Missionsbuches bewiesen. Aber Sie erwarten sicher nicht, daß ich Ihnen noch mehr mitteile, nicht wahr?"

„Und Sie werden doch nicht annehmen, daß ich mir das alles einfach so bieten lasse?"

„Sie haben zwei Möglichkeiten, Mister Reavis: Entweder, Sie verhalten sich vollkommen ruhig, wie ein Mann, der nichts zu befürchten hat, oder Sie werden versuchen, mich umbringen zu lassen. Sie können Ihren Untergang nur noch beschleunigen, nicht mehr aufhalten. Ich bin überzeugt davon, daß Sie ein Betrüger sind. Die ersten Ergebnisse aus Spanien liegen ebenfalls vor. Ein Baron Miguel Peralta ist nicht bekannt. Und dort, wo man Eintragungen findet, wird von Wissenschaftlern nach ganz neuen Methoden jeder Tintenstrich, jede Papierprobe, jeder Schnörkel untersucht. Wenn ich hier fertig bin, fahre ich nach Spanien. Also geben Sie es auf, Mister Reavis."

James Addison Reavis gab natürlich nicht auf. Er war ein außerordentlich kluger Mann und machte nicht den geringsten Versuch, Stone umbringen zu lassen. Im Januar 1889 ging er zu Huntington, der sich inzwischen Ruhe gönnte und andere sein gigantisches Werk verwalten ließ. Er bot Huntington eine hohe Summe für die Einstellung der Nachforschungen.

Aber Huntington schüttelte den großen Kopf, blies Rauch an seiner schweren Zigarre vorbei und sagte hart:

„Reavis, der größte Fehler in Ihrem Leben war, daß Sie versucht haben, die Eisenbahn hinters Licht zu führen! Wissen Sie, persönlich berührt mich die ganze Sache längst nicht mehr. Von mir aus kann Ihnen halb Amerika gehören, solange nicht einer meiner Füße auf dem Land steht. Aber ich habe noch nie in meinem Leben etwas begonnen, ohne es zu Ende zu führen. Deshalb wird weitergemacht."

„Diese Nachforschungen haben Sie doch inzwischen ein Vermögen gekostet. Bedenken Sie, neun Jahre hetzen Sie Ihre Bluthunde hinter mir her."

„Es hat mich genau dreihunderttausend Dollar gekostet. Und Sie können sicher sein, daß ich noch einmal soviel ausgeben werde, um mich zu revanchieren."

Das Gespräch war beendet. James Addison Reavis ging, und die Nachforschungen liefen weiter.

☆

Nach und nach kam die ganze gigantische Betrügerei des Mister Reavis ans Tageslicht.

Und im Oktober 1894 war es soweit:

Mister Reavis wurde verhaftet. Vier Monate dauerte der Prozeß. Auf den Bänken drängten sich Tag für Tag Korrespondenten aus aller Welt. Und je mehr Beweise vorgelegt wurden, desto größer wurde das Staunen der Geschworenen, das Unbehagen derer, die sich an den vermeindlichen Baron gedrängt, die Bestürzung europäischer Königshäuser, an deren Tafeln der Baron von Arizona geschwelgt hatte, das Gelächter der Unbeteiligten und der Zorn der Betroffenen.

James Addison Reavis, eine verkrachte Existenz, war als Archivar des historischen spanischen Archivs von Santa Fé zum ersten Male auf den Gedanken gekommen, die großzügigen Vertragserklärungen der USA – Mexiko und Spanien gegenüber – für sich auszuwerten.

Mit der Raffinesse eines klassischen Mephisto hatte er jede Einzelheit der Dokumentensprache gelernt, bis er sie besser beherrschte als die damaligen Schreiber der spanischen Eroberer. Dann brachte er es fertig, sich durch geschickte Fälschungen, die erst nach ihrer rechtlichen Verjährung auffielen, soviel Geld zu verschaffen, um nach Mexiko zu reisen. Dort gelang es ihm mit unnachahmlicher Hochstapelei, sich Zugang zu alten Archiven und Klöstern zu verschaffen, und dort fälschte er in aller Ruhe alte Eintragungen, fügte den erfundenen Namen Miguel Peralta in alte Handschriften ein, riß ganze Seiten heraus und ersetzte sie durch Fälschungen, die so hervorragend und täuschend ähnlich auf altem Pergament nachgeahmt waren, daß selbst Experten diese Dokumente für echt erklärten. Erst Tintenproben und chemische Untersuchungen brachten den Schwindel ans Licht.

Alsdann reiste Reavis nach Spanien, und hier wiederholte sich das gleiche. Nur mit dem Unterschied, daß er keinen Zugang zu den Regierungsarchiven bekam, sondern sich wieder nur an andere in Frage kommende Quellen hielt, wie Klöster, kleine Pfarreien und ländliche Kommunalverwaltungen.

Wilbur Stone brachte ein paar Zeugen, die den notorischen Alkoholiker und Abenteurer George Willing gekannt hatten. Die Zeugen sagten aus, daß Willing, kurz bevor er vergiftet wurde, ständig von einem phantastischen Coup gesprochen hätte, der in der Geschichte der Menschheit einmalig sei. Als Willing tot aufgefunden wurde, hatte er noch genau 34 Dollar und fünf Cent von den 30000 Dollar, die ihm Reavis angeblich zwei Tage vorher gezahlt haben wollte.

Stone hatte in Mexiko einen Maultiertreiber ausfindig gemacht, der damals die zehnjährige Carmelita Juarez nach Nordkalifornien verkauft hatte. Zwölf Zeugen bestätigten, daß die Näherin Maria Juarez die Mutter des Mädchens war. Und dann trat diese alte Frau auch noch vor Gericht auf und nannte Leberflecke am Körper ihres Kindes. Die „Baronin" wurde gefragt, ob sie bereit sei, einer Kommission Frauen die betreffenden Körperstellen vorzuweisen. Sie weigerte sich.

Im Januar wurde James Addison Reavis, der „Baron von Arizona", der 15 Jahre unumschränkter Herrscher von eigenen Gnaden über ein Gebiet von 4 Millionen Acres gewesen war, der das Leben eines Wildwest-Monarchen mitten im chaotischen Aufbruch eines ganzen Kontinents in die Zukunft geführt hatte, zu sechs Jahren Gefängnis verurteilt, nachdem er ein umfassendes Geständnis abgelegt hatte.

Amerika bog sich vor Lachen. Die wenigsten nannten diesen größten Landschwindel in der Geschichte der Vereinigten Staaten ein Verbrechen. Um ein Haar wären die Experten der Regierung einem der raffiniertesten und gründlichsten Fälscher des Jahrhunderts auf den Leim gegangen. Man hatte nicht nur Sinn für Humor, sondern vor allem Sinn für Leistung, ganz gleich, ob sie der Gesellschaft zum Guten oder zum Bösen gereichte.

So schrieb man denn auch, während James Addison Reavis in der Zelle langsam wahnsinnig wurde, größtenteils von der „Leistung" dieses beachtlichen Hochstaplers, der nicht nur seine Landsleute gehörig ausgenommen und hinters Licht geführt, sondern auch die stolzen Adelshäuser Europas genasführt hatte.

Das Empire des „Barons“ brach auseinander. Amerika hatte bewiesen, daß es nicht nur für Idealisten, nicht nur für Gläubige, Abenteurer und Hasardeure, für Gescheiterte und Verfolgte, für mutige Kapitalisten und Erfinder, für kluge Finanzmagnaten und Unehrenhafte, sondern auch für geniale Hochstapler und Eulenspiegeleien ein Land unbegrenzter Möglichkeiten war.

Die Rolle der Eisenbahn berührt diese phantastische Episode zwar nur am Rande, aber sie ist bezeichnend für den Anbruch der neuen Zeit, deren erstes Kapitel damals geschrieben wurde, und die heute noch lange nicht beendet ist.

Es gab in diesem „Wilden Westen“, den der deutsche Historiker Professor Dr. Graf zu Stolberg-Wernigerode den Kraftquell Amerikas nennt, der heute noch nachdrücklich alles Leben der USA beeinflußt, keine Einseitigkeit. Die Geschichte dieses Landes wurde nicht nur mit Schweiß und Blut, mit Tränen und Tragödien geschrieben, sie wurde nicht nur von Geldgier und Machthunger getragen, sondern auch und vor allem von unbeirrbarer Ehrenhaftigkeit, von entschlossenem Mut zur Wahrheit und von einem herzerfrischenden Humor, der in seiner erlösenden Konsequenz an die Wildnis erinnert, in der der Sieger im Augenblick des Sieges von seinem Gegner abläßt und ihn sich selber überläßt.

XV

Das Wort eines Mannes ist heilig

„Die Liebe zu einem Land wird von seinen örtlichen Erinnerungen getragen, und keine Nation ist je ohne noble Beispiele und Ideale in der Geschichte ihrer Menschen groß geworden. Jeder Hügel und Berg muß seinen Helden finden, jedes Tal und jedes Stück Prärie ihre Legenden, erst hierdurch wird das anonyme Land zur menschlichen Beziehung."

Addison E. Sheldon, Lincoln, Neebraska, 1938

Solange es darum ging, Eisenbahnen zu bauen, die den ganzen amerikanischen Kontinent überbrückten, zahlte die Regierung der Vereinigten Staaten für jede Meile gebauten Schienenstranges Subventionen in Form riesiger Landschenkungen. Diese Landschenkungen erlaubten den großen Bahngesellschaften nicht nur, die immensen Kosten für den Bahnbau in Form von Landverkäufen und Krediten aufzubringen, sondern auch gewaltige Gewinne einzustreichen, weil ja die riesigen Ödlandgebiete durch die Bahn und den Anschluß an die Zivilisation plötzlich ungeheuer im Wert stiegen. Nachdem sich noch während des Baues aber bereits die ersten, bürgerkriegsähnlichen Spannungen zwischen einer skrupellosen Bahnverwaltung und den Kleinsiedlern ergeben hatten, sperrte die Regierung die Landschenkungen, und als die großen Überlandstrecken der Union-Central Pacific, Northern Pacific und Southern Pacific fertiggestellt waren, und die Gesellschaften ein weitmaschiges Verbindungsnetz zwischen ihren Linien erbauen wollten, mußten sie Kosten und Risiko aus eigener Tasche finanzieren.
Einen Ausweg aus diesem Dilemma fanden die Bahngesellschaften, indem sie nun ihrerseits nicht mehr selber die Bahnlinien bauten, sondern dies sogenannten „Contractoren“, Baufirmen, überließen, denen sie Teilabschnitte der jeweils geplanten Nebenlinien übertrugen und mit ihnen vertraglich Pauschalkosten pro Meile Schienenstrang vereinbarten. Solange es sich um gutes Gelände handelte, reichte diese Pauschale meistens aus, um diesen „Contractoren“ Gewinne zu sichern. Aber es geschah auch oft, daß eine Baufirma auf unerwartete Schwierigkeiten stieß und oft eine vorher gewinnversprechende Teilstrecke mit hohem Verlust erbaute. Das Vertragssystem, das zum Beispiel die Union Pacific für ihre „Contractoren“ ausarbeitete, war so ausgeklügelt und scharf kalkuliert, daß nur ganz wenige und besonders skrupellose und versierte „Contractoren“ Teilstrecken mit Gewinn bauen konnten. Das Verfahren war ebenso simpel wie unbeweglich:

War zwischen der Union Pacific und einer anderen Hauptlinie eine Verbindungsstrecke vereinbart worden, so machten sich Vermessungstrupps auf den Weg, um die günstigste Strecke zu vermessen. Nach diesen Ergebnissen wurden die Teilstreckenkarten angefertigt, und geologische Gutachten über die Bodenbeschaffenheit gaben dann den Ausschlag über die Ausschreibung. Solche Teilstrecken wurden öffentlich in einer Versammlung an „Contractoren" versteigert, wobei sich allerdings die Bietenden laufend unterboten, um den Auftrag zu erhalten. Solche Verträge waren meistens nicht mehr und nicht weniger als ein Lotteriespiel, weil kaum einer der Bahnbauer das Land, durch das die jeweilige Teilstrecke führen sollte, kannte. Hatte ein Mann Glück, so erwischte er weichen Prärieboden, hatte er Pech, so fand er mit seinem Bautrupp kieselhartes Lavagestein vor.

Verlust oder Gewinn allein waren aber nicht das einzige Problem, mit dem sich solch ein Bahnbauer plötzlich konfrontiert sah. Oftmals lag seine Teilstrecke mitten im Indianergebiet oder am Rande einer von Banditen heimgesuchten alten Postkutschenstrecke, so daß er mehr Zeit damit zuzubringen hatte, das Leben seiner Arbeiter oder seine Lohntransporte zu bewachen, als er für den Bahnbau erübrigte. War es eine „harte" Strecke und befanden sich in der Nähe Goldgräber-Camps, so mußte solch ein „Contractor" viel Mühe aufwenden, um seine Arbeiter an der Flucht zu hindern.

Die Geschichte des amerikanischen Bahnbaues hat eigentlich nur von den Taten der Großen Kenntnis genommen und sie mit unzähligen Legenden umwoben. Von dem Drama der „Contractoren" ist kaum die Rede, obgleich sich hier in der eigentlichen Sphäre der unternehmerischen Privatinitiative ungezählte Tragödien abgespielt haben. Viele kleine Nebenstrecken sind von den großen Bahngesellschaften auf den gescheiterten Hoffnungen ihrer „Contractoren" gebaut worden, und die Union Pacific hat zum Beispiel auf ihrer „Oregon-Short-Line" Millionen an solchen gescheiterten Bahnbauern verdient.

Die Entwicklung ist über Glück und Unglück dieser Bahnbauer hinweggegangen, ohne sich um ihre Gräber zu kümmern.

☆

Einer jener Männer war James H. Kyner. Gegen Ende des 19. Jahrhunderts trug er den letzten Satz in das Büchlein seiner Memoiren ein, die mit diesen Worten beginnen:

„Wenn das, was ich zu sagen habe, wert ist, berichtet zu werden, so vielleicht nur deshalb, weil meine Jugend und mein junges Mannesleben in eine Zeit fielen, in der die starken und einfachen Fundamente der heutigen Welt noch nicht fertig waren. Die Rolle, die ich dabei spielte, war nicht überwältigend. Wenn es trotzdem wert ist, darüber zu sprechen, so wohl einfach nur deswegen, weil meine Erinnerung lang und vollständig ist."

Das sind die Worte eines bescheidenen Mannes, der als junger Freiwilliger der Unions-Armee in der Schlacht von Shiloh ein Bein verloren hatte, sich mit seinem Holzbein auf den Kutschbock eines Wagens schwang und nach Westen fuhr, um hier seine Chance zu suchen. Er erkannte sehr bald die ungeheuer große Bedeutung, die der Bau von Eisenbahnen für die Besiedlung des Westens hatte. Ohne hierzu von irgend jemand ermuntert worden zu sein, begann er überall dort, wo der Bau der Bahn auf hartnäckige Ablehnung von Siedlern und Viehzüchtern stieß, flammende Reden für die Eisenbahn zu halten. Das brachte ihn oft in nicht unbeträchtliche Schwierigkeiten, aber in einigen Fällen gelang es ihm, die Leute zu überzeugen, und die Union Pacific wurde auf den leidenschaftlichen jungen Mann aufmerksam. Wenig später stand er im Hauptquartier in Omaha vor einem der Manager der Gesellschaft, der ihn kurzerhand fragte, ob er als Bahnbauer „Contractor" der Gesellschaft werden möchte. James Kyner hatte nicht die geringste Ahnung von diesem Job, griff aber sofort zu und hielt dann seinen ersten Bauvertrag über die Anlage von 40 Kilometern Schienenstrang in der Hand. Ein großzügiger Kredit, den ihm ein Lieferant des nötigen Materials gab, erlaubte Kyner, Männer anzuwerben und die Strecke in der vorgeschriebenen Zeit fertigzustellen. Als nächstes übernahm er einen Vertrag über den Bau einer 12,8 Kilometer langen Teilstrecke der Oregon Short Line in Idaho. Die vorgesehene Bauzeit für diesen Abschnitt sollte 30 Tage betragen. Kyner brauchte 7 Monate, und als er endlich die fertige Strecke über das stahlharte Lavagestein des Idaho Basins (Boise Basin) gelegt hatte, waren er und seine Män-

ner durch eine Hölle gegangen. In Kyners Kontobuch standen über 60000 Dollar Schulden. Andere private Bauunternehmer, die — gleich ihm — den Bau ihrer beiderseits anschließenden Teilstrecken begonnen hatten, gaben schließlich entmutigt auf, bevor sie fertig waren.
Die Oregon Short Line war eine Nebenstrecke der Union Pacific, die von Granger in Wyoming auf der Postkutschenlinie nach Huntington, Oregon, an die Westküste führte. Sie sollte mit der Hauptlinie der Union Pacific verbunden werden, um das große Nordwestgebiet für die Besiedlung aufzuschließen und für die Union Pacific den zu erwartenden Transporthandel dieses Gebietes zu sichern.

☆

Diese Episode eines Mannes, der einen Vertrag erfüllte, und wenn es ihn das Leben gekostet hätte, bietet Stoff für einen dramatischen Roman. Für Kyner war sie nur ein kleiner Teil seiner nüchternen Memoiren, die sich ungefähr so lesen:
„Die Oregon Short Line wurde zum größten Teil von Sidney Dillon, dem New Yorker Finanzier, der einen Haufen Aktien der Union Pacific besaß, bezahlt. Ich ging nach Odgen und von dort zum Ende der Schienenstrecke nach American Falls. Die Brücke über die Wasserfälle des Schlangenflusses war zwar fertiggestellt, doch die Schienen endeten schon auf der anderen Seite in einem Lokomotivführer-Camp. Die Strecke selbst war bis Boise vermessen und unterteilt, und ich fuhr mit einem Wagen etwa 128 Kilometer durch die Wüste, um mir meine Teilstrecke anzusehen. Der größte Teil davon war von einer Beschaffenheit, die mir aufgrund meiner mangelnden Erfahrung einiges Kopfzerbrechen verursachte — Quarz- und Lavagestein, das ich nicht einmal mit einem Hammer zerschlagen konnte. Auch die Frage des Nachschubs war ein Problem, denn immerhin mußte ja jeder Nagel 128 Kilometer quer durch die Wüste transportiert werden, wo es keinen einzigen Tropfen Wasser gab. In Omaha schnitt ich dieses Thema an, doch man sagte mir, daß die Strecke von American Falls bis zu meinem Teilstück in etwa dreißig Tagen fertig wäre und deshalb die Frage des Nachschubs kein Problem mehr sei.
Ich verfrachtete also zuerst einmal meine gesamte Ausrüstung von St. Paul im North Loup Valley, wo mein erster Job fein geklappt hatte,

rauf nach American Falls und von dort mit Wagen durch die Wüste zu meiner Teilstrecke. Darüber waren fast 30 Tage vergangen, doch in American Falls hatte sich mit dem Weiterbau der Strecke absolut nichts getan. Ich hatte plötzlich mit hundert Schwierigkeiten zu tun. Auf den ersten Blick hatte mein Stück nicht gerade schön, aber immerhin geeignet ausgesehen. Aber es stellte sich bald heraus, daß Lavagestein eine verdammt harte Sache ist. Mir liefen schon in den ersten Tagen die Männer davon, und ich mußte sehen, daß ich neue bekam. Aber was das für Typen waren! Bald gab es den Wilden Westen zwischen meinen Zelten, wie ihn sich selbst ein Kenner kaum vorstellen konnte. Fäuste und Revolver waren das Gesetz des Tages und 80%iger Whisky das, was diese Burschen tagsüber wie Wasser tranken, und das gallonenweise. Die Gegend wimmelte nur so von Klapperschlangen, Hornkröten, Taranteln und Skorpionen, und da wir wußten, daß jeder Biß dieser Viecher den augenblicklichen Tod bedeutete, nahmen wir uns höllisch vor ihnen in acht. Gleich an einem der ersten Tage wurde ein Mann — sein Name war Force — von einem Skorpion in den Oberschenkel gestochen. Er nahm sein Messer aus der Scheide und schnitt sich augenblicklich ein großes Stück Fleisch, mindestens ein Pfund, aus dem Schenkel. Aber später lernten wir die Skorpione weniger zu fürchten, denn obgleich ihre Stiche weit davon entfernt sind, Vergnügen in einem zu wecken, so erwiesen sie sich doch nicht als tödlich, sondern sie hinterließen nach einigen schweren Schmerzenstagen meistens nur einen weißen, harten Knoten im Fleisch von der Größe eines Silber-Dollars. Ich merkte schon bald, daß ich mit diesen Männern nicht so umgehen konnte wie mit jenen in Nebraska. Nach dem ersten Zahltag war das ganze Camp voll von Betrunkenen, die ununterbrochen miteinander kämpften und aufeinander schossen und sich Messer nachwarfen. Und wie brutal diese Kämpfe waren. Keiner ließ vom anderen ab, ehe der nicht am Boden lag und sich nicht mehr rühren konnte. Die Arbeit war schrecklich schwierig, und schon am ersten Tag fuhr mir ein Kerl, der angegeben hatte mit Brechpflügen umgehen zu können, durch ungeschicktes Manövrieren mit dem Maultiergespann einen Hundert-Dollar-Pflug zuschanden, noch ehe er für einen Dollar Arbeit geleistet hatte. Ich war wütend bis in die Zehenspitzen hinein. Ich schwang mich auf meinen Wagen, jagte zu dem Burschen, einem riesengroßen Hammerschläger, der einen Zehnpfünder den ganzen Tag schwingen konnte, ohne müde zu werden, und riß ihm die Pflugzügel aus der Hand. Der Mann wurde frech und fuchtelte mir mit den Fäusten vor den Augen herum. Ich bin gewiß kein kleiner Mann mit meinen 1,90 m, aber er war einen Kopf größer als ich. Trotzdem konnte ich nicht erlauben, daß jemand so mit seinem Boß sprach. Deshalb legte ich die ganze Kraft meiner zweihundert Pfund in den Faustschlag, mit dem ich ihn ins Gesich traf und auf den Rücken warf. Da ich wußte, daß ich verloren war, wenn es ihm gelingen würde, wieder auf die Füße zu kommen, kniete ich auf seinen Armen nieder und schlug ihm auf die Augen. Als ich aufstand, blieb er liegen, und von diesem Augenblick an war ich der Boß im Camp.

Am nächsten Zahltag waren noch mehr Männer betrunken, und endlich fand ich auch heraus, woher sie den Brandy erhielten. Am Ende des Lagers hatte ein Fremder sein Zelt aufgeschlagen, von wo aus er billigen Hostetter-Brandy, der in Boise und American Falls 1 Dollar kostete, für 6 Dollar die Flasche verkaufte. Als ich den Mann aufforderte zu verschwinden, zeigte er mir eine Regierungsgenehmigung zum Verkauf von Whisky an Eisenbahnarbeiter. Auch als ich ihm klarmachte, daß er meine ganze Arbeit in Frage stelle, wollte er nicht gehen. Ich ging zurück, steckte mir ein paar Dynamitstangen in die Tasche — Erlaubnis oder nicht, das war mir egal —, und lief zurück. Ich zeigte dem Manne die Dynamitstangen, schob Zünder hinein und Zündschnüre, zwei Handbreit, und sagte, daß ich ihn wippen würde, wenn er nicht freiwillig seinen Kram packe. Als der Mann auch da nicht ging, zündete ich drei Patronen an und warf sie in sein Zelt. Da rannte der Mann weg, als säße der Teufel in seinem Nacken, ich warf mich zu Boden, es gab einen furchtbaren Knall und eine haushohe Stichflamme. Den Whisky trank niemand mehr. Der Mann hatte gerade noch sein Leben, sein Maultier und seine Erlaubnis gerettet. Damit verschwand er, und ich habe ihn nie wieder gesehen.

Die Arbeit der anderen Contractoren, die beiderseits von meiner Strecke an ihrem Teilstück arbeiteten, war so schwierig geworden, daß schon nach wenigen Wochen die ersten aufgaben.

Nach zwei Monaten hatte ich knapp vierhundert Meter Strecke legen können. Das Bahndammbett im Gestein mußte etwa 50 cm tief sein und mit Schotter aufgefüllt werden. Aus dem Lavagestein konnte man zwar mit Dynamit, mit unheimlichen Mengen Dynamit, genau das heraussprengen, was man wollte, doch ehe auch nur ein einziges Bohrloch 60 cm tief geschlagen war, brachen Dutzende der harten Stahlmeißel ab, Hammerstiele zersplitterten den Männern in den Händen, und der Schotter mußte meilenweit von einem alten, ausgetrockneten Flußbett hergeholt werden. Dabei nahm ein einziges Maultier-Sechsergespann jedesmal mehr als die Hälfte des Gewichts an Wasser mit, das es überhaupt zurückbringen konnte. Das Wasser wiederum mußte aus achtzig Kilometer Entfernung mit Tankwagen geholt werden. Ich hatte bald keinen blutigen Cent mehr, um Löhne zu zahlen, und mußte es mit Schecks tun. Das machten die Männer aber nur zwei Wochen mit, und dann verlangten sie Bargeld. Bargeld aber konnte ich nur aus Odgen erhalten. Jedermann im Lande kannte meine Lohnliste, und es wimmelte von Banditen, die nur darauf lauerten, mit einigen Kugeln leichtes Geld zu verdienen. Deshalb fuhr ich nach Odgen zu Guthrie, Dooly & Co. und fragte, ob es nicht möglich sei, daß ich meine Gelder in Boise, das gar nicht so weit von meinem Camp lag, holen könne. Das ginge, sagte Dooly, und es koste nur drei Prozent Aufschlag. Fein, dachte ich, aber als ich auf der Zweigstelle in Boise mein Geld abholen wollte, verlangte man dort noch einmal zusätzlich fünf Prozent. Da alles nichts half, mußte ich wieder nach Omaha, Geld borgen. Auf dem Rückweg sagte ich Dooly, was ich von seinen Prozentpraktiken hielt, und er war verteufelt böse darüber. Vielleicht hätte ich das besser nicht getan, denn es kam für ihn die Gelegenheit, es mir heimzuzahlen.

In späteren Jahren habe ich mich immer über den ‚Wilden Westen' des Films amüsiert. Die Uniformität, mit der Revolvermänner des Films Chaps an den Beinen tragen und ihre Artillerie in offenen Holstern spazierenführen, ist lachhaft. Die wenigsten Cowboys, die ich kennenlernte, trugen Chaps, und die meisten Revolvermänner trugen ihre Revolver verborgen am Körper. Und, bei Gott, diese Burschen waren gefährlicher als Klapperschlangen. Den nächsten Sheriff gab es in Wood River, zweihundert Kilometer von meinem Camp entfernt, ein Contractor war deshalb sein eigenes Gesetz, und wir kannten uns mit dunklen Existenzen aus. John Crowe, mein Rechnungsführer, pflegte mir jeden Monat das neue Lohnlistenbuch zu zeigen. Dort ließen sich Arbeiter stets, nachdem sie einen Monat gearbeitet hatten, unter neuem Namen eintragen, oft wechselten sie auch die Arbeit, zum Beispiel vom Gespannführer zu Schaufel und Picke. Daß diese Burschen sich vor dem Gesetz versteckten, war uns vollkommen klar. Daß mancher von ihnen auch für die zahlreichen Räuberbanden als Spion arbeitete, war auch klar. Die Überfälle auf Postkutschen hatten so überhandgenommen, daß die Kutschenlinien den Transport von Geld und Wertsachen ganz aufgaben. Wir, die Contractoren, mußten also unsere Lohngelder selber holen und zum Camp bringen. Wir waren deshalb bei diesen Gelegenheiten jedesmal bis an die Zähne bewaffnet und ich hatte stets eine Kiste voll wurfbereiter Dynamitstangen neben mir auf dem Kutschbock liegen.

Eines der schrecklichsten Verbrechen passierte gar nicht weit von meinem Camp. Einem Contractor, der östlich von Shoshone arbeitete, war es gelungen, einer Bande zu entkommen. Er erreichte mit seinen Lohngeldern sein Camp und versteckte sie im Zelt seiner Familie, die aus Frau und zwei kleinen Töchtern bestand. Die Bande folgte ihm bis ins Lager. Als der Mann trotz vorgehaltener Revolver das Versteck des Geldes nicht verriet, rollten sie zwei Wagen zusammen und legten die Deichseln so gegeneinander, daß sie ein umgedrehtes ‚V' bildeten. Von der Spitze ließen sie ein Seil herunter. Sie banden dem Mann eine Schlinge um den Hals und hingen ihn vor den Augen seiner Familie auf. Ehe die Arbeiter zur Stelle waren, hatten sich die Banditen davongemacht. Gegen die Verbrecher wurde, soviel ich weiß, nie etwas unternommen. Ein neuer Contractor übernahm die Strecke, und die Sache wurde vergessen. Nach diesem Vorfall begann ich, mich zum Scharfschützen auszubilden. Ich kaufte mir einen funkelnagelneuen Colt, Peacemaker, Kaliber .44-40, und ein paar tausend Schuß der ungemein brisanten Patronen, deren DUM-DUM-Geschosse auf fünfzig Meter einen mittelgroßen Baum glatt durchschlugen. In erster Zeit zerschlug mir der Rückschlag fast die Hand, aber dann lernte ich, auf zwanzig Schritte zuerst eine Spielkarte und schließlich sogar das As darin zu treffen. Als nächstes übte ich die Schnelligkeit des Ziehens, die eine Wissenschaft für sich ist. Hier war ich bald so weit, daß ich innerhalb von einer Fünftel Sekunde den schweren Peacemaker ziehen, spannen, zielen, schießen und treffen konnte. Da ich nicht den Wunsch hatte, meine neuerworbene Fertigkeit in einem wirklichen Duell zu demonstrieren, begann ich nun damit, Sonntags mitten im Camp meine Trainingsstunden abzuhalten. Jedesmal schaute mir das ganze Camp zu, mehr wollte ich nicht. Von hier aus würde es sich herumsprechen.

Meine Schießfertigkeit, die in den Erzählungen natürlich noch beträchtlich zugenommen hatte, kam mir bei meinen zahlreichen Besuchen von Saloons, als den Orten, wo sich alles versammelte, sehr zustatten. Ich habe oft diese ‚Honkytonky's' besucht, und es ergaben sich mehr als einmal Situationen, in denen normalerweise Schießereien die Unterhaltung hätten fortsetzen müssen. Doch jedesmal brauchte ich nur meine Jacke etwas zurückschieben, so daß der Kolben meines Revolvers sichtbar wurde, und schon verwandelten sich die wildesten Streithähne in friedfertige Jungen.

Ich habe das alles nur erwähnt, um zu zeigen, daß es damals in Idaho nicht allein damit getan war, mit Lava- und Quarzgestein fertigzuwerden. Es genügte keineswegs, nur einen Graben in dieses harte Gestein zu sprengen, wofür Unmengen Dynamit und Material verbraucht wurden, sondern dieser Graben mußte mit Sand, Erde und Schotter aufgeschüttet werden, sonst hätte der harte Boden die Eisenbahnwagen schon nach kurzer Zeit ruiniert. Seit Jahrtausenden hatte der ständig wehende Nordwestern auch die letzte Erdkrume vom Gestein weggeweht, und nur in weit entfernten kleinen Erdspalten und Flußbetten konnte man etwas finden. Tag und Nacht waren deshalb die Maultiergespanne dabei, dieses Material zu holen. Da wir aber mitten drin in der Wüste waren, mußte für jedes Maultier-Sechsergespann auch ein Sechsergespann zum Wasserholen eingesetzt werden, damit die Tiere nicht verdursteten.

Monat um Monat ging vorüber, und ich kam nur ganz langsam voran. Immer wieder mußte ich nach Omaha fahren und Darlehen aufnehmen. Und je höher die Summe wurde, desto höher wurden auch die Zinsen. Mit Schwarzpulver war wenig auszurichten; ich hätte es gerne verwendet, weil es billiger war, aber es sprengte zu große und schwere Blöcke aus dem Boden, die kaum zu bewegen waren. Dynamit aber war sehr teuer. Oft war das Gestein so hart, daß die Ladung einfach oben aus dem Bohrloch wieder rausblies, und da die meisten Männer keine Sprengerfahrung hatten, geschahen oft gräßliche Unfälle. Das alles machte es natürlich von Woche zu Woche schwieriger, Arbeiter zu bekommen. Immer mehr liefen weg, immer weniger konnten angeworben werden. An jedem Zahltag waren es weniger. Die Eisenbahn brachte zwar Hunderte von Männern, viele sogar mit ihren Pferden und Wagen, aus dem Osten ins Land, doch wenn sie das Ende der Schienen erreichten, zeigte sich niemand an Arbeit interessiert, sondern sie machten sich gleich auf dem Weg nach Oregon. Wagenfrachten wurden auch bald zu einem unlösbaren Problem, weil es einfach nicht genügend Wagen und Frachtfahrer gab, die das, was gebraucht wurde, transportieren konnten. Ballenheu, das in Nebraska sechs Dollar die Tonne kostete, kostete in Idaho hundert Dollar. Für jeden Dollar Ausrüstung brauchte ich zwei Dollar, um die Sachen überhaupt erst an Ort und Stelle zu bringen.

Die Überlandfracht wurde meistens von Zwölfergespannen besorgt, die einen Wagen mit fünftausend Pfund ziehen konnten.

Es war während des Winters 1882/83, als ich eines Tages das Lagerzelt betrat, um dort, wo laut gestritten wurde, nach dem Rechten zu sehen. Ich hatte gerade noch Gelegenheit, in die Revolvermündung eines Mannes zu sehen, den sie alle John nannten, dann krachte es, und eine .32er Kugel, die mich in die linke Hüfte traf, warf mich zu Boden. Fünf Tage hatte ich Gelegenheit, in der Horizontalen über meine Probleme nachzudenken, mit keinem besseren Ergebnis als vorher. Der Schütze war gleich nach dem Schuß auf Nimmerwiedersehen verschwunden, und ich bin nie dahintergekommen, warum er auf mich geschossen hat. Vielleicht war er betrunken, jedenfalls hatte ich die Idee, sofort hinterher nach Omaha zum Hauptquartier der Union Pacific zu fahren. Dort sprach ich mit dem Sektionschef über meinen Berg von Schulden, und er versprach, mir einen Kommissar zu schicken, der die Bücher nachprüfen würde. Dieser Kommissar kam, sah und schüttelte den Kopf. Einige Wochen später erhielt ich von der Union Pacific einen Scheck über etwas mehr als neuntausend Dollar, was zwar nur einen Tropfen auf einen heißen Stein bedeutete, mir aber im Augenblick half, die Strecke zu Ende zu bauen. Als ich endlich nach sieben Monaten den letzten Spike in die letzte Schwelle trieb, da hatte ich sechzigtausend Dollar Schulden, und meine Frau jammerte, daß wir nun unser Leben lang daran abzahlen würden. Aber Mister Clark hatte eine Überraschung für mich: einen Vertrag über eine Dreißig-Meilen-Strecke in der Nähe von Mountain Home, nicht weit von Boise entfernt. Als ich dorthin fuhr und mir die Strecke ansah, hätte ich am liebsten Luftsprünge vollführt. Fünfundzwanzig Cents pro Yard Bahndamm, ohne Schwellen und ohne Schienen, und wundervolle weiche Erde, wo kaum Fels darin war. Das bedeutete für mich fast zehntausend Dollar Reinverdienst in einem Monat. Wie wir die Idaho-Erde zum Fliegen brachten! Ich vergrößerte meine Ausrüstung, und ich hatte während dieser Zeit so viele Pferde, daß ich täglich drei Tonnen Eicheln verfütterte, und drei Tonnen Eicheln, das ist schon ein gewaltiger Berg Futter. Heu brauchten wir nicht, denn es gab in der Nähe genügend Buschgras, über das sich die Pferde nachts hermachen konnten."

☆

Nachdem James H. Kyner seine „höllische" Strecke im Boise Basin förmlich durch das Lavagestein hindurchgeschossen und den 48 Kilometer langen Bahndamm bei Mountain Home in Rekordzeit fertiggestellt hatte, erhielt er laufend Aufträge, und schon nach einem Jahr waren seine Schulden vergessen. Das „kämpferische Holzbein" wurde schon zu seinen Lebzeiten unter den selbständigen Bahnbauern im Westen zur legendären Gestalt. Die Summe seiner Erfahrungen hatte Kyner klug gemacht. Er verließ sich nicht mehr auf Gelegenheitsarbeiter, sondern bildete sich eine Stamm-Mannschaft heran, die er doppelt so hoch bezahlte wie die übrigen Arbeiter. Diese Stamm-Mannschaft trainierte er vor allem im Gebrauch von Schußwaffen, so daß er bald eine Scharfschützen-Mannschaft besaß, um die Banditen wie die Kilpatrick-Bande einen weiten Bogen machten. James H. Kyner verlegte die Verbindungsstrecke von der Denver, South Park & Pacific-Bahn zur Union Pacific. Seine Stimme dröhnte durch das Fremont-Tal, im Elkhorn- und Missourital, die den Handel Nordwest-Nebraskas, des östlichen Wyomings und der Black Hills nach Omaha zur Union Pacific leiteten. Sein Holzbein stockerte über die Schwellen der Colorado-Midland-Linie, die quer durch die Berge von Colorado Springs nach Grand Junction führten. Er baute für General Palmer Teilstrecken der Denver & Rio Grande Schmalspur-Bergbahn. Er überwand als erster die Steigung der Omaha-Viehverladebahnhöfe, an der die härtesten Contractor-Pioniere gescheitert waren. Er baute die gefährliche Teilstrecke der Chicago, Burlington & Quincy-Linie und war einer der Hauptakteure in dem verheerenden Eisenbahnboom in Ohio, der als die Lancaster- und Hamden-Katastrophe in die Geschichte des Bahnbaus eingegangen ist. Die letzte seiner berühmten „Kampfhandlungen" war der abkürzende Durchbruch durch Wyoming, der eine erhebliche Verkürzung der Union Pacific möglich machte.

Zwei Perioden lang war Kyner der Vertreter des staatlichen Eisenbahngeschäfts in der Nebraska-Legislatur, und er gehörte schon bald zu den Persönlichkeiten, deren Wort Gewicht besaßen.

Selfmade-Erfolg dieses Typus' ist in den Vereinigten Staaten des 19. Jahrhunderts durchaus nicht das Normale, schreibt James C. Olson, doch man kann sich schwer vorstellen, daß es irgendwo sonst auf der Welt eine Zeit und ein Land gegeben hat, wo solch ein Mann sich besser hätte entfalten können. Wenn auf irgend jemand in der Welt das Sprichwort zutrifft, daß man selber „seines Glückes Schmied" ist, so bei James H. Kyner, einem Manne, der den Begriff Hilflosigkeit und Aufgeben überhaupt nicht kannte.

XVI

Katastrophen zwischen Himmel und Erde

„Amerikas Klima ist nicht etwa nur das eines Kontinentes, sondern es vereinigt in sich alle Extreme dieser Erde, vom arktischen Norden bis zum tropischen, wüstenhaften Süden. Die meisten Schwankungen von Temperaturen und Windrichtungen geschehen oft in Sekundenschnelle. Wo ein Mann eben noch sein Gesicht vom Schweiß trocknete, kann er in der nächsten Minute schon in einem Staubsturm erstickt, von hühnereigroßem Hagel erschlagen, im Schneesturm erfroren, in einem Wolkenbruch ertrunken oder von einem Feuersturm zur Unkenntlichkeit verbrannt sein."

Oliver Newman, Kansas City, 1901

Der 7. Januar 1875 war ein trüber Tag, an dem noch niemand der Einwohner von Kansas City die Sonne gesehen hatte. Lokführer Dan G. Finerty, ein klotziger Mann mit einem feuerroten Vollbart, nahm die Whiskyflasche vom Mund und reichte sie Sam Swift, seinem Heizer, zurück. Er riß das Fenster des Bereitschaftsraumes auf, und eine eiskalte Windböe fegte alle Papiere vom Tisch.

„Es ist soweit, Sam“, er warf einen Blick auf seine Uhr, „sieh dir nur mal die Luxus-Kutschen an. Die Engländer und Schotten müssen nicht alle Tassen im Schrank haben. Ich möchte wissen, was die in dieser miserablen Jahreszeit im Westen zu suchen haben.“

„Büffel jagen“, meinte Swift mit breitem Grinsen. Sie verließen das Holzhaus und gingen auf den unter Dampf stehenden Denver-Expreß zu, der zum ersten Male die Luxus-Schlafwagen „Dexter“ und „Atlas“ angespannt hatte. Zwei schwarzhäutige Schaffner riefen im Restaurant die Fahrgäste zusammen, und die Wagen des Zuges begannen sich mit lärmenden Siedlerfamilien zu füllen.

„Na, Sheriff, haben Sie den Burschen, den wir zuletzt von Dodge City runtergebracht haben, fein im Staatsgefängnis Leavenworth abgeliefert?“ rief Samuel Swift einem breitschultrigen Manne zu.

Bat Masterson, Sheriff der Rinderstadt Dodge City, nickte zufrieden, während die ersten Schneeflocken auf seiner Gesichtshaut schmolzen, und schaute in den trüben Himmel. „Der ist versorgt. Das sieht aber nach mächtig viel Schnee aus, Jungens. Der Wind weht aus Nordwest. Warum habt ihr keinen Schneepflug an die Maschine montiert?“

Dan Finerty rieb sich lachend die Hände. „Sie sind gut, Sheriff. Bis kurz vor Denver ist die Prärie glatt wie ein Kinderpopo. Der Wind treibt höchstens Schneeverwehungen in die Wellentäler dieses Meeres aus Gras. Und da stampft meine Betsy durch, wie eine Ehefrau durch ein Regal Flaschen in einer Bar, hinter dem ihr Mann ein Mädchen im Arm hält.“

„Sie haben noch keinen Präriewinter erlebt, wie?" fragte Masterson gleichmütig.
„Das nicht, aber ich habe die ganze Felsengebirgsstrecke gefahren. Da gibt es Schneeberge, die von der Milchstraße begrenzt sind. Steigen Sie hier im ‚Atlas' ein, Sheriff. Darin fühlen Sie sich wie ein Pascha aus dem Morgenland, aber passen Sie auf, daß Sie nicht irrtümlich von einem dieser verrückten Engländer erschossen werden, die jetzt Büffel jagen wollen."
Sheriff Barkley „Bat" Masterson, der sich in den letzten Jahren als „Bezwinger des Gomorrha der Plains" Dodge City einen Namen gemacht hatte, erhielt in dem feudalen Schlafwagen ein Abteil angewiesen und machte es sich auf dem komfortablen Sofa bequem, nachdem er Mantel, Hut und Revolvergürtel aufgehängt hatte. Der Zug rollte an und verließ Kansas City. Während er mit der planmäßigen Marschgeschwindigkeit von 72 Stundenkilometern durch die Prärie donnerte, wurde das Schneetreiben immer dichter. Der Negerschaffner des Pullmannwagens erklärte dem Sheriff mit einem scheuen Seitenblick auf den Revolver an der Wand, wie man das Sofa mit wenigen Griffen in ein feines Daunenbett verwandeln konnte. Er schob Masterson einen Lesetisch mit einer Kerosinlampe zurecht und servierte ihm heißen Tee, den er aus einem Samowar bereitete.
Bat Masterson wußte, daß der Denver-Expreß die Tausend-Kilometer-Strecke von Kansas City bis Denver in genau siebzehn Stunden zurücklegte und an dreißig der insgesamt sechzig Stationen hielt. In Fort Harker mußte er auf einen Zug der Atchison, Topeka & Santa Fé-Bahn umsteigen, die nach Südwesten fuhr und Dodge City in der Nähe des Niemandslandes direkt berührte.
Stunde um Stunde stand Dan Finerty im Führerhaus seiner schweren Mogul-Lokomotive und hatte den Hauptventilhebel auf fünfundsiebzig Prozent des Höchstdruckes festgedreht, während Sam Swift Kohlen in den Schlund der Feuerung schaufelte. Bald wurde der Schneesturm so stark, daß Finerty kaum noch den Schornstein seiner „Betsy" sehen konnte.
„Wir müssen mit der Geschwindigkeit runtergehen", sagte Sam schließlich besorgt, „das ist ja, als ob man durch weißen Pudding fährt."

Als Finerty Fort Riley Station beinahe verpaßt hätte und den Zug mehr als eine Meile wieder zurücksetzen mußte, ehe endlich das kleine Bahnhofsgebäude im Sturm auszumachen war, drosselte Finerty die Geschwindigkeit bis auf zwanzig Kilometer. Aber auch das erwies sich als zu schnell, so daß schließlich der Denver-Expreß in einem ausgewachsenen, heulenden Blizzard nur noch mit weniger als fünf Kilometern in der Stunde fahren konnte. Die Wellentäler der Prärie waren nach etwa zehn Stunden so zugeweht, daß die Mogul in meterhohem Pulverschnee förmlich untertauchte. Und jedesmal, wenn die schwere Lok wieder einen neuen Wellenkamm hinunterfuhr und der Schnee allmählich neben ihr hochwuchs, begannen von den heißen Zylindern und Leitungsrohren Wolken von Dampf aufzusteigen und das Führerhaus so einzuhüllen, daß Finerty bald nicht einmal mehr die Glocke auf dem Boilerkopf sehen konnte.

Inzwischen war die Temperatur auf den Nullpunkt gesunken, und der Sturm, der seit zwanzig Stunden mit unverminderter Heftigkeit tobte, hatte die Wagen so unterkühlt, daß dort die eisernen Heizungsöfen lange nicht mehr ausreichten, die Luft zu erwärmen. Die Fahrgäste hatten vor allem die Kinder und Frauen in Decken und Mäntel gehüllt, während sie sich selber durch Bewegung warmzuhalten versuchten.

Vierundzwanzig Stunden Fahrt hatte der Denver-Expreß hinter sich, als er endlich den kleinen Ort Salina erreichte, der vom Schneesturm halb zugeweht war. Es gab dort nur ungenügende Unterbringungsmöglichkeiten, der Ort hatte knapp tausend Einwohner und bestand nur aus hundertzwanzig Häusern, davon fünfunddreißig Prozent Lagerhäuser und Geschäfte, die sich für Massenquartiere nur sehr dürftig eigneten. Einen Arzt gab es in Salina und im Umkreis von hundert Kilometern nicht, aber selbst, wenn es einen auch nur zwei Kilometer entfernt gegeben hätte, so wäre es unmöglich gewesen, ihn zu erreichen, denn der Schneesturm hatte sich inzwischen noch gesteigert und wehte gewaltige Schneemassen über das Land.

Innerhalb der nächsten beiden Tage trafen noch zwei Züge der Kansas Pacific in Salina ein, und die Zahl der Fahrgäste, die aufgenommen werden mußten, erhöhte sich auf siebenhundertachtzig.

Zeitgenossen schildern, daß die Menschen in den sturmumtobten Häusern förmlich übereinander lagen und daß manche Männer, die immer wieder hinausgingen, um den Eingang eines Hauses freizuhalten, Hände und Füße erfroren hatten. Am dritten Tage flaute der Sturm ab, der Himmel klarte innerhalb einer halben Stunde auf und gleißendes Sonnenlicht legte sich über Salina, das wie aus einem Alptraum erwachte. Aus den drei Zügen wurde einer gemacht. Zwei Lokomotiven übernahmen die Führung, eine dritte wurde an den Schluß angehängt. Es war ein sonnenheller Sonntag, an dem der Denver-Expreß einen schrillen Pfiff ausstieß und aus dem halb im Schnee versunkenen Salina die Menschen dem Expreß nachwinkten wie einer Nordpolexpedition.

Das Thermometer sank auf zweiundzwanzig Grad unter Null. Die drei schweren Lokomotiven bohrten den Denver-Expreß stellenweise förmlich durch den Schnee, der in der eisigen Kälte rasch hart wie Stein wurde, und unter einem wolkenlosen Himmel heulte der Nordwest wie ein hungriger Hund über das Land. Bald begann das Wasser in den Tanks der Maschinen von oben nach unten zu frieren, so daß ständig Männer in der eisigen Kälte mit Brecheisen während der Fahrt das Eis aufhacken mußten, während andere, ebenfalls während der Fahrt, mit Schaufeln den Schnee in die Tanks stopften.

Die dichtgedrängten Menschen in den Wagen umringten schichtweise die rotglühenden Kanonenöfen. Eine Indianerin mit drei Kindern, die nie geklagt hatte, erfror mit ihren Kindern in einer Ecke, ein Schotte stürzte sich in einem Anfall von Nierenkolik schreiend aus dem fahrenden Zug, verschwand augenblicklich in einer Schneewehe, und als der Zug endlich zum Halten kam und zurückgefahren wurde, hatte der Sturm das Loch im Schnee zugeweht. Alles Suchen war vergebens, der Schotte blieb verschwunden.

Sechsundneunzig Kilometer legte der Denver-Expreß in vierundzwanzig Stunden zurück. Dann hatte er Russell erreicht. Drei Tage währte der Sturm unter wolkenlosem, sonnenstrahlendem Himmel, der dichte Schleier von Schnee vor sich herwehte. Drei Tage und vier Nächte mußten die Lokomotiven unter Dampf gehalten werden. Die Kohlenvorräte der Station waren rasch aufgebraucht, und man begann schon am zweiten Tag, das Stationsgebäude niederzureißen und Brett für Brett, Balken für Balken in die Feuerschlünde zu stecken. Endlich flaute der Sturm ab, und der Denver-Expreß konnte seine Fahrt fortsetzen, aber schon vierzig Kilometer später blieb die Führungsmaschine bis zum Führerhaus in einer haushohen Schneewehe stecken. Zwei Tage lang mußten alle Männer mit Schaufeln und Brettern die Lok herausschaufeln. Während dieser Zeit hatte man alle Vorräte, die man von Russell mitgenommen hatte, aufgezehrt, und als der Expreß schließlich am Freitag in Parks Fort einfuhr, da glichen die Fahrgäste Gespenstern, die kaum noch sprechen konnten.

Da Parks Fort nur eine einsame Station war, die lediglich ein Kohlendepot besaß und keinerlei Vorräte, die über die Mannschaftsration der Besatzung für einen Monat hinausgingen, entschloß sich Dan Finerty, eine Ladung Austern in Büchsen, die für die Hotels in Denver bestimmt waren, freizugeben. Einhundertdreißig Büchsen Austern wurden verteilt, auf fünf Menschen eine Büchse. Mit vierzig Schaufeln und Spitzhacken, die das Depot besaß, rüstete Bat Masterson eine Schneeräumkolonne aus, und der Expreß setzte seine Fahrt fort. Immer wieder blieb er in Verwehungen stecken, und die Räumkolonne mußte die Strecke freischaufeln. Dabei starb ein deutscher Siedler aus Kentucky, John K. Wehrle, an Entkräftung, und zwei Engländer, darunter der Millionär Humphrey Farrows aus Glocester, erlitten schwere Erfrierungen an beiden Armen und beiden Beinen.

Kaum jemand wußte noch, wie lange die Odyssee gedauert hatte, als endlich Fort Wallace in der Nacht vor den Karbidlampen auftauchte. Die Soldaten der Garnison hatten mannstiefe Gräben bis zum Schienenstrang gelegt, und auf den Nebengleisen standen zwei Züge aus Denver, die dort am 11. und 12. Januar abgefahren waren. Das Forthospital war überfüllt mit Männern eines Räumkommandos dieser Züge. Nach zwei Tagen Rast setzte der Denver-Expreß, diesmal von fünf Lokomotiven gezogen und geschoben, seinen Weg nach Denver fort.

Am 18. Januar 1875, nach elf Tagen, erreichte er Denver, wo er von einer riesigen Menschenmenge empfangen wurde. Kutschen und Wagen standen überall bereit, um die erschöpften Fahrgäste in warme Quartiere zu bringen. Kinder wurden bereits im Zug in Wärmepackungen gehüllt, Kranke in die Hospitäler gebracht. Als man dort den Millionär Humphrey Farrows entkleidete, waren seine Arme bis zu den

Ellenbogen und seine Beine bis zu den Knien schwarz. Humphrey Farrows Büffelsafari war zu Ende, noch ehe er überhaupt einen Büffel gesehen hatte. Sechs Tonnen Post und Fracht der Wells & Fargo-Expreß-Kompagnie wurden entladen, und Denver stürzte sich darauf, wie Bewohner eines Eilands auf alte Zeitungen. Am nächsten Tage wurden in Denver 52 000 Briefe und 180 000 Zeitungen sowie 14 000 Pakete verteilt. Nach Tagen erfuhr man, daß der Sturm so stark gewesen war, daß er sogar vier Lokomotiven von den Schienen geworfen hatte.

☆

Dieser Sommerabend des Jahres 1881 war ein Sommerabend wie viele vorher:

Kate Shelley hatte den groben Holztisch abgeräumt, das Geschirr in die Schüssel gelegt und sich um die Geschwister gekümmert. Der zehnjährige James brauchte nur, nachdem er sich ausgezogen und gewaschen hatte, im Bett geküßt werden, die achtjährige Mayme machte auch nicht viel Arbeit, aber die fünfjährige Margaret und der kleine John waren kleine Rangen, die Kate den Atem genommen hatten, wenn sie endlich vom Topf herunter ins Bett gelegt werden konnten. Inzwischen war Mrs. Michael J. Shelley mit dem Geschirr fertig, betrat das Schlafzimmer und beugte sich, wie jeden Abend, über ihre fünf Kinder und küßte sie. Während sie sich dann an dem zweistöckigen Bett der Kleinsten auf einem Schemel niederließ und ihnen Zyklongeschichten von Pecos Bill, dem König der Cowboys, von Davy Crocket und Mike Fink, dem König der Kielbootmänner, erzählte, lag das Mädchen auf seinem Lager und starrte durch das offene Fenster hinaus in die Nacht, in der ein Sturm aufkam und die Gardinen zum Tanzen brachte.

Sie lauschte dem Knistern der abgeernteten Maisstengel und dem Rauschen des dicht am Hause vorbeifließenden Honey Creeks, und der frische Wind brachte die stickige Tagesluft im Zimmer in Bewegung. Kate dachte an den Mann, der ihr Vater gewesen war. Ein stolzer Mann aus Tipperary in Irland, abergläubisch, fromm, streitsüchtig, zärtlich, aufbrausend, liebevoll, gutmütig und jähzornig, alles zusammen. Seit drei Jahren stand sie nicht mehr allnächtlich am Fenster, wenn der Mitternachtszug am Haus vorbei auf die Flußbrücke zubrauste, darüberdonnerte und funkensprühend in der Dunkelheit verschwand. Bis dahin hatte sie jede Nacht am Fenster gestanden, um Mike Shelley im Feuerschein des Schottbläsers erkennen zu können, seine wallende Mähne roten Haares, den behaarten Arm, der auf dem Johnson-Hebel des Drosselventils lag, und die schweißtriefenden nackten Schultern von Onkel Jim O'Gnagny, der immer hier an dieser Stelle vor der großen Steigung wie ein Feuerteufel im Schein der Glut stand und die Schaufel schwang. Das war seit drei Jahren vorbei. Mike Shelley war eines Morgens mit einem Karren der Chicago & North Western Company gebracht worden, und man sah nur die schweren Büffellederstiefel von ihm, die unter der Plane hervorschauten. Der schwarzgekleidete Mann, der einen feinen Schwalbenschwanzrock und einen Seidenzylinder trug, hatte mit gesenkter Stimme Worte zu ihrer Mutter gesagt. Dann trugen sie den schweren Körper ins Haus, und die Mutter hatte Mike Shelley ausgezogen und seine von vier Kugeln durchbohrte Brust vom Blut gesäubert. Immer wieder mußte das kleine fünfzehnjährige Mädchen daran denken, wie sie dann beide zusammen Mike Shelley sein bestes Hemd und seinen Sonntagsanzug angezogen, ihn in das einzige unausgebesserte Bettuch gerollt und hinausgetragen hatten zu der Posteiche am Fluß. Die Erde war weich und hatte fast keine Steine. Mike Shelley lag so, daß er seine Strecke überblicken konnte.

Und an diesem Abend, als sich der Himmel mit dunklen Regenwolken überzogen und alles Sternenleuchten ausgelöscht hatte, hörte Kate die Stimme ihres Vaters, und sie klang nicht so rauh wie sonst, sondern klar und deutlich und in gutem Englisch, wie sie sie noch nie gehört hatte: „Die Brücke, Kate", sagte Mike Shelley, „die Brücke, Kate, hörst du!" Ein lodernder Blitz beendete die akustische Vision des Mädchens, und grollender Donner löschte sie aus. Die Dunkelheit wurde vollkommen und ein Regen rauschte nieder, der sich zu einem himmlischen Sturzbach entwickelte.

Kate Shelley erwachte und bemerkte, daß neben dem Bett ihrer Mutter eine Kerze brannte und die Frau aufrecht im Bett saß und mit zusammengepreßten Lippen lauschte. Der Wolkenbruch war zur Flut geworden, die wie ununterbrochene Peitschenhiebe von allen Seiten gegen das Haus klatschte. Es gurgelte, brodelte und kochte im Des-Moines-Tal wie in einem Topf siedender Suppe. Die alte Porzellanuhr tickte die endlosen Minuten und Stunden hinweg. Dem Gewitter war Wetterleuchten ohne Donner gefolgt. Kate bemerkte am Fenster, daß der Honey Creek weit über die Ufer getreten war und bereits das Fundament des Viehstalls umspülte. Der anderthalb Kilometer weit entfernte Des-Moines-Fluß war breit wie ein Meer geworden, und das niederstürzende Wasser war so laut, daß man Margaret und John zwar weinen sah, aber nicht hörte. Die Kinder krochen auf einem Lager zusammen und beobachteten ängstlich, wie sich die Frau und das Mädchen hastig ankleideten und hinausgingen, das Vieh freizulassen.

Im Schein des Wetterleuchtens sah man halbe Zäune, Teile von Dächern und Wänden, Möbelstücke, Kadaver und Baumstämme durch den Gischt des Honey Creeks schießen; und jedesmal, wenn solche Dinge gegen die Pfähle der Honey-Creek-Brücke stießen, gab diese ächzende und knarrende Laute von sich, wie altes Leder, das überdehnt wird. Und dort, wo der Honey Creek in den Des Moines mündete, wurden die schweren Holzpfeiler der Flußbrücke immer kleiner, das Geflecht des Standgerüstes versank allmählich im Wasser.

Im Hause hörte man plötzlich das Rumpeln einer Lokomotive auf der Honey-Creek-Brücke, und zwei Lichter tauchten wie erleuchtete Astlöcher im Dunkeln auf. Kate wußte, daß es die Hilfslok aus Moingona war, die einem schweren Güterzug entgegenfuhr, um ihm über die Steigung zu helfen. Sie wußte, daß Ed Wood sie führte, George Olmstead der Heizer, Adam Agar der Bremser und Pat Donahue der Paßlotse waren. Zwei von ihnen mußten ganz vorne auf dem Räumer neben den Lampen stehen, denn über diesen schimmerten die grellen Strahlenbündel zweier Kerosin-Scheinwerfer, die die Strecke nach Auswaschungen und Beschädigungen untersuchten. Kate sah die schwere Maschine über die Brücke fahren, die plötzlich zu schwanken begann und sich langsam zur Seite neigte. Das Mädchen stieß einen Schrei aus. Im gleichen Augenblick brach die Brücke auseinander wie ein Spielzeug aus Streichhölzern, sank, stürzte und versank dann in Sekundenschnelle. Ein reißender Knall, heftiges Zischen, und dann war alles vorbei. Das Rauschen des niederströmenden Wassers, das Gurgeln der Flüsse und das lautlose Wetterleuchten über dem Gewölbe der Nacht.

Ehe Mrs. Shelley es ganz begriffen hatte, war Kate in einen Mantel geschlüpft, hatte die große Hurrikanlampe an sich gerissen und stürzte aus dem Haus.

Einen Weg zum Bahndamm gab es nicht mehr. Auch die Landstraße nach Moingona war überflutet, und das Shelley-Blockhaus stand auf seinem Hügel wie auf einer Insel inmitten einer Sintflut. Kate hastete die Böschung zu dem Buckel hinauf, der zur großen Flußbrücke führte. Da es auf dieser Brücke schon sehr viele Todesfälle gegeben hatte, weil leichtsinnige Leute das Warnungsschild, nach dem das Betreten der Brücke untersagt war, nicht beachteten und von Lokomotiven mitten auf der 80 Meter langen Brücke zermalmt worden waren, hatte man schließlich so viele Bretter weggenommen, daß praktisch nur die Bahnschwellen blieben. Die Lücken zwischen diesen Schwellen waren durchschnittlich einen Meter weit, so daß selbst ein Mann mit langen Beinen am Tage Mühe haben mußte, sie, von Schwelle zu Schwelle springend, zu überqueren.

Kate Shelley wußte das, aber es gab keinen anderen Weg, den Mitternachts-Personenzug, der in wenigen Minuten eintreffen mußte, zu warnen, als den Fluß zu überqueren und ihm entgegenzulaufen.

Als das Mädchen an den abgerissenen Fundamenten der Honey-Creek-Brücke vorbeikam, erblickte sie im Schein ihrer Laterne Ed Wood und Adam Agar im Wasser, die sich an die Äste eines Baumes klammerten. Sie rannte weiter und ... überquerte auf der großen Flußbrücke, die unter den wie Rammböcken anstoßenden Baumstämmen erzitterte, den Fluß. Wie sie das schaffte, darüber existieren in Legende und Geschichte tausend Versionen, eine schrecklicher als die andere. Daß das Mädchen von Schwelle zu Schwelle über die Schienen gekrochen ist, scheint wahrscheinlich zu sein, denn eine andere Möglichkeit ist kaum denkbar. Am Ende der Brücke kletterte sie das Seitengerüst hinauf, nahm eine der roten Sturmlaternen herunter und rannte im strömenden Regen, bis auf die Haut durchnäßt, erschöpft und von schrecklichen Bildern gehetzt, die lange Strecke der Steigung entlang. Sie kam genau zweihundert Meter weit, da tauchten vor ihr die Lichter des Personenzuges auf. Der Zug hatte erst vor wenigen Tagen die neuen Westinghouse-Luftbremsen erhalten, und keiner im Führerhaus der Lok hätte je gedacht, daß dieser Umstand sehr bald einem jungen Mädchen, ihnen und zweihundertneunzehn Menschen das Leben retten würde. Genau einen Meter vor der wild die Lampe schwenkenden Kate Shelley kam der Zug zum Stehen, und bestürzt hörten sich die Western-Eisenbahner an, was das Kind hervorstieß, bevor es zusammenbrach.

Am nächsten Tage schrieb der „Moingona Leader" vom 7. Juli 1881: „... dieses Signal brachte den die Steigung hinuntersausenden Zug zum Stehen, der normalerweise mit 90 Stundenkilometern Geschwindigkeit die Des-Moines- und die Honey-Creek-Brücke überquert hätte. Der Lokführer sprang wütend von der Maschine, um dem Mädchen eine Tracht Prügel zu verabreichen, doch dann, als Schaffner und immer mehr Menschen, die das Kind umringten, hörten, was geschehen war, zum Fluß liefen und sahen, daß die Flut bereits die große Brücke zu verformen begann, da tanzten Männer hurraschreiend auf den Schienen herum, Frauen weinten, viele stürzten aufeinander zu und umarmten sich. Das tapfere Mädchen wurde gedrückt und geküßt und alle seine Manteltaschen voll Geld gestopft. Ein Mann lief mit dem Hute Mike Shelleys, den Kate aufgesetzt hatte, bevor sie losgelaufen war, durch die Wagen und sammelte Geld. Wer Mikes Hutnummer gekannt hat, der weiß, daß da ein Haufen Geld zusammengekommen ist. Mit Alarmsignalen hatte der Lokführer alle Männer gesammelt und mit Seilen Lokführer Wood und Bremser Agar aus ihrer gefährlichen Lage im Honey Creek befreit."

Als Kate Shelley am nächsten Tage aus tiefem Erschöpfungsschlaf erwachte, umringten Reporter ihr Bett. Es gab kaum eine amerikanische Zeitung, in der nicht seitenlange Berichte und Fotos von Kate Shelley erschienen. Die amerikanische Eisenbahn hatte eine neue Legende und ihre erste Heroine.

Die Chicago & North Western Railroad Company schenkte ihr eine schwere Goldmedaille, lebenslange Freifahrt auf allen Strecken, einen Sack Mehl und eine Wagenladung Kohlen. Als am 19. 5. 1901 die neue Eisenbrücke über den Des-Moines-Fluß eingeweiht wurde, erhielt sie den Namen „Kate-Shelley-Brücke". In Dubuque, Iowa, wurde ein Wasserfontänen-Denkmal ihr zu Ehren aufgestellt. Die Iowa-Legislatur stiftete ihr zweihundert Dollar in Gold pro Jahr und eine goldene Rettungsmedaille. Es wurden Schulen und wohltätige Organisationen

nach ihr benannt. Kate erhielt jahrelang Berge von Post, Geschäfts-, Stellen- und Heiratsangebote. Die Bruderschaft der Eisenbahnschaffner schenkte ihr eine goldene Uhr mit Kette und eine „Kate-Shelley-Bruderschaft der Eisenbahner" wurde in Bonne, Iowa, gegründet. Wann immer Kate einen Zug benutzte, um in Bonne oder Moingona einzukaufen, hielt jeder Zug, und wenn es ein Expreß war, an ihrem Haus, damit sie genau vor der Haustür aussteigen konnte. Verspätungen, die aus diesem Grunde entstanden, wurden von den Direktionen als selbstverständlich hingenommen. Die „Chicago Tribune" gründete einen „Shelley-Fonds", der die Aufgabe erhielt, die Shelley-Familie, solange Kate lebte, von Schulden freizuhalten. Kate erhielt ein Stipendium am Simpson College, zu einer Zeit, da das Studium höherer Bildung für Frauen noch verpönt war. Als 1903 der Posten des Stationsvorstehers in Moingona frei wurde, erhielt Kate als erste Frau in Amerika diese verantwortungsvolle Stelle. Kate heiratete nie, weil ihre Gesundheit seit dieser denkwürdigen Nacht nicht mehr die beste war. Sie starb am 21. Januar 1912 mit dreiundvierzig Jahren, und die Eisenbahn stellte einen schwarz dekorierten Sonderzug zum Begräbnis zur Verfügung und blockierte für vier Stunden den gesamten Verkehr auf dieser Hauptstrecke, damit nichts die Beisetzung störe.
Die Balladen über sie sind zahllos, und heute noch veranstalten die Eisenbahner zu ihrem Gedenken Paraden und Umzüge, Gedenkfeiern, und an der Methodistenkirche von Ogden wurde vor noch nicht allzulanger Zeit eine Bronzetafel angebracht.

☆

Seit einer Woche hatte in Hinckley, Minnesota, niemand mehr die Sonne gesehen. Der Himmel war von einem undefinierbaren Grau bedeckt, weder Wolken noch Dunst, einem kilometerdicken Schleier wie aus Watte, Tag und Nacht. Nur vereinzelte Male hatte man irgendwo in diesem Grau einmal einen roten Schimmer wahrnehmen können, und die Leute sagten, daß es die Sonne sei. Und seit Tagen war die Luft voll von feiner weißer Asche, die sich überall in der 1200 Seelen zählenden Stadt niedersetzte und zwischen zwei Fingern zerrieben eine dünne graue Schicht hinterließ. An diesem 1. September des Jahres 1894 vermischte sich der graue Regen von Pulverasche zusehends mit schwarzen Kohlepartikeln, die gegen Abend an allen Hauswänden dunkle Spuren hervorriefen. Doch niemand in der Stadt machte sich Sorgen. Man hatte eine gut ausgerüstete Feuerwehr, drei Kirchen, fünf Hotels, acht Lagerhäuser, ein Restaurant, zwei Bahnstationen, ein Rundhaus und eine Sägemühle, die täglich zweitausend Meter Holz schnitt. Zwei Eisenbahnen verbanden Duluth im Norden mit St. Paul und Minneapolis im Südwesten.

In der Nacht begann sich über Stadt und Wälder der schale Geruch kalter Holzasche zu legen, und wenn man an ein Fenster trat, so konnte man merkwürdig gelbe Lichtreflexe im Dunkelgrau des Himmels entdecken. Das fremdartige Licht war gegen Morgen des 2. September verschwunden. Gegen Mittag begann ein steifer Wind aus dem Süden zu blasen, der Wolken schwarzer Holzkohle in die Stadt wehte.

Plötzlich stürzte der Telegraphist der St. Paul und Duluth-Station auf die Straße und schrie, daß er gerade die Nachricht erhalten habe, Pokegama, vierzehn Kilometer südlich der Stadt, sei urplötzlich von einem verheerenden Waldbrand überfallen und bis auf die Grundmauern niedergebrannt worden. Die meisten Leute seien in den Flammen umgekommen.

Jetzt erst alarmierte der Bürgermeister die Feuerwehr, die am Südrand der Stadt im Wald ein halbes Dutzend Feuer entdeckte. Hinckley war von uralten Wäldern umgeben, in die Holzfäller große Breschen geschlagen hatten. Auf den Kahlschlägen lagen Berge von Geäst und Rindeschalungen, die sich im Laufe der Zeit in Zunder verwandelt hatten. Als sich der Wind zum Sturm, der Sturm allmählich zum Hurrikan entwickelte, lief Pastor Fawler händeringend auf die Straße und forderte die Bewohner auf, unversehens alles im Stich zu lassen und das Leben zu retten.

„Es geht ums nackte Leben!" hörte man den Pfarrer durch die Straßen schreien. „So hört mich doch an! Flieht! Ich bin lange im Wald und kenne die Zeichen! Hinckley wird sich in ein Inferno verwandeln! Alles wird niederbrennen! Alles! Gott ist mein Zeuge! Flieht und verschwendet keine Minute."

Der Pfarrer hatte noch nicht das westliche Ende der Stadt erreicht, als der Hurrikan aus dem Süden plötzlich turmhohe Flammen vor sich

herblies. Nun begannen die Leute zu rennen. Mütter ergriffen ihre Babies und flohen zu den Bahnhöfen. Die Feuerwehrmänner, die sich einer einzigen Feuerfront gegenübersahen, ließen ihre Wehren im Stich und rannten zu den beiden unter Dampf stehenden Zügen. Ed Barry, der Lokführer eines Güterzuges, und William Best, der Lokführer eines Personenzuges, warteten, bis alle Wagen, Trittbretter und Plattformen voll Menschen waren und rissen dann die Ventile auf. In nördlicher Richtung dampften die Züge davon, und während sie durch die Stadt fuhren, sah man Menschen und Pferde durch die Straßen laufen, stürzen, schreien, sich ineinander verwirren, und lodernde Flammen, die überall bereits die Holzhäuser am Südrand der Stadt ergriffen hatten.
In Sandstone, 16 Kilometer nördlich von Hinckley, rief man aus den Zügen den Einwohnern dieser Stadt Warnungen zu, und die Lokführer rasten auf die rauchende Brücke des Kettle-Flusses zu, deren Pfeiler bereits in Flammen standen. Als der letzte Wagen die Brücke passiert hatte, stürzte sie in einem explosionsartigen Feuerpilz zusammen.
Eine Viertelstunde später stand der Wald rings um Sandstone in hellen Flammen. Fünfundvierzig Personen verbrannten, ehe sie Zeit gefunden hatten vor den Flammen zu fliehen. In Hinckley suchten neunzig Menschen Schutz auf einer Lichtung an der Eastern-Minnesota-Eisenbahnlinie, und dort fand man ihre Leichen später, zu winzig kleinen schwarzen Verkohlungen verbrannt. Mehr als hundert konnten später aus einer wassergefüllten großen Kiesgrube geborgen werden.
Als Lokführer Jim Root, der mit seinem Güterzug auf dem Wege von Duluth nach St. Paul war, Menschen zum Bahndamm hinaufstürmen sah, hielt er den Zug an, und hilfreiche Hände zogen weißgesichtige Frauen, Kinder und Männer in die Wagen, während der Feuersturm auf den stehenden Zug zuraste. Jim Root riß das Ventil auf und jagte durch das Feuer. Er konnte sehen, daß die ganze Strecke in Flammen stand. Die Schwellen brannten, und die Wände der Güterwagen fingen Feuer, das von den Männern mit bloßen Händen ausgeschlagen wurde. Die Hitze war so stark, daß die Fensterscheiben des Führerhauses platzten. In dem einzigen Personenwagen des Zuges stand der Negerschaffner John Blair an einem Wasserkübel und verteilte in dem an allen Ecken brennenden Wagen Wasser an die Frauen und Kinder,

rannte mit nassen Tüchern umher, um den Menschen die brennenden Haare zu löschen. Ein Fenster nach dem anderen platzte. Mrs. Frank Spriggs erinnerte sich:

„Brennende Farbe rann die Innenwände des Wagens herunter. Viele von uns waren von den explosionsartig zerplatzenden Fensterscheiben zerschnitten und bluteten. Man konnte kaum noch atmen. Die Hitze war so groß, daß ich sehen konnte, wie im Gesicht einer Frau Brandblasen entstanden, die bald ihr ganzes Antlitz bedeckten und groß wie Birnen wurden. Der Negerschaffner benahm sich wie ein Held. Er stand ruhig am Wasser-Reservoir, bis es leer war. Er sprach beruhigend auf Kinder und Erwachsene ein, ja ich erinnere mich, daß er sogar Witze machte. Er benahm sich, als handle es sich um einen Sommerausflug."

Im Führerhaus der Lokomotive wurde Jim Root von der Hitze ohnmächtig. Als er wieder zu sich kam, sah er, daß das Manometer nur fünfundneunzig Pfund Dampfdruck anzeigte und der Zug sehr langsam fuhr. Im Niedersinken hatte er das Ventil halb geschlossen. Jetzt riß er es weit auf, und die Lok wurde immer schneller.

Als der Zug die Skunk-Lake-Brücke überquerte, brannten die Kohlen im Tender und im Wasser des Sees spiegelte sich von allen Seiten die rote Glut der Ufer. Mitten auf der Brücke hielt Jim Root den Zug an. Augenblicklich standen alle Wagen in hellen Flammen, und Männer ließen Eimer an Seilen zum Wasser herunter, mit dem sie die brennenden Wagen zu löschen versuchten.

Die Menschen quollen mit brennenden Kleidern aus den Wagen und schauten sich nach Rettung um. Ein großer Mann schrie der jungen Mrs. Spriggs, die ihr sechs Monate altes Baby an sich klammerte, zu: „Werfen Sie's weg! Sie können es nicht retten!"

Viele sprangen in das schmutzige Wasser und ertranken. Mrs. Spriggs fährt in ihrem Bericht fort:

„Ich preßte mein Baby an mich und rannte über die Brücke, die von beiden Enden gleichzeitig zu brennen begann, auf das Ufer des Sees zu. Überall war Feuer. Ich lief am Ufer auf eine kleine Halbinsel zu, die mit Kartoffeln bepflanzt war. Fünf oder sechs Leute folgten mir, und vor mir hastete ein großer, schwerer Mann über den brennenden Grasboden, der eine Frau auf den Armen trug. Sie hatte außergewöhnlich langes Haar. Dieses Haar fing plötzlich Feuer und brannte wie eine Fackel. Ich würde heute gerne wissen, wer die Frau war und ob sie gerettet worden ist.«

Jim Root und dem Zugpersonal war es inzwischen gelungen, die Wagen zu löschen, und als die Menschen den durchdringenden Pfiff der Lokomotive hörten und sahen, wie der Zug langsam über die brennende Brücke fuhr, stürzten sie wieder darauf zu und bestiegen ihn. Mit dreihundert Menschen durchquerte Jim Root das weitflächige Waldfeuer, und als sie endlich hindurch waren und auf der nächsten Station erschöpft aus dem Zuge kletterten, fielen die Kleider wie Zunder von ihnen ab. Alle hatten schwere Verbrennungen.

Der Waldbrand hatte hohe Opfer gefordert. Später fand man zahlreiche Holzfäller-Camps, in denen Holzfäller, mit der Axt in den Händen, zu Kohle verbrannt waren. Der Brand hatte die Städte Hinckley, Sandstone, Mission Creek, Pokegama und Partridge zur Unkenntlichkeit verbrannt. 413 Tote konnten gefunden und bestattet werden, aber mehr als doppelt so viele wurden nie wieder gefunden.

XVII

Zölle, Service und Reklame

„Captain D. B. Clayton zeigte, wozu Eisenbahner imstande sind: In fünf Minuten legte seine Mannschaft zweihundertfünfzig Meter Schienenstrang. Jetzt verstehe ich, wie man an einem Tage sechsundzwanzig Kilometer Schienen legen kann, und ich glaube heute, daß diese Leute in der Zukunft zu Dingen fähig sein werden, die vielleicht alles heute Vorstellbare weit in den Schatten stellen. Darunter mag es bestimmt auch ebenso verrückte wie unerfreuliche Dinge geben, aber heute glaube ich, daß hier in Amerika eine Art von Zukunft entsteht, die möglicherweise einmal der ganzen Welt ihren Stempel aufdrücken wird."

Henry M. Stanley,
My Early Travels and Adventures,
Julesburg, 17. 9. 1867

Als die Northern-Pacific-Eisenbahn den Norden der Vereinigten Staaten aufschloß und ihren Schienenstrang durch das Yellowstone-Tal legte, trafen die Schienenlegerkolonnen eines Tages auf einen Drahtzaun, der quer durch das ganze Tal gezogen war. Dahinter stand ein grimmiger alter Bursche, der ihnen ein großkalibriges Sharpsgewehr entgegenhielt.

„Das ist mein Land“, schrie der bärtige Yankee Jim George die verblüfften Eisenbahner an. „Und ich schieße jeden über den Haufen, der es betritt!“

Die großen Bosse der Bahngesellschaft erkundigten sich auf dem Katasteramt in Livingston. Dort wurde ihnen bestätigt, daß der Alte Besitzer eines schmalen Landstreifens sei, der sich quer durch das ganze Tal zog.

Die Bahn einigte sich mit dem Alten über einen Wegezoll und das Durchfahrtsrecht. Von diesem Tage des Jahres 1883 an hatte Yankee Jim ein sorgloses Leben. Der Eisenbahnzoll war hoch genug, ihm alles zu ermöglichen, was er sich von seinem bescheidenen Leben wünschte. Damit aber nicht genug, errichtete der Alte ein regelrechtes Zolltor über die Durchgangsstraße. Jeder, der zu Pferde oder mit einem Wagen durch das Tal fuhr, mußte Zoll an ihn bezahlen. Die Lokführer der Züge ließen jedesmal, wenn sie an Yankee Jims Sechs-Betten-Blockhaushotel vorbeifuhren, die Dampfpfeife schrillen und grüßten den grimmigen Alten, der sein Recht unbeeindruckbar von Macht und Geld wahrgenommen hatte, achtungsvoll. Und jedesmal spuckte Yankee Jim verächtlich hinter dem Feuerroß her. Eines Tages fragte ihn ein Rancher: „Warum machst du das?“

Der Alte streichelte seinen langen weißen Bart und brummte: „Well, damit ich nicht aus der Übung komme.“

Im Laufe der Jahre wurde der Alte zu einem lebenden Denkmal der persönlichen Freiheit.

Eines Tages im März 1903 besuchte Präsident Theodore Roosevelt, der in seinen Pioniertagen als Rancher mit Yankee Jim eng befreundet gewesen war, den Yellowstone National Park.
Etwa zwölf Kilometer von Yankee Jims Blockhaus entfernt hatte die Lokomotive des Sonderzuges eine Panne. Der Zug des Präsidenten wurde auf ein Nebengleis geschoben, und ein Reparaturwagen kam, um den Schaden zu reparieren. Roosevelt freute sich über den Aufenthalt in der Wildnis, aus der er einst gekommen war, und schickte einen Kurier zu seinem alten Freund mit einer herzlichen Einladung, ihn zu besuchen.
Yankee Jim nahm das Couvert mißtrauisch entgegen, las umständlich und starrte dann den Offizier mit seinen pulvergrauen Habichtaugen an. Dann öffnete sich sein struppiger Bart, und Yankee Jim polterte: „Hast du einen Bleistift?“ Der Offizier hatte einen. Yankee Jim kritzelte auf die Rückseite der Einladung:
„Wenn Du mich sehen willst, Teddy ... Du weißt, wo ich wohne!“
Als der Präsident der Vereinigten Staaten es las, lachte er schallend. Er wartete, bis die Lokomotive wieder fahrbereit war und ließ den Zug direkt neben Yankee Jims altem Blockhaus halten. Er stieg aus, putzte sorgfältig seine Schuhe an der Matte ab und schlug kräftig in die dargebotene Hand des Alten.
Mehr als eine Stunde saßen die beiden zusammen und tranken Yankee Jims selbstgebrannten Schnaps. Nach dem Tode des Alten sorgte der Nachfolger Roosevelts dafür, daß dessen Wunsch erfüllt wurde: das Tal erhielt den Namen „Yankee Jim Canyon“. Und so heißt es heute noch.

☆

Mit allen Mitteln, die Phantasie, Konkurrenz und das Gesetz erlaubten, füllten die Eisenbahnen ihre Kassen. Die großen Manager des Feuerrosses waren der aus Wildnis und Zivilisation neugeborene Typ des modernen Imperators, der zwar nicht die Bilanz, aber die Begriffe „Service“ und „Werbung“ erfand und damit der wirtschaftlichen Substanz der westlichen Welt einen neuen Stempel aufdrückte. Zahllos sind die Beispiele eines erbarmungslosen Kampfes um den Kunden. Aber das faszinierende an diesem Phänomen ist, daß die Beispiele warmer Menschlichkeit, auch und gerade bei diesen harten Imperatoren, ebenso zahllos sind.

☆

„Wann fährt der nächste Zug nach Pueblo, Colorado?“ stieß Mr. Dunn hastig hervor.
Der Schalterbeamte warf einen Blick auf das verstörte Gesicht des Mannes, auf dessen Haut Schneeflocken schmolzen.
„In sechs Stunden, Sir“, antwortete er.
„Oh, mein Gott, gibt es keine frühere Verbindung?“
„Tut mir leid, Sir, nein.“
„Ich habe gerade ein Telegramm erhalten, daß meine Frau im Sterben liegt“, preßte Reginald Dunn hervor und zerrte an seinem Kragen. Der Beamte wurde steif und reckte den Kopf hoch. „Oh, Sir, das tut mir leid. Ich bedaure aufrichtig . . .“
Dunn ließ die Schultern hängen und nickte resignierend. Er setzte sich gegenüber auf eine der Bänke des Bahnhofs Topeka. Auf einem Abreißkalender über seinem schneebedeckten Schlapphut stand der 19. Januar 1878.
Eine Weile beobachtete der Schalterbeamte den Mann, der die Hände ineinander verkrampfte und sich die Lippen zerbiß.
Dann erhob er sich, klappte die Scheibe herunter und warf seinen Mantel über. Man sah ihn über die Straße zum Direktionsgebäude der Atchison, Topeka & Santa Fé-Bahn laufen. Nach fünf Minuten kam er mit William B. Strong, dem Generaldirektor der Bahn, zurück.
Strong ging auf Dunn zu, dem das Schmelzwasser vom Hut in den Nacken tropfte.
„Strong“, sagte der große Mann mit den harten Manageraugen. „Darf ich das Telegramm einmal lesen?“
Reginald Dunn sprang auf und starrte den Direktor, der einen Kopf größer war als er, an. Dann holte er ein aufgeweichtes Stück Papier aus dem Mantel und reichte es Strong. Der warf einen Blick darauf. „Aus Colorado Springs. Hm. Unsere Linie geht nur bis Pueblo. Die Denver & Rio Grande-Bahn hat zwar eine Verbindung von Pueblo nach Colorado Springs, aber ihr Manager, General Palmer, und ich hal-

ten uns gerade gegenseitig die Gurgeln zu.“ Strong blickte Dunn an. „Sie lieben Ihre Frau, nicht wahr?“
Wortlos nickte Reginald Dunn.
„Bitte, haben Sie einen Augenblick Geduld.“ Strong ging mit dem Schalterbeamten in den Geschäftsraum. Dort hörte Dunn die energische Stimme Strongs Anweisungen geben.
„Snider, schicken Sie sofort ein Telegramm an William J. Palmer ab. Text: Frau eines Fahrgastes liegt in Colorado Springs im Sterben. Der Mann möchte sie noch einmal lebend sehen. Schicke Sondermaschine sofort mit ihm nach Pueblo. Ich bitte herzlich, eine Sondermaschine in Pueblo ab morgen früh sieben Uhr unter Dampf zu halten. Strong.“
„Wird sofort durchgegeben, Sir“, sagte eine Stimme.
„Der Teufel soll diesen verdammten Palmer holen.“
„Soll ich das auch durchgeben, Sir?“
„Unterstehen Sie sich! So, weiter. Henry?“
„Yeah“, sagte eine andere Stimme.
„Sofort unsere schnellste Maschine fertigmachen. Einen Pullmanwagen anhängen. Gutes Essen, Bettzeug, Getränke, Zigarren.“
„In Ordnung.“
„Wo ist Joe Griffith?“
„Im Bett, Sir, er hat zwanzig Stunden Dienst hinter sich.“
„Ist ein anderer Lokführer erreichbar?“
„Nein, Sir.“
„Joe soll sofort geweckt werden. Er erhält doppelten Lohn und eine Woche Urlaub. In zwanzig Minuten will ich die Lok davonfahren sehen, verstanden?“
„Klar, Sir.“
Als sich der stille Bahnhof plötzlich in einen wild rumorenden Kasernenhof zu verwandeln schien, betrat Mister Reginald Dunn mit feuchten Augen den Schalterraum. Doch William Strong war nicht mehr da.
„Sind Sie froh, Mann“, sagte einer der Beamten. „Der Alte hätte Sie vor Rührung ja doch bloß angebrüllt.“
Dreizehn Minuten später riß Joe W. Griffith das Ventil der starken Schnellzuglok auf.

Die Uhr am Bahnhof zeigte genau 15.05 Uhr an. Der Heizer John Flemming schaufelte Kohlen in die Feuerung, als gälte es, die Hölle anzuheizen. Nach knapp zwei Stunden flog die Station Emporia Junction an der dahinrasenden Lok vorbei, und dem bärtigen Manne im Stellwerk fiel der Kneifer von der Nase.

Um 19.20 Uhr hielt die Maschine unter dem Kohlenbunker von Newton, und acht Männer schaufelten in achtundvierzig Sekunden den großen Tender voll Kohlen. Um 21.54 Uhr raste die Lok mit dem Pullmanwagen wie ein feuriger Spuk durch Great Bend.

Reginald Dunn saß in einem eleganten Plüschsessel und starrte abwesend durch das Fenster auf die vorüberfliegenden, schneebedeckten Wellen der Prärie, die im fahlen Mondlicht aussah, als wäre sie mit einem riesigen Leichentuch bedeckt.

„Sir, Sie müssen etwas essen", mahnte der schwarze Schaffner leise.

„Ich kann nicht", preßte Dunn hervor.

Vor ihm auf einem runden Tisch standen Sandwiches, Flaschen, eine Kiste Zigarren.

Fünfzehn Minuten nach Mitternacht hielt der Sonderzug vor dem Kohlenbunker in Dodge City.

Im Licht der Kerosinlaternen standen zahllose Menschen in der Kälte. Der Negerschaffner wehrte dankend die Körbe mit Lebensmitteln ab, die ihm hingereicht wurden.

Ein Barmädchen kam ganz nahe an eins der Fenster heran und rief Dunn zu: „Viel Glück, Mister! Sie werden Ihre Frau sehen. Wir haben für Sie gebetet."

Die „Stadt des Sechsschüssers", die in den Sommer- und Herbstmonaten vierundzwanzig Stunden am Tag in einem Chaos aus Sünde und Leidenschaft unterging, lag still und friedlich in der kalten Nacht.

Während die Lok Wasser und Kohlen übernahm, stapelten sich im Führerhaus Körbe mit gebratenen Hühnchen, Sandwiches, Würsten und geräuchertem Schinken, goldbraunen Sauerteigbiskuits und echten Upman-Zigarren aus Philadelphia. Eine Riesenkanne mit starkem Kaffee wurde Joe Griffith von einer rothaarigen Sängerin übergeben, deretwegen sich im Sommer Dutzende Cowboys duellierten und erschossen. Die Kanne war aus purem Silber.

„Der Telegraphist sagte, daß Sie seit zwei Tagen nicht mehr geschlafen haben, Joe. Bitte nehmen Sie die Kanne als Andenken und Anerkennung mit."

Um 12.30 Uhr verließ der Zug Dodge City. Um 2.26 Uhr donnerte er durch Lakin. Punkt 4 Uhr fegte er an den dreihundertneunzehn frierenden und schweigend winkenden Einwohnern von Granada vorbei. Um 5.35 Uhr übernahm er in West Las Animas wieder Kohlen.

Punkt 7.30 Uhr, mit dem ersten Tageslicht, das die schneebedeckten Gipfel der Colorado-Berge in blutgoldenen Schein tauchte, lief die Lok auf dem Bahnhof in Pueblo ein. Dort stand auf einem Nebengleis eine dampfende Schnellzuglok der Denver & Rio Grande-Bahn. Dunn stürzte aus dem Pullmanwagen in den Salonwagen hinter der neuen Lok, und die beiden Lokführer der sich bis aufs Messer bekriegenden beiden Bahnlinien riefen sich Grüße zu. Dunn sah noch, wie Joe Griffith im Fenster seines Führerhauses den Kopf neigte und auf der Brüstung eingeschlafen war, dann flogen die Häuser von Pueblo an ihm vorüber.

Keuchend und schnaufend kämpfte sich die Lok die steilen Steigungen hinauf, raste über abgrundtiefe Schluchten, durch endlose enge S-Kurven. Um 8.35 Uhr kreischten auf dem Bahnhof von Colorado Springs die Bremsen. Als der Zug hielt, konnte Reginald Dunn, vor Aufregung, Angst und Müdigkeit am ganzen Körper flatternd, in eine bereitstehende leichte Kutsche springen, vor die die besten Rennpferde der Stadt gespannt waren.

In halsbrecherischem Tempo legte der Wagen die acht Kilometer nach Manitou zurück. Um 9.12 Uhr stand Reginald Dunn am Bett seiner Frau.

Der Mann kniete neben seiner an galoppierender Schwindsucht sterbenden Frau nieder.

Zwanzig Minuten später schloß sie für immer die Augen.

Am 26. Januar 1878 berichtete die „Dodge City Times" in einem kurzen Artikel von der „blitzartigen Geschwindigkeit", mit der der kleine kaufmännische Angestellte über eine Strecke von 1004 Kilometer zu seiner sterbenden Frau gebracht worden war.

⋆

Am 8. Juli 1905, einem strahlenden Samstagmorgen, stürmte Walter Scott, den ganz Kalifornien als „Todestal-Scott" kannte, in das Verwaltungsgebäude der Atchison, Topeka & Santa Fé-Bahngesellschaft von Los Angeles, warf einen prallgefüllten Geldsack auf den Tisch des Geschäftsführers John J. Byrne und sagte:
„Ich will Geschwindigkeit kaufen. Was kostet die Fahrt mit einem Sonderzug bis Chicago in fünfundvierzig Stunden?"
„Hm, Mister Scott, vielleicht wäre es besser, wenn Sie sich erst mal beruhigten", sagte Byrne vorsichtig, der die meisten Geschichten, die über den „ganz und gar verrückten Todestal-Scott" seit Jahren im Umlauf waren, kannte.
„Ich brauche keinen Arzt, sondern einen Sonderzug."
„Well, Mister Scott, die beste Zeit, die je auf der Strecke zwischen Los Angeles und Chicago gemacht worden ist, sind siebenundfünfzig Stunden und sechsundfünfzig Minuten."
„Das interessiert mich nicht. Ich will für die Fahrt nicht mehr als fünfundvierzig Stunden brauchen!"
„Das ist unmöglich, Mister Scott. Die Strecke ist genau 3624 Kilometer lang. Es gibt Hunderte von Aufenthalten durch andere fahrplanmäßige Personen- und Güterzüge."
„Wie lang die Strecke ist, weiß ich. Andere Züge interessieren mich nicht. Machen Sie die Strecke frei. Es gibt einen Telegraphen. Ich will freie Durchfahrt bis Chicago haben. So, und jetzt sagen Sie, was es kostet."
„Mister Scott, ich ..."
„Hören Sie auf, mich Mister Scott zu nennen. Was ist der Preis? Tausend Dollar? Zehntausend? Zwanzigtausend? Nennen Sie die Summe. Ich habe mit diesem verdammten Zeitungsburschen um eine Kiste Bourbon gewettet, daß ich nicht mehr als fünfundvierzig Stunden bis Chicago brauche, also werde ich nicht mehr als fünfundvierzig Stunden brauchen, kapiert, Byrne?"
John Byrne musterte den bärtigen Prospektor, der ein Gewehr in der Hand hielt und an der Hüfte einen großen Revolver trug. John Byrne witterte für die Gesellschaft eine ungeheure Reklame, als er von der Wette hörte. Er schloß die Augen, legte einen Finger bedächtig an die

Schläfe und dachte nach. Schließlich sagte er: „Gut, Scotty, Sie werden Ihren Sonderzug bekommen, aber ich halte es für unmöglich, daß wir es in weniger als fünfzig Stunden schaffen."

Scotty nickte zufrieden und schulterte seinen Geldsack. „Sorgen Sie nur dafür, daß die Strecke frei sein wird, alles andere lassen Sie meine Sorge sein. Wenn Geld nicht hilft, halte ich Ihrem Reiter des Feuerrosses eine Mündung in die Rippen." Scottys wilder Bart klaffte auseinander und eine Reihe tabakbrauner Zähne wurde sichtbar. „Ein Mann, der tief im Lauf eines Colts eine 44-Unzen-Kugel schimmern sieht, tanzt auf den Zähnen des Teufels Polka. Wann geht's los?"

„Ich lasse es Ihnen in genau drei Stunden sagen."

Scott ging, und Byrne ging zur Telegraphen-Telephon-Station. Als er dort nach zwei Stunden herauskam, war der gesamte Fahrplan der Atchison, Topeka & Santa Fé-Bahn keinen Pfifferling mehr wert. Das gesamte System war vom Untersten zu oberst gekehrt, alle Stationen auf der Strecke hatten strikte Anweisungen und waren bereit, Scottys „Coyote Special" zu empfangen.

Am 9. Juli 1905, Punkt 1 Uhr mittags, schnaubte die „Coyote Special" durch Los Angeles, und als sie den Stadtrand erreichte, da schauten die Leute bereits kopfschüttelnd dem in einer Dampf- und Feuerwolke dahinrasenden Ungetüm nach, an das nur ein Pullman-Salonwagen gekuppelt war, auf dessen Plattform Scotty stand und mit dem Hut winkte.

Sechsundneunzig Kilometer hinter Los Angeles fauchte der Sonderzug bereits mit vier Minuten Zeitgewinn durch San Bernadino, und John Finley, der Lokführer, hatte, als er bei Barstow in die Mohave-Wüste hinausbrauste, bereits fünfundzwanzig Minuten Zeit gewonnen. Scotty stand neben ihm im Führerstand und schob ihm einen Zehndollarschein in den Overall.

Auf der glatten und ebenen Strecke durch die Wüste riß Finley das Ventil ganz auf, und die „Coyote Special" begann förmlich dahinzufliegen. Als der Geschwindigkeitsmesser auf hundert Meilen stand, begannen sich die mexikanischen Heizer zu bekreuzigen und Gebete zu murmeln. Endlich blieb der Zeiger des Tachometers bei einhundertzehn Meilen stehen, und immer noch wurde die „Coyote Special" schneller.

Scotty hüpfte im Führerstand umher, und im Salonwagen zückte der Journalist, mit dem er gewettet hatte, die Uhr, als eine Meßstrecke vorüberflog. Anschließend starrte er auf die Uhr, die für eine Meile einunddreißig Sekunden anzeigte, und begann zu rechnen. Als er fertig war, wurde er blaß um die Nase und murmelte: „Einhunderfünfundachtzig Kilometer in der Stunde! Beim Jupiter, wenn das gutgeht, will ich mir alle meine Sünden verzeihen."
Als die „Coyote" durch Fenner röhrte, stand dort der Chicago-Expreß auf einem Nebengleis, der Los Angeles um 7.30 Uhr am Morgen verlassen hatte, also fünfeinhalb Stunden vor der „Coyote". Um 19.30 Uhr wurde die „Coyote" in Needles gegen die bereits voll unter Hochdruck stehende „Desert Heat" ausgetauscht, was sich in genau einer Minute vollzog. Um 9.30 Uhr am anderen Morgen jagte die „Desert Heat" durch Albuquerque in New Mexico. Die 323 Kilometer von La Junta in Colorado bis Dodge City in Kansas legte Scottys Sonderzug in 198 Minuten zurück. In Fort Madison übernahm Lokführer Loslee die Maschine, aus der Finley herausgetragen werden mußte. Die Heizer waren bereits achtmal gewechselt worden.
Cameron und Suree flogen vorüber, und es war 11.54 Uhr am Dienstagmorgen, als Scotty in Chicagos Polk-Street-Bahnhof aus seinem Salonwagen stieg, den Geldsack und das Gewehr in den Händen schwang und sich von einer vieltausendköpfigen Menschenmenge auf den Schultern zur City-National-Bank tragen ließ, wo er 478 200 Dollar einzahlte.
Er hatte für die Fahrt von Los Angeles bis Chicago genau vierundvierzig Stunden und vierundfünfzig Minuten gebraucht.

☆

William G. Crush warf einen Blick aus dem Fenster des dahinratternden Zuges, dachte an seine Geschäfte, lehnte sich zufrieden im Polster zurück und wollte sich eine Zigarre anzünden.
Während er das Zündholz am Daumennagel anrieb und durch die kleine Flamme starrte, dachte er daran, daß es vielleicht die Chance seines Lebens war, nach St. Louis zu fahren und für Harnells Haarpomade eine Show aufzuziehen, wie sie der Süden noch nicht erlebt hatte. Allein auf die Show kam es an. Ob die Leute sich über seine

Show totlachten oder ihn beschimpften, das war egal. Hauptsache, daß sie überhaupt etwas taten.

Crush steckte die Zigarre zwischen die Zähne. Clever mußte man sein. Einen wachen Blick für die Chance mußte man haben. Das ganze Leben war eine einzige Suche nach der Chance. Ob man Gold wusch, Land absteckte, Büffel schoß, mitten in der Prärie einen Laden eröffnete, oder im Sand nach Öl bohrte. Auf das Zupacken und die raschen Ideen kam es an.

In diesem Augenblick gab es einen ohrenbetäubenden Knall. Crush wurde einer älteren Matrone in die Arme geworfen, Holz splitterte, Menschen kreischten und die Welt war ein sich um und um drehendes Chaos aus Staub, heißem Dampf, Kreischen, Brechen und Splittern. Dann war es still.

Eine Minute, nachdem William Crush aus den Trümmern des Wagens herausgekrochen war, wußte er, daß die Lokomotive explodiert war. In wenigen Minuten hatten sich Tausende Menschen um die Unglücksstelle versammelt. Sanitätswagen, Lazarettzelte, Ärzte, Träger, Schreie, Rufe.

Einen Tag später stand William G. Crush nicht vor dem Pomadenfabrikanten Harnell, sondern vor dem Direktor der Missouri, Kansas & Texas-Eisenbahn.

„Wir werden in den ganzen Vereinigten Staaten Schlagzeilen machen", sagte Crush. „Mindestens fünfzigtausend Leute werden aus allen Himmelsrichtungen kommen, um einen echten Zusammenstoß zwischen zwei Zügen zu sehen. Und zwar nicht nachher, sondern vorher und während, Gentlemen! Und Ihre Gesellschaft wird die Fünfzigtausend oder Hunderttausend transportieren. Allein an Fahrpreisen wird zehnmal mehr einkommen, als die alten Schnaufer kosten."

Der Direktor wanderte nachdenklich hin und her und murmelte vor sich hin: „Total verrückt . . . aber gut. Verdammt gut sogar."

„Lassen Sie mich die Show aufziehen. Ich werde einen Zugzusammenstoß hinlegen, der sich gewaschen hat."

Nach Besprechungen mit der Verwaltung wurde der Plan genehmigt. Als Tag des Zusammenstoßes wurde der 15. September 1896 festgesetzt. William G. Crush zog die Show seines Lebens auf. Er mietete ein großes Stück Weideland fünfundzwanzig Kilometer nördlich von Waco und unmittelbar am Schienenstrang. Er ließ das Land einebnen, kaufte vom Ringling Brothers Circus ein großes Zelt, in dem die Menge gespeist werden sollte, und ein paar Dutzend Zelte, die er in Stehbierhallen verwandelte. Für besonders gut zahlende und Ehrengäste wurden Tribünen gebaut. An der günstigsten Stelle errichtete er für die Pressefotografen einen Plattformturm. Über ganz Amerika streute er die Nachricht von der größten Sensations-Show der amerikanischen Eisenbahn.

Am Tage des Zusammenstoßes rollten von Waco Wassertankwagen heran, an denen, mit dünnen Ketten befestigt, Hunderte von Zinkbechern baumelten.

Wer sein ganzes Geld für die Fahrt ausgegeben hatte, sollte deswegen nicht dursten.

Schon Tage vorher hatten Sonderzüge Tausende von Menschen herangeschafft. Schließlich, eine Stunde vor der Kollision, waren es über hundertvierzigtausend.

Die Eisenbahndirektoren strahlten Crush an.

William Crush rieb sich die Hände.

„Ich wette, daß in den Zelten in diesen drei Tagen durchschnittlich pro Kopf zwanzig Dollar ausgegeben werden", sagte er.

Der Generaldirektor nickte zustimmend. „Das kommt ungefähr hin. Crush, ich habe Ihnen die Stelle eines Direktors für ein neues Ressort anzubieten."

„Neues Ressort?"

„Public Relations, mein Freund — Werbung."

Irgendwo schrillten Dampfpfiffe. Die Menge auf dem riesigen Amphitheater kam hinter der Sicherheitsabsperrung in Bewegung. Die beiden Züge kamen.

Die Lokomotive des einen war grün gestrichen mit roten Rädern, die des anderen rot mit grünen Rädern. Hinter jeder Lok hingen sechs Viehwagen. Auf ihnen wurden in riesigen Buchstaben die Volkskirmes in Dallas und der Ringling Circus angepriesen.

„Der Bursche macht aus Dreck Geld", meinte einer der Direktoren anerkennend. „Wieviel hat denn das nun schon wieder eingebracht?"

„Tausend Dollar pro Wagenwand, Sir", antwortete einer der Kassierer.
Langsam fuhren die Züge aufeinander zu und blieben in Höhe der Fotografenplattform, knapp sechs Meter voneinander getrennt, stehen. Die Fotografen machten Bilder. Crush fragte die Lokführer, ob alles in Ordnung sei.
„Alles in Ordnung", erwiderte Lokführer Stanton grinsend. „Der Zusammenstoß wird genau an dieser Stelle erfolgen."
„Habt ihr die Geschwindigkeit ganz genau eingestellt? Es wäre ein schrecklicher Reinfall, wenn der Zusammenstoß außerhalb des Ringes passierte."
Charles Cain, der andere Lokführer, winkte ab. „Keine Sorge, Mister Crush. Wir setzen jetzt jeder eine Meile zurück und lassen sie auf das Signal hin los."
Die Züge fuhren, nachdem sie fotografiert waren, genau eine Meile zurück.
Dort warteten die Lokführer auf das Zeichen, eine rote Rakete.
„Meinst du, es klappt, Cliff?" fragte Heizer Frank Barnes Stanton.
„Sie wird die Meile in genau einer Minute machen, Frank."
Als die rote Rakete hochstieg, riß Stanton den Ventilhebel auf und stellte ihn fest. Die beiden Männer warteten genau sechzehn Dampfstöße ab und sprangen dann von der rasch schneller werdenden Lokomotive ab.
Die beiden Züge rasten, schwarze Rauchwolken ausstoßend, aufeinander zu. Die Kollision erfolgte genau auf dem vorgesehenen Punkt. Beide Züge hatten eine Geschwindigkeit von sechsundneunzig Stundenkilometern.
Es gab eine furchtbare Explosion. Das Krachen und Splittern wurde in einer riesigen Wolke begraben und die beiden platzenden Dampfkessel zerfetzten die vierzig Tonnen schweren Maschinen in tausend Stücke, die wie Geschosse durch die Luft flogen.
Der Fotograf James C. Deane schrie auf und stürzte zu Boden, preßte die Hände vors Gesicht. Als ein Arzt ihn untersucht hatte, war Deane bewußtlos.
„Ein Bolzen ist ihm durch das Auge ins Gehirn gedrungen", sagte der Arzt zu Crush. „Er muß sofort ins Hospital."

Während Souvenirjäger über die Wracks herfielen, brachten Ambulanzen vierzig Verletzte ins Krankenhaus von Waco. Der Bolzen, den man Deane aus dem Gehirn operierte, war fünf Zentimeter lang und hatte am Ende eine Mutter. Deane genas und arbeitete noch viele Jahre als Pressefotograf.

1954 interviewte die NBC den 85jährigen Heizer Frank Barnes, und der alte quicklebendige Pionier sagte tabakkauend:

„Alle vier Männer, die damals die Züge führten, haben bis zur Pensionierung auf der gleichen Linie gefahren. Ich habe mich erst 1950 pensionieren lassen, und ich glaube, ich bin wohl der älteste Lokomotivführer mit den meisten Dienstjahren von ganz Amerika."

„Es heißt, daß Sie auch der letzte lebende Zeuge dieser ersten Show, die an die heutigen Rennen alter Autos erinnert, sind."

„Weiß ich nicht. Es waren ja auch 'ne Menge Kinder da. Es war für drei Tage eine regelrechte Großstadt, die damals entstand. Sie hieß Crush und hatte eine eigene Post mit einem eigenen Stempel, auf den die Leute verdammt stolz waren."

„Crush in Texas, die Stadt, die nur drei Tage lebte. Sagen Sie, Mister Barnes, warum hat man damals eigentlich diese Kollision gemacht?"

Der Alte grinste in die Kamera und kniff ein Auge zu.

„Well, die Hauptsache war natürlich Reklame und Profit für die Bahn. Und dieses Ziel, glaube ich, wurde verdammt erreicht. Was uns anging, so haben wir unseren höllischen Spaß daran gehabt. Oder schlagen Sie nicht auch mal gerne was kaputt, was nichts mehr wert ist? Na also, warum soll denn eine Bahngesellschaft nicht neben der Absicht, Geld zu verdienen, auch mal Humor und Phantasie haben? Ich verstehe gar nicht, warum die Leute heute immer so ernst und würdevoll aussehen wollen, wenn sie Geld verdienen. Die Zeiten damals waren rauh und hart, aber, das können Sie glauben, junger Freund, wir haben auch verteufelt viel Spaß gehabt. Und wenn einer Pech hatte und viel Geld verlor, dann ist er nicht gleich vom Dach gesprungen oder hat sich in den Boden hineingeschämt, sondern hat von neuem angefangen."

Die Amerikaner vor den Fernsehschirmen sahen, wie der Alte ausspuckte und mit dem Handrücken über den Mund wischte. Und sie hörten, wie er einer vergangenen Zeit die beste Grabrede hielt, die je gesprochen wurde:

„Wir sind alle dem Geld nachgejagt, das ist richtig. Aber nicht, weil man es unbedingt brauchte, sondern weil es Spaß machte. Damals wurde mit dem Geld gespielt wie mit Karten. Immer um alles oder nichts. Und es gab eine Menge mehr, was für Geld nicht zu haben war. Urlaub kannten wir nicht. Wir brauchten auch keinen, weil wir gerne schufteten. Und wenn die Gesellschaft mal knapp war, dann haben wir ohne Lohn gearbeitet. Wenn wir das Wort ‚unmöglich' gekannt hätten, gäbe es heute das Fernsehen und so Verschiedenes nicht. Ein Mann, der für seine Taten einstand, wurde geachtet. Und wenn er ein Bandit war, der sein verlorenes Spiel mit dem Galgen bezahlte. Ich möchte in keiner anderen Zeit geboren worden sein."

XVIII

Schlußwort

„Die Eisenbahnen haben unsere Gerichte und Gesetzgebung verludert und demoralisiert, sie haben die Nation, was das Land angeht, eines ganzen Imperiums beraubt, sie werden bald das ganze Land mit Ruin und Leiden überziehen . . .“

Edward Winslow Martin,
The Granger Movement, 1874

„Jeden kleinen Augenblick kommt jemand daher, um die armen alten Eisenbahnen zu bestatten.“

John W. Barriger,
Präsident der NONON ROUTE, 1946

In der Frühgeschichte der amerikanischen Eisenbahnen waren die großen Gesellschaften nicht allein Machtinstrumente in den Händen der Industrieautokraten, sondern noch mehr: sie kauften Untersuchungsstaatsanwälte und Richter, bestachen Rechtsanwälte und die Gesetzesmacher in Washington, sie gründeten Monopole und diktierten die Preise, sie gewährten den Inhabern der Binnenland- und Überseeschiffahrt Sonderbedingungen und begründeten die sogenannte „Verdammt-sei-der-Pöbel"-Politik, welche später zum berüchtigten Vanderbilt-Herrschafts-System führte. Ihr Machtanspruch war unersättlich, ihr einziger Ethos das Geld, sie bildeten einen diktatorisch regierten Staat im Staate, der allerdings schon sehr bald an der sozialen Unrast des amerikanischen Volkes und besonders dem Teil, der den Fernen Westen besiedelte, scheitern mußte.

Die sogenannte „Granger-Bewegung" zwischen 1870 und 1880 brandete in Protestwellen aus den Zusammenschlüssen westlicher Farmer gegen die totalen Machtansprüche der Eisenbahngewaltigen an und spülte durch eine Folge von Gesetzen ihre Hauptfundamente hinweg. 1887 verabschiedete der Kongreß das Gesetz über die Innerstaatliche Handelskommission als einen Bundesausschuß zur Kontrolle der Eisenbahntarife. Doch dieses Gesetz und seine Durchführung besaß keine Zähne, und es änderte in den ersten sechzehn Jahren seiner Existenz nur sehr wenig an der Macht der Eisenbahnen. Erst als 1903 der Kongreß das Elkins-Gesetz verabschiedete, nach dem jede Abweichung vom öffentlichen Beförderungstarif auch rechtlich zu einem Vergehen wurde, das mit hohen Strafen belegt werden konnte, änderte sich die Situation vollkommen. Drei Jahre später, nachdem in einer Sonderverordnung jedem Verantwortlichen bei Vergehen gegen die Tarifordnung hohe Freiheitsstrafen angedroht wurden, war die Macht der Könige gebrochen. Das Jahr 1910 sah die Mächtigen mit angezogenen Bremsen langsam bergab fahren. Doch als 1917 die Regierung mit dem Eintritt

Amerikas in den Ersten Weltkrieg die Entmachtung der Eisenbahnindustriellen total vollzog, indem sie die Verwaltung in eigene Hände nahm, da traf die Regierung plötzlich auf den massiven Widerstand der ganzen Nation.

„Wir erwarten von unserer Regierung gute Gesetze, aber wir dulden keinerlei Bevormundung dieser Art", schrieb der New Yorker Publizist Henry M. Steele 1918. „Der Krieg in Europa ist nur ein Vorwand dafür, daß jetzt die Regierung die gleiche Machtvollkommenheit ausüben möchte, die man einzelnen Männern und Interessengruppen beschnitten hat. So geht es nicht, meine Herren in Washington. Unser Volk hat nicht vergessen, welche Leistungen die Eisenbahnen und auch die Männer, denen ihr Erfolg und ihre Macht nachher in den Kopf gestiegen sind, vollbracht haben, und das jedesmal gegen den Widerstand der Bürokraten in Washington, die sich stets mit Händen und Füßen gegen alles gesträubt haben, was neu war. Nun, die Verstaatlichung der Eisenbahnverwaltung ist auch neu für die USA. Finger weg vom Privateigentum! Es könnte sonst sehr rasch passieren, daß alle jene, die einst gerade vor solcher Willkür aus der Alten Welt in die Neue geflohen sind, und deren Nachkommen stolz auf ihre persönlichen Leistungen sind, diese Regierung wie ein Sturm aus Washington hinwegfegen. Dieses Volk hat nie etwas anderes als soziale Gerechtigkeit von seiner Regierung verlangt, niemals aber, daß sie das Eigentum irgendeines Amerikaners antastet, auch wenn es das Eigentum von Männern und Cliquen ist, die wir wirklich gar nicht besonders gut leiden mögen."

Der Druck der öffentlichen Meinung war so massiv, daß Washington die Verwaltung der Eisenbahnen schleunigst wieder abgab. Von 1920 an begann sich angesichts der machtvollen Rolle, die zuerst die Regierung den Industriekönigen gegenüber und anschließend das Volk der Regierung gegenüber gespielt hatte, der schöpferische Elan der Gründer zu normalisieren und das Finanzchaos der weltweiten Depressionsjahre stürzte die Magnaten in eine Misere, von der sich die amerikanischen Eisenbahnen praktisch heute noch nicht wieder erholt haben.

Sie spielen zwar nach wie vor in der Transportaktivität die größte Rolle, doch ist ihre Entwicklung seit 1923 ständig rückläufig. Jedes Jahr wurden immer mehr Strecken stillgelegt, Arbeiter entlassen und es gibt heute keinerlei Garantie dafür, daß die Eisenbahn im Kampf um ihre Existenz gegen Straßen- und Luftverkehr nicht eines Tages genauso spektakulär untergehen wird, wie sie vor einhundertdreißig Jahren geboren wurde.

Seit 1959 ist die Frachtrate ständig, bei gleichbleibenden Kosten, gesunken, so daß seit dieser Zeit nur noch mit Defiziten abgeschlossen worden ist. Der Passagierverkehr sank noch schneller. 1959 zum Beispiel liefen zweiunddreißig planmäßige Züge Indianapolis an, während es 1859 einhundertvierundachtzig, also sechsmal soviel waren. Einige Staaten, wie Maine, haben heute überhaupt keinen Eisenbahnpassagierverkehr mehr. Da der wachsende Güter- und Personenverkehr sich auf Straße und Luft verlagerte, fiel der Eisenbahnanteil am Nationaleinkommen zwischen 1939 und 1959 von 5,7 % auf 2,7 %, während in der gleichen Zeit der Anteil des Lastwagen- und Omnibusverkehrs von 1,1 % auf 2,7 % stieg und sich das Einkommen der Luftlinien verfünffachte.

Es kann deshalb kein Zweifel darüber herrschen, daß Amerika heute sein ernstes Eisenbahnproblem hat und daß es sich nicht erlauben kann, auf die Schienen zu verzichten. Man ist deshalb in Washington dabei, ein besseres und gesünderes Eisenbahnsystem auszutüfteln.

1958 erschien in der US-Presse folgende ganzseitige Anzeige:

Wenn es keine Eisenbahnen gäbe,
so müßten die Vereinigten Staaten sie einführen!

„Nehmen wir einmal an, daß jedermann in den Vereinigten Staaten heute zum ersten Male von einer wunderbaren Methode des Transports erführe, die man Eisenbahn nennt.

Die Idee wäre sensationell.

Hochgeschwindigkeits-Zugmaschinen, die auf Eisenschienen über privateigene Straßen, ohne das normale Straßennetz auch nur im geringsten zu berühren, mit Geschwindigkeiten von zweihundert und zweihundertfünfzig Stundenkilometern dahinrasten, könnten endlos lange Reihen vollbeladener Frachtwagen im Handumdrehen an jeden Punkt unseres Kontinents befördern. Man stelle sich das vor!

Züge dieser endlosen Güterwagen würden Tag und Nacht ununterbrochen laufen, bis sie ihr Ziel erreicht hätten. Es würde überall Bahnhöfe geben, wo aus allen Richtungen die Wagen, mit allen möglichen Dingen vollgeladen, pünktlich einträfen.

Und alles, was mit diesem gigantischen System zu tun hätte, würde durch gleichlautende Frachttarife vom Kunden bezahlt. Das alles würde sich also selbst bezahlen. Man stelle sich das vor. Keine Investitionen, keine 25 Milliarden Dollar, die die Regierung auf den Tisch blättern müßte, oder die von privaten Millionären aus der Wirtschaft abgezogen würden, oder durch erhöhte Steuern von jedem einzelnen eingezogen werden müßten. Nichts von alledem. Einfach ein Zauberwort wie im Märchen, und schon hätte Amerika das größte und perfekteste Eisenbahnnetz der Erde. Man stelle sich das nur einmal vor. Diese Hochgeschwindigkeits-Zugmaschinen aber könnten auch Menschen befördern. Und das etwa ein Sechstel unserer Gesamtbevölkerung täglich und stündlich. Und diese Menschen könnten, während sie von New York nach San Francisco führen, komfortabel schlafen oder speisen, oder spazierengehen oder gemütlich in Klubsesseln sitzen, alles ganz, als ob man zu Hause wäre.

Es wäre eine absolut revolutionäre Idee — dieses Eisenbahnfahren. Vorausgesetzt, natürlich, daß man es hätte, das ist's."

☆

Die ökonomische Wirtschaftlichkeit der Eisenbahn wird niemand, der rechnen kann, bestreiten. Das Transportprinzip ist so alt wie die orientalische Jinrikisha oder die Schleppbahre der amerikanischen Indianer: Eisenbahnen ziehen ihre Ladung mehr als sie sie tragen. Sie können ein Maximum von Gewicht mit einem Minimum an Kraft transportieren. Eine dreimotorige Diesellok von 4500 PS zieht leicht eine Güterfracht von 1500 Tonnen über jedes beliebige Terrain. Das sind 3 PS pro Tonne, und bei weitem mehr als von Lastauto oder Flugzeug je geboten werden kann. Jeder mittlere Güterzug verbraucht für 27 t/km (27 Tonnen pro 1 Kilometer) 1 Liter Dieselöl, während der Durchschnitts-Lastzug mit 1 Liter Dieselöl nur höchstens 7,6 t/km befördern kann. Die amerikanische Öffentlichkeit hält die Eisenbahn für altmodisch. Vom Düsenzeitalter des Luftverkehrs vollkommen überrumpelt, sieht der heutige Amerikaner nicht den Fortschritt, den auch die Eisenbahn mitgemacht hat. Der Komfort ist kaum noch zu überbieten, die Schnelligkeit ist doppelt so hoch wie die des Straßen-Frachtverkehrs, oft drei- und viermal so hoch. Die Frachttarife sind gegenüber der Straße nahezu fünfmal so billig. Es scheint, als ob jeder vollmotorisierte Amerikaner hinter jedem Ganghebel einer Diesellok noch immer einen autokratischen Vanderbilt vermutet, und daß er lieber tagelange, unbequeme Autoreisen zu seinen Verwandten, auf Geschäftsreisen, oder die hohen Flugkosten auf sich nimmt, als sich „altmodisch" wie jene Hinterwäldler vorzukommen, die heute noch im tiefen Westen stolz auf ihr altes und neues Feuerroß sind — weil sie ohne die Eisenbahn Oasenbewohner in einer Wüste wären, trotz Hochhäuser in Dallas, Denver, Phoenix und Salt Lake City.

Aber die Amerikaner sind sentimental. Sie hören gerne und voll Stolz zu, wenn man ihnen von der Leinwand, vom Bildschirm und vom Buchregal herunter von den Pioniertagen Amerikas berichtet, vom Kampfgeist der Bahnbauer, die gegen Tod und Teufel kämpften, und in einem Triumphzug ohnegleichen eine prähistorische Wildnis innerhalb von nur zwei Generationen bezwangen, Zeit und Raum überwanden und ein Zeitalter eröffneten, das erst begonnen hat. Diese Amerikaner sind dabei, ihr Eisenbahn-Problem zu meistern, ohne Verstaatlichung und staatliche Subventionen, ohne Almosen und Verlust an Stolz und Würde. Sie haben sich nicht viel geändert, seit Geldgier und Stolz die weißen Flecken auf der amerikanischen Landkarte zu Zivilisationslandschaften machten.

Die amerikanische Eisenbahn ist immer noch ein Problem des Geldes und . . . des Stolzes.

Daten aus der Geschichte der amerikanischen Eisenbahn

1812 Oliver Evans sagt öffentlich voraus, daß „in nicht allzulanger Zeit dampfgetriebene Wagen das Transportproblem lösen werden“.

1815 Colonel John Stevens erhält von der New Jersey Legislatur die erste Eisenbahn-Lizenz Amerikas.

1825 Colonel John Stevens konstruiert seinen „Dampf-Wagen“, die erste funktionierende amerikanische Lokomotive, und führt ihn auf einer kleinen Schienenrundstrecke vor.

1828 Präsident John Quincy Adams ist Ehrengast, als Charles Carroll mit dem ersten Spatenstich den Bau der Baltimore & Ohio Railroad, mit einer Gesamtlänge von 606 Kilometer, eröffnet.

1829 Die ersten vier englischen Lokomotiven werden von der Delaware & Hudson Canal Company auf der Strecke Carbondale—Honesdale, 26,4 Kilometer, zum Kohlentransport eingesetzt.

1829 Die Maschinenfabrik „West Point Foundry, New York City, konstruiert die „Sturbridge Lion“.

1830 Peter Coopers Lokomotive „Tom Thumb“ wird auf der Baltimore & Ohio-Strecke eingesetzt.
Eröffnung des ersten fahrplanmäßigen Eisenbahnlinienverkehrs in Charleston, Süd-Karolina. Lokomotive: „Best Friend of Charleston“. Preis: 4000 Dollar, Gewicht: 4 Tonnen, 6 PS.
623 Kilometer Eisenbahnschienen in den USA.

1831 Geschwindigkeitsrekord der „West Point“ mit *30 km/st* auf der Strecke von 5 Mile House bis Dorchester Road, Charleston = 2,5 Meilen in 8 Minuten. Daten des Zuges: Lokomotive, 4 Personenwagen mit 117 Passagieren, 1 Güterwagen mit 6 Ballen Baumwolle.

Lokomotive „DeWitt Clinton“ zieht den ersten Zug über die neue Strecke von Albany nach Schenectady. Konstrukteur: John B. Jervis, Erbauer: David Matthews, West Point Foundry.

Erster US-Post-Vertrag mit der Eisenbahn.

Davis & Gartner bauen die „York“, die erste 4-Rad-Vertikal-Boiler-Lokomotive.

Die erste Eisenbahn-Fachzeitschrift, das „American Railroad Journal“, erscheint regelmäßig.

1832 Die West Point Foundry baut die „South Carolina“ und die „Phoenix“. Strecke Baltimore — Frederickstown, Maryland, eröffnet.

Philadelphia, Germantown & Norristown Railroad-Linie eröffnet.

Matthias W. Baldwin baut seine erste Lokomotive „Old Ironsides“. Diese Lok stellt mit einem Zug von sechs Wagen und 325 Passagieren neuen Geschwindigkeitsrekord auf: *44,8 km/st.*

West Point Foundry baut erste Doppel-Lokomotive der Welt „South Carolina No. 2“.

West Point Foundry's Lokomotive „Brother Jonathan“, die erste dreiachsige Lok mit Drehgestell, stellt Geschwindigkeitsrekord auf: 1 Meile in 1 Minute = *96 km/st.*

West Point Foundry's „Experiment“ stellt neuen Geschwindigkeitsrekord auf: 14 Meilen auf der Mohawk & Hudson-Strecke in 13 Minuten = *104 km/st.*

Zwei Monate später neuer Rekord der „Experiment“: auf der gleichen Strecke 1 Meile in 45 Sekunden = *128 km/st!*

1833 Andrew Jackson, erster Präsident der USA, der als Fahrgast der Eisenbahn auf der Strecke Ellicott's Mill — Baltimore fährt.

Jonathan Knights „Atlantic“-Güterzuglokomotive überwindet mit einer Ladung von 50 Tonnen Kohle die 5%ige Steigung von Baltimore nach Parr's Ridge mit einem Geschwindigkeit von 24 km/st. „Atlantic“, die erste sogenannte „Heuschrecken-Lok“, 45 PS.

1834 Pennsylvaniens 632 Kilometer lange Hauptlinie vollendet.

1835 Boston—Providence-Strecke eröffnet.
Baltimore—Washington-Strecke vollendet.
200 Eisenbahnlinien in 11 Staaten.
Von 1. 1. bis 30. 6. insgesamt von einer Linie, der Charleston & Hamburg-Bahn, 15 959 Fahrgäste befördert.

1835 Die Eröffnung der ersten deutschen Eisenbahn zwischen Fürth und Nürnberg, Geschwindigkeit: 18 km/st, wird als technische Glanzleistung gefeiert.

1836 Stevens & Dripps bauen schwerste Güterzuglok der Welt: 4 Achsen, 298 PS, erste Kohlenfeuerung der Welt.
William Norris bricht Rekord: Seine Güterzuglok „George Washington" zieht eine Ladung von 31,270 Tonnen eine Steigung von 18 Prozent hinauf.
James Brooks Locomotive Works bauen erstes „Amerika"-Modell.

1837 Die ersten Schlafwagen werden in Dienst gestellt.

1839 Langstrecken-Eisenbahnexpreßdienst von William F. Harnden eröffnet.
Gründung der ersten staatlichen Eisenbahn-Kommission in Rhode Island.

1840 *4800 Kilometer* Schienen in den USA.

1841 Strecke Boston—Hudson River vollendet.

1842 Strecke Albany—Buffalo vollendet.
Erster Speisewagen-Service eröffnet.
6200 Kilometer Schienenstrang in den USA.

1848 Vollendet: Cincinnati, Ohio — Sandusky, Erie See, Boston — New York.

1850 *14 400 Kilometer* Schienenstrang in den USA.

1851 Eisenbahn-Telegraphendienst eröffnet.

1852 Philadelphia und Pittsburg durch Schienen verbunden.

1854 Chicago und St. Louis, Missouri, verbunden.

1856 Eisenbahnbrücke bei Davenport, Iowa, über den Mississippi vollendet. Länge: 7 Kilometer.

1857 Südliche Strecke von Charleston nach Memphis vollendet.

1859 Erster Pullman-Salonschlafwagen eingeführt.

1860 Chicago wird von elf Bahnlinien berührt.
48 000 Kilometer Schienenstrang in den USA.

Zum Vergleich:

1964 Das Schienennetz der Deutschen Bundesbahn beträgt 31 000 km.

1862 Präsident Lincoln unterzeichnet den Transkontinentalbahn-Vertrag.

1863 Beginn der Arbeiten der Union Pacific in Omaha, Nebraska.
Beginn der Arbeiten der Central Pacific in Sacramento, Kal.

1865 Erster Rohöltankwagen in Dienst gestellt.
Erstes Zentral-Notbremssystem von Ashbel Welch vorgeführt.

1866 „Verbund-Schnellfracht-Linienverkehr" eingeführt.

1867 Erster Kühlwagen eingeführt.
Erste Öltankzüge in Dienst gestellt.
Erste Fracht von Texas-Longhorns in Abilene, Kansas.
Spezial-Viehwaggons in Dienst gestellt.
Beginn des „Erie-Eisenbahnkrieges" zwischen Drew, Gould & Fisk und Vanderbilts New York Central.

1868 Automatische Kupplung vorgeführt von Eli H. Janney.

1869 George Westinghouse führt die erste Luftbremse der Welt vor.
Transkontinental-Strecke eröffnet.

1870 *84 800 Kilometer Schienenstrang in den USA.*

1871 William Palmer eröffnet die erste Schmalspur-Gebirgslinie in Colorado, zwischen Denver und Trinidad und Leadville.
Die Regierung stoppt alle Landschenkungen an Eisenbahnen.
Das „Granger-Eisenbahn"-Gesetz tritt in Kraft.

1877 Erster Eisenbahnerstreik bei der Baltimore & Ohio.

1880 *148 000 Kilometer* Schienenstrang in den USA.

1881 Erste Dampfheizung in Personenzügen eingeführt.

1883 Northern Pacific, 2. Transkontinentalbahn, vollendet.

1885 Eisenbahnkrieg zwischen New York Central und Pennsylvania-Bahn. J. P. Morgan vermittelt Frieden.

1886 Cullom-Komitee des US-Senats berichtet über Eisenbahn-Korruptionen.

1887 Einführung des ersten durchgehenden „Harmonika"-Zuges. Einführung der ersten elektrischen Vollbeleuchtung.

1890 *262 400 Kilometer* Schienenstrang in den USA.

1893 Einführung des Eisenbahn-Sicherheitsgesetzes. Geschwindigkeitsrekord der New-York-Central-Lokomotive Nr. 999 von *195 km/st.*

1894 Pullman-Streik von Mai bis Juli.

1895 Erste elektrische Lokomotive in Dienst gestellt.

1900 *308 800 Kilometer* Schienenstrang in den USA.

1906 Ganzstahl-Personenwagen eingeführt.

1907 Union-Hauptbahnhof in Washington, D. C., vollendet.

1910 *384 000 Kilometer* Schienenstrang in den USA.

1914 Einführung des Radio-Sprechverkehrs im Liniendienst.

1916 Einführung des 8-Stunden-Tags für Eisenbahnpersonal. Eisenbahnen sind mit 77 Prozent am nationalen Transport- und mit 98 Prozent am Personenbeförderungsdienst beteiligt. Regierungs-Landschenkungen für Autobahnbau.

1917 Regierung übernimmt Verwaltung der Eisenbahnen.

1918 Luftpost-Beförderungsdienst der US-Post eingeführt.

1920 Durch Esch-Cummins-Gesetz (oder „Transportgesetz") wird die Verstaatlichung der Eisenbahngesellschaften wieder aufgehoben. Eisenbahnen gehen wieder in private Hand über. Eisenbahnpersonal: 2 Millionen. *404 800 Kilometer* Schienenstrang in den USA. Höchster Stand.

1925 Erste Diesellok in Dienst gestellt.

1926 Luftlinienverkehr befördert 5800 Personen.

1927 Zentral-Verkehrskontrolle (CTC) eingeführt.
Erste Klima-Anlagen in Personenwagen.

1929 Eröffnung des „Greyhound"-Überland-Omnibussystems.

1930 Die Bahngesellschaften haben die ersten Defizite.
398 400 Kilometer Schienenstrang in den USA. Stand von 1917.

1933 Eisenbahn-Subventionsgesetz verabschiedet.

1934 Die ersten Leichtmetall-Stromlinien-Personenzüge werden von der Union Pacific und der Burlington-Bahn eingeführt.

1939 II. Weltkrieg steigerte Eisenbahnbeförderungsquote.

1940 Transportgesetz-Novelle.
Schienenstrangnetz vermindert sich auf *372 000 Kilometer.* Stand 1909.

1941—1945 Während des II. Weltkriegs wird keine Zwangsverwaltung durch die Regierung eingeführt.

1941 Erste Diesel-Güterzugloks eingeführt.

1945 „Vista-Dome"-Allglas-Aussichts-Personenwagen eingeführt.

1950 Schienenstrangnetz vermindert sich auf *358 400 Kilometer.* Stand 1906.

1954 Einführung des Fernsehens im Dienst.

1957 Die Personenbeförderung durch die Fluglinien übersteigt erstmals die der Eisenbahnen.

1958 Transport-Subventionsgesetz verabschiedet.

1960 Schienennetz vermindert sich auf *336 000 Kilometer.* Stand von 1904.
Eisenbahnbeschäftigte vermindern sich auf 775 000.
Eisenbahnen befördern nur noch 44 Prozent der Güter und 28 Prozent des Personenverkehrs.

BIBLIOGRAPHIE

I. KAPITEL:

George R. Taylor: The Economic History of the US, Band IV „The Transportation Revolution, 1815—1860
B. H. Meyer: History of Transportation before 1860, N. Y. 1917
Archer B. Hulbert: Paths of Inland Commerce, N. Y. 1920
U. B. Philips: A History of Transportation in the Eastern Cotton Belt to 1860, N. Y. 1913
Weaton J. Lane: From Indian Trail to Iron Horse: Travel and Transportation in New Jersey, 1620—1860, 1939
John H. Krenckel: Illinois Internal Improvements, 1818—1848
Forest G. Hill: Rails and Waterways, 1957
R. G. Albion: The Rise of New York Port, 1815—1860, N. Y. 1939
James W. Livingood: The Philadelphia-Baltimore Trade Rivalry, 1780—1860, Baltimore 1947
Joseph A. Durrenberger: Turnpike: A Study of the Toll Road Movement, N. Y. 1931
Robert E. Riegel: Young America, 1830—1840, N. Y. 1949
Charles Hirschfeld: The Great Railroad Conspiracy, N. Y. 1953
Milton Reizenstein: The Economic History of the Baltimore and Ohio Railroad, 1827—1853, N. Y. 1897
Howard D. Dozier: A History of the Atlantic Coast Line, N. Y. 1920
John L. Ringwalt: Development of Transportation Systems in the United Staates, N. Y. 1888
Robert S. Henry: This Fascinating Railroad Business, N. Y. 1942
John W. Starr: One Hundred Years of American Railroading, 1928
Slason Thompson: A Short History of American Railroads, 1925
William H. Clark: Railroads and Rivers, 1939
Roderick Craib: A Picture History of US-Transporting, 1958
Thomas C. Cochran: The Age of Enterprise, 1942

II. KAPITEL:

Roger Burlingame: March of The Iron Men, 1938
Stewart H. Holbrook: Hear The Train Blow, 1952
Malcolm Keir: The March of Commerce, 1927
Seymour Dunbar: A History of American Travel, 4 Bände, 1915
Alvin F. Harlow: A Treasury of Railroad Folklore, 1953
Edward Hungerford: Locomotives on Parade, 1940
Edwin. P. Alexander: Iron Horses: American Locomotives 1829—1900
August Mencken: The Railroad Passenger Car, 1957
Edward C. Kirkland: Men, Cities and Transportation, 1820—1900
Cecil K. Brown: A State Movement in Railroad Development, 1928

Charles H. Ambler: A History of Transportation in the Ohio Valley, 1932
H. W. Schotter: The Growth and Development of the Pennsylvania Railroad Company, 1927
George H. Burgess: Cennteniel History of the Pennsylvania Railroad Company, 1949
William Z. Ripley: Railroads: Finance and Organization, 1915
Julkus Grodinsky: Railroad Consolidation, 1930

Mississippi Valley Historical Review:

„Southern Railroads and Western Trade, 1840—1850", Bd. III, 1917
„THE BEGINNINGS of Railroads", Bd. VIII, 1922
„Southern Railroads, 1850—1860", Bd. X. 1924
„Trans-Mississippi Railroads During the Fifties", Bd. IX, 1923

III. KAPITEL:

C. F. McGlashan: History of the Donner Party: A Tragedy of the Sierra
Reuben Gold Thwaites: Early Western Travels
Joel Palmer: Journal of a Tour over the Rockies
George Randall Stewart: Ordeal by Hunger
J. Goldsborough: Gold Rush: The Journals, Drawings and other Papers
John Charles Frémont: Narratives of Exploration and Adventures
R. B. Marcy: Marcy and the Gold Seekers: The Journal
Interview von Lewis Keseberg vom 4. April 1879

IV. KAPITEL:

Samuel Bowles: Across The Continent, Springfield, 1866
J. Ross Browne: Resources of the Pacific Slope, N. Y. 1869
John D. Galloway: The First Transkontinental Railroad, N. Y. 1950
Fred B. Goddard: Where to Emigrate and Why, N. Y. 1869
Oscar Lewis: The Big Four, N. Y. 1938
W. F. Rae: Westward by Rail: The New Route to the East, N. Y. 1871
Anna F. Judah: The Theodore Dehone Judah Papers, The Bancroft Library, Berkeley, Calif. (unveröffentlicht)
Robert M. Utley: The Dash to Promontory, Utah Historical Quarterly, April 1961
W. F. Bailey: The Story of the First Transkontinental Railroad
John. C. Burch: Theodore D. Judah, First Annual of the Territorial Pioneers of California, 1877
White & Bauer: The Central Pacific Railroad or '49 and '69, San Francisco, 1868
John R. Gillis: Tunnels of the Pacific Railroad, Bd. I, 1872
Erwin D. Gudde: California Place Names, Los Angeles, 1949
Theodore H. Hittell: History of California, Bd. IV, 1897
Oscar T. Shuck: Representative Men of The Pacific, S. F. 1870
John W. Starr jr.: Lincoln and the Railroads, N. Y. 1930
Carl I. Wheat: A Sketch of the Life of Theodore D. Judah, 1925

V. KAPITEL:

Robert C. Black: The Railroads of the Confederacy, 1952
C. W. Ramsdell: The Confederate Government and the Railroads, 1917
Robert E. Riegel: Federal Operation of Southern Railroads, 1922
Rachel Sherman: The Sherman Letters from 1837—1891, London 1894
Thomas Weber: The Northern Railroads in the Civil War, 1952
E. P. Oberholtzer: Jay Cooke, Financier of the Civil War, 1907

VI. und VII. KAPITEL:

Nelson Trottman: History of The Union Pacific, N.Y. 1923
Henry Kirke White: History of the Union Pacific, Chicago 1895
Union Pacific Magazine, Omaha, 1923—1965
Silas Seymour: Incidents of a Trip Through Laramie Plains, 1867
Edwin L. Sabin: Building the Pacific Railway, Philadelphia, 1919
Brig.-General James F. Rusling: Across America, N.Y. 1874
Glenn Chesney Quiett: They Built the West, N.Y. 1934
Andrew J. Poppleton: Reminiscences, Omaha 1915, Privatausgabe
William Lee Park: Pioneer Pathways to the Pacific, Mich. 1938
Joseph Nichols: Condensed History of the Union Pacific, Omaha
C. C. Goodwin: As I remember Them, Salt Lake City, 1913
Rober W. Fogel: A Case in Premature Enterprise, Baltimore, 1960
Dennis Farrell: Adventures on the Plains, 1865—1867, 1913
Colonel Richard I. Dodge: Our wild Indians, Hartford, 1882
Major General Grenville M. Dodge: How we Built the Union Pacific, Personal Reminiscences, 1914, Railway Recollections, 1916
Brig.-General John S. Casement: Letters, Tonkawa 1892
Associated Medical Members of the Sanitary Commission: Veneral Diseases with Specific Reference to Practice in the Army and Navy, N.Y. 1862
John Stephen Casement: Biographical Notes, Mentor 1939
„The Frontier Index": Ausgaben 1867—1868, Berkeley
Leonard Olmsby: Builders of the Union Pacific, Omaha 1922
U. S. Dept. of the Interior: Reports Upon the Pacific Wagon Roads. Senate Executive Document No. 36, 35. Kongreß, Zweite Session, 1868

VIII. KAPITEL:

Hubert Howe Bancroft: Chronicles of the Builders of the Commonwealth, Bände VI, VII, S. F. 1890
— History of California, Bd. VII 1860—1890
— History of Nevada, Colorado and Wyoming
Demas Barnes: From The Atlantik to The Pacicific, N.Y. 1886
Charles Loring Brace: California in 1867—1868, N.Y. 1869
Mary Roberts Coolidge: Chinese Immigration, N.Y. 1909
Reverend O. Gibson: The Cinese in America, Cincinnati, 1877
Reverend A. W. Loomis: How our Chinamen are Employed, S. F. 1869
Edward P. North: Blasting with Nitro-Glycerine, Sacramento 1872
Loring B. Priest: Uncle Sam's Stepchildren, N. J. 1942
Annie Estelle Prouty: „The Development of Reno", 1923
Elmer Clarence Sandmeyer: The Anti-Chinese Movement in California, Urbana 1939

Dokumente:

Central Pacific Railroad:
— Railroad Communication: The Character of Work, Its Progress, Resources, Earnings and Future Prospect, Fisk & Hatch, 1867
— Report of the Chief Engineer upon Recent Surveys and Progress of Construction of the Central Pacific, vom Dezember 1865
— Report of the Acting Chief Engineer to the Board of Directors of the Central Pacific Railroad Co., vom 5. Januar 1867
— Rules and Regulations for Employees, von 1868

Regierung in Washington:
— Annual Reports of the Secretary of the Interior, 1863—1869
— Protection Across the Continent, House Executive Document No. 23, 39th Congress, Second Session, 1867
— Report of the Joint Special Commitee to investigate Chinese Immigration, Senate Report No. 689, 44th Congress, 2. Session, 1877

Briefe:

Charles Crocker: Reminiscences, Bancroft Library, University of California, Berkeley
Hopkins-Huntington Letters, Hopkins Transportation Library, The Stanford University, Stanford
Collis P. Huntington: Reminiscences, Bancroft Library, Berkeley

IX. KAPITEL:

Anson Phelps Stokes: Stokes Records, N. Y. 1910, Privatausgabe
William E. Hayes: Iron Road to Empire, N. Y. 1953
Harvey E. Fisk, Fisk & Hatch, Bankers and Dealers in Government Securities, 1862—1885, N. Y. 1930
Sidney Dillon: Driving the Last Spike of the Union Pacific, 1892
John P. Davis: The Union Pacific: A Study in Railway Politics, 1894
Henry Clews: Twenty-Eight Years in Wall Street, N. Y. 1888
Robert S. Henry: The Railroad Land Grant in American History, 1945
John Moody: The Railroad Builders, New Haven, 1920
Charles Francis Adam jr.: The Pacific Railroad Ring, 1869
J. B. Crawford: The Crédit Mobilier of America, Boston, 1880
J. B. Sanborn: Congressional Grants of Land in Aid of Railways, 1899
Carter Goodrich: Government Promotion of American Railroads, 1960
Matthew Josephson: The Robber Barons: The Great American Capitalists, 1861—1901, N. Y. 1934

Dokumente:

— Affairs of the Union Pacific Railroad Co., Report No. 78, House of Representatives, 42nd Congress, Third Session, 1873
— Crédit Mobilier Investigation, Report No. 77, House of Representatives, 42nd Congress, Third Session, 1873
— Reports of the Government Directors of the Union Pacific Railroad Company, 1864—1884, Senate Executive Document No. 69, 49th Congress, First Session, 1886
— Zeugenaussage von John B. Alley vor dem Repräsentantenhaus, Report Nr. 77, 42. Kongreß, 3. Session, Seite 91
— Zeugenaussage von Oakes Ames vor dem Repräsentantenhaus, Report Nr. 77, 42. Kongreß, 3. Session, Seite 46

Zeitungen:

— NEW YORK SUN vom 4. 9. 1872: The King of Frauds: How The Crédit: Mobilier Baught its Way into Congress
— CONGRESSIONAL GLOBE vom 10. 3. — 5. 4. — 10. 4. — 21. 4. — 22. 4. 1869
— Sacramento UNION vom 22. 4. — 3. 5. 1869
— SAN FRANCISCO BULLETIN vom 29. 4. 1869
— SAN FRANCISCO ALTA CALIFORNIA vom 10. 5. 1869
— RENO CRESCENT vom 20. 3. 1869
— NEW YORK TRIBUNE vom 11. 5. 1869

X. KAPITEL:

J. S. Tait: The Cattle-Fields of the Far West, Edingburgh, 1884
Floyd Benjamin Streeter: Prairie Trails and Cow Towns, Bost. 1936
P. A. Rollins: The Cowboy, N. Y. 1922
Louis Pelzer: The Cattlemen's Frontier, Glendale 1936
Edward Everett Dale: The Range Cattle Industry, 1930
J. Evetts Haley: Charles Goodnight, Cowman and Plainsman, 1936
Wayne Gard: The Chisholm Trail, 1954
Walter Prescott Webb: The Great Plains, 1931
Stanley Vestal: Queen of Cowtowns, 1952
J. Marvin Hunter: The Trail Drivers of Texas, 1920
Oliver Nelson: The Cowmans Southwest, 1878—1893, 1953
Kansas Historical Collections, Bd. XI—XVII, 1909—1928
Stewart P. Verckler: Cowtown Abilene, 1867—1875, 1961
Henry B. Jameson: Heroes by the Dozen, Abilene History, 1961
Joseph Nimmo: Range and Cattle Traffic — Document No. 267, 48. Kongreß, 2. Session, 1884—1885

XI. KAPITEL:

Alvin F. Harlow: Old Waybills, N. Y. 1934
B. A. Botkin: Treasury of American Folklore, N. Y. 1944
C. G. Glascock: Bandits and the Southern Pacific, N. Y. 1929
Dane Coolidge: Fighting Men of The West, N. Y. 1932
Eugene Cunningham: Triggernometrie, N. Y. 1934
Barton W. Currie: American Bandits, N. Y. 1908
Jack Jungmeyer: When the Daltons rode, N. Y. 1931
Wayne Gard: Sam Bass, Boston 1936
Raymond Hatfield Gardner: The Old Wild West, San Antonio, 1944
Richard S. Graves: Oklahoma Outlaws, Oklahoma City, 1915
S. W. Harman: Hell on the Border, Fort Smith, 1898
George D. Hendricks: Bad Men of The West, San Antonio, 1942
Carroll C. Holloway: Texas Gun Lore, San Antonio, 1951
Emerson Hough: The Story of The Outlaw, N. Y. 1907
Philip D. Jordan: The Adair Train Robbery, Iowa City, 1936
Clarence E. Ray: The Dalton Brothers, Chicago, 1918
L. L. Waters: Steel Trails to Santa Fé, Lawrence 1951
Zoe A, Tilghman: Marshal of The Last Frontier, Glendale, 1949
Glenn Shirley: Toughest of Them All, Albuquerque, 1953
May Davison Rhodes: The Hired Men on Horseback, Boston, 1938

Dokumente:

Court of Appeals of Indian Territory, Case Al Jennings v. USA, 26. 10. 1899 —
— Records of the Kansas State Penitentiary, Lansing, Kansas
— Records of the Missouri State Penitentiary, Jefferson City
— Records of the Oklahoma State Penitentiary, McAlester
— Records of the Ohio State Penitentiary, Columbus
— Records of the United States Penitentiary, Fort Leavenworth
— District Court of Payne County, Oklahoma Territory, Case No. 323 Territory of Oklahoma v. Tom Jones

Zeitungen:
Alliance Courier, 22. 3. 1894
Blackwell Times Record, 12. 11. 1896
Enid Daily Wave, Januar—August 1894, April—September 1895
Coffeyville Journal, 14.—26. Oktober 1892
El Reno Democrat, April—Juni 1894
Indian Chieftain, 27. 8. 1891 — 23. 1. 1896 — 20. 1. 1898
Guthrie Daily Leader, Juli—Dezember 1893, März—Dezember 1894, April—August 1895, März—Dezember 1896, August—Dezember 1897, 9. 4. 1898
Daily Oklahoman, Januar—Dezember 1894, April—Dezember 1895, März—Mai 1896, August—Oktober 1897, 29. 8. 1898, 22. 4. 1909, 8. 1. 1911

XII. KAPITEL:
George B. Abdill: This Was Railroading, Seattle, 1958
Charley Henry Carey: History of Oregon, 1922
Howard McKinley Corning: Dictionary of Oregon History, 1956
Thomas J. Dimsdale: The Vigilantes of Montana, 1950
Leroy R. Hafen: The Overland Mail, Glendale 1926
James Blane Hedges: Henry Villard and the Railways of The Northwest, New Haven, 1930
Ellis Lucia: The Saga of Ben Holladay, N. Y. 1959
Horace S. Lyman: History of Oregon, 1903
David Lavender: Land of Giants, N. Y. 1948
William Harland Boyd: The Holladay-Villard Transportation Empire in The Pacific Northwest, 1946
Arthur Caylor: Ben Holladays Seaside House, Portland, 1897
George Creel: Western Napoleon, 1927
F. B. Gill: Ben Holladay Builds, 1916
Bartlett Boder: Ben Holladay, St. Joseph, 1952
Henry E. Reed: Ben Holladay an Empire Builder, 1935

Dokumente:
— Circuit Court, State of Oregon, Multnomah County, Oregon Central Railroad Co. vs. Ben Holladay, et al, defendants, 1882
— Federal Cases, Samuel vs. Holladay, 1869, Band XXI

Zeitungen:
California Mail Bag, Juli—August 1871
Eugene Morning News, 12. 6. 1935
Colliers, 16. 4. 1927
Harpers Weekly, Juli 1887
Republican Boomerang, 17. 6. 1955
1879—1888 Ausgaben der Zeitungen: The Bulletin, Portland — Daily Oregon Statesman, Salem — The Multnomah Republican, Portland — The New Northwest, Portland — New York Times, N. Y. — The Oregonian, Portland — Portland Telegram — Republican & Evening Times, Denver — Oregon Journal, Portland

William J. Palmer:
D. L. Griswold: The Carbonate Camp Called Leadville, Denver 1951
C. M. Hough: Leadville 1878—1898, Denver 1958, Dissertation
R. G. Athearn: Rebell of The Rockies, New Haven, 1962
Ralph C. Taylor: South of the Border, Denver, 1963

J. Marshal: Santa Fé: The Railroad That Built an Empire, N. Y. 1945
Robert M. Ormes: Railroads and The Rockies, Denver, 1963
G. P. Bradley: The Story of The Santa Fé, Boston, 1920

Dokumente:

— US Supreme Court Case „Denver & Rio Grande Railway Co. vs. C. T. Alling, October Term 1878
— US Supreme Court Case „Denver & Rio Grande Railway Co. vs. Canon City & San Juan Railway Co., Cases 811, 812, Oktober 1878
— US Supreme Court Reports: 97 US 491 G
— Circuit Court of the U.S. for the District of Colorado: Denver & Rio Grande R.W.Co. vs. Pueblo & Arkansas Valley R.R.C. Item No. 406
— Congressional Record: 3 P. I. (1875) 404
— Denver & Rio Grande Archives: 21. 8. 1877—10. 10. 1877—1. 2. 1878—17. 8. 1878
— R. F. Weitbrec Notebook 4 (1878) State Historical Society of Colorado Library, Denver

XIII. KAPITEL:

Major Israel McCreigh: Buffalo Bone Days, 1939
Stanley Vestal: Short Gras Country, 1941
W. E. Webb: Buffalo Land, Chicago 1872
Colonel Homer W. Wheeler: Buffalo Days, N.Y. 1923
Frank Gilbert Roe: The American Buffalo, Toronto, 1951
Joel Asaph Allen: The American Bisons, Cambridge, 1876
Charles Jesse Jones: Buffalo Jones' Forty Years of Adventure, 1899
E. Douglas Branch: The Hunting of The Buffalo, N.Y. 1929
John R. Cook: The Border and The Buffalo, Topeka, 1907
General George A. Custer: My Life on The Plains, N.Y. 1874
General Nelson A. Miles: Personal Recollections, Chicago, 1897
Stanley Vestal: Dodge City, N.Y. 1952
American Bison Society Reports, N.Y., 1905—1907, 1908—1916

XIV. KAPITEL:

Douglas D. Martin: Arizona Chronology 1846—1912, Tucson, 1963
Dean E. Mann: The Politics of Water in Arizona, 1962
Cross, Shaw & Scheifele: Arizona — Its People and Resources, 1962
Will C. Barnes: Arizona Place Names, Tucson, 1960
Joseph Miller: Arizona The Last Frontier, N.Y. 1956
Joseph Miller: Arizona Cavalcade, N.Y. 1962
Jo Ann Schmitt: Fighting Editors, San Antonio, 1958
Judge S. Allen: Frontier Incidents in Arizona, 1938
Thomas E. Farish: History of Arizona, 8 Bände, Phoenix, 1915
Frank C. Lockwood: More Arizona Characters, Tucson, 1943
Earle R. Forrest: Arizonas Dark and Bloody Grounds, Caldwell, 1950
George H. Kelly: Legislative History of Arizona, 1926
Estelle Luttrel: Newspapers and Periodicals of Arizona, 1859—1911, Tucson, 1949
James H. McClintock: Arizona The Youngest State, 3 Bd., 1949

XV. KAPITEL:

James H. Kyner: End Of Track, Lincoln, 1937

BILDNACHWEIS:
Sämtliche Bilder: H. J. Stammel, Alpirsbach

INHALTSÜBERSICHT

REGISTER